L'œuf magique et autres histoires

Frank Richard Stockton

Writat

Cette édition parue en 2023

ISBN : 9789358811308

Publié par
Writat
email : info@writat.com

Contenu

L'ŒUF MAGIQUE

Le joli petit théâtre attenant au bâtiment du Unicorn Club avait été loué pour un certain après-midi de janvier par M. Herbert Loring, qui souhaitait y donner une représentation un peu nouvelle, à laquelle il avait invité un petit public composé uniquement d'amis et de connaissances. .

Loring était un bel homme d'une trentaine d'années, qui avait beaucoup voyagé et beaucoup étudié. Il avait récemment fait un long séjour en Extrême-Orient, et ses amis avaient été invités au théâtre pour voir quelques-unes des choses merveilleuses qu'il avait rapportées de ce pays des merveilles. Comme Loring était un homme de club et appartenait à une famille de bonne condition sociale, son cercle de connaissances était large, et dans ce cercle de nombreuses remarques désagréables avaient été faites concernant le divertissement proposé - faites, bien sûr, par les gens. qui n'avait pas été invité à être présent. Quelques rumeurs à ce sujet étaient parvenues à Loring, qui n'hésitait pas à dire qu'il ne pouvait pas parler à une foule et qu'il ne se souciait pas de montrer les choses curieuses qu'il avait rassemblées à des gens qui ne les apprécieraient pas vraiment. Il avait été très pointilleux quant à ses invitations.

A trois heures de l'après-midi, presque toutes les personnes invitées au Théâtre de la Licorne étaient à leur place. Personne n'était resté à l'écart, sauf pour une très bonne raison, car il était bien connu que si Herbert Loring proposait de montrer quelque chose, cela valait la peine d'être vu.

Une quarantaine de personnes étaient présentes, assises pour discuter ou admirer la décoration du théâtre. Alors que Loring se tenait sur la scène — où il était entièrement seul, son exposition ne nécessitant aucun assistant — il regardait à travers une meurtrière du rideau un éventail de visages très intéressant. Il y avait les visages de nombreux hommes et femmes de la société, d'étudiants, d'ouvriers dans divers domaines de la pensée, et même d'oisifs dans tous les domaines de la pensée ; mais il n'y en avait pas un qui indiquât une disposition frivole ou apathique. Les propriétaires de ces visages étaient venus voir quelque chose et ils souhaitaient le voir.

Pendant un quart d'heure après l'heure annoncée pour l'ouverture de l'exposition, Loring regarda à travers le trou du rideau, puis, bien que toutes les personnes qu'il attendait ne soient pas arrivées, il sentit qu'il ne lui convenait pas d'attendre. plus long. Le public était composé d'hommes et de femmes bien élevés et courtois, mais, malgré leur retenue polie, Loring pouvait voir que certains d'entre eux commençaient à en avoir assez d'attendre. Alors, à contrecœur, et sentant qu'un plus long délai était impossible, il leva le rideau et s'avança sur scène.

Il a brièvement annoncé que l'exposition s'ouvrirait avec des feux d'artifice qu'il avait apportés de Corée . Il était évident que la déclaration d'un amateur selon laquelle des feux d'artifice étaient sur le point d'être déclenchés sur une scène de théâtre avait plutôt surpris une partie du public, et Loring s'empressa d'expliquer qu'il ne s'agissait pas de véritables feux d'artifice, mais d'artifices. faits de verre coloré, qui étaient éclairés par la lentille puissante d'une lanterne placée hors de vue, et tandis que l'apparent spectacle pyrotechnique ressemblerait à des feux d'artifice aux dessins étranges et grotesques, il serait absolument sans danger. Il sortit quelques petits bouquets de morceaux de verre coloré, les suspendit à quelque distance les uns des autres sur un fil tendu à travers la scène juste assez haut pour qu'il puisse l'atteindre, puis alluma sa lanterne qu'il plaça dans une des ailes. , baisse toutes les lumières du théâtre et commence son exposition.

Lorsque Loring tournait sa lanterne sur l'un des groupes de lentilles, de bandes et de pointes de verre et, sans se voir lui-même, les faisait bouger au moyen de longues cordes attachées, les effets étaient beaux et merveilleux . De petites roues de feu coloré tournaient rapidement, des fusées miniatures semblaient s'élever de quelques pieds et exploser dans les airs, et bien que toutes les formes ordinaires de feux d'artifice étaient produites à une échelle réduite, certains effets étaient entièrement nouveaux pour le public. À mesure que la lumière était tournée successivement vers l'un et l'autre des groupes de verre, elle brillait parfois si rapidement sur toute la ligne que toutes les diverses combinaisons de couleur et de mouvement semblaient être combinées en une seule, puis pendant un certain temps chaque ensemble particulier de feux d'artifice flamberaient, scintilleraient et s'allumeraient tout seuls, dispersant des particules de lumière colorée comme s'il s'agissait de véritables étincelles de feu.

Cette curieuse et belle exposition de pièces pyrotechniques miniatures était extrêmement intéressante pour le public, qui regardait vers le haut avec une attention ravie et avide la ligne de roues, d'étoiles et de sphères tournantes. Dans la mesure où l'intérêt témoignait de la satisfaction, il n'y eut jamais de public plus satisfait. Au début, il y eut eu quelques murmures de plaisir, mais bientôt l'attention de chacun parut si complètement absorbée par cet éblouissant spectacle qu'ils se contentèrent de regarder en silence.

Pendant vingt minutes ou plus, le spectacle scintillant a duré, et aucun signe de lassitude ou d'inattention n'a été émis par aucun des membres de la société assemblée . Puis peu à peu les couleurs du petit feu d'artifice s'estompèrent, les étoiles et les roues tournèrent plus lentement, les lumières du corps du théâtre s'élevèrent peu à peu et le rideau de scène descendit doucement.

Anxieux et un peu pâle, Herbert Loring regarda par la meurtrière du rideau. Il n'était pas facile de juger des effets de son exposition, et il ne savait pas si elle avait été un succès ou non. Il n'y a pas eu d'applaudissements, mais, d'un autre côté, rien n'indique que quelqu'un ait ressenti du ressentiment envers l'exposition, la considérant comme une exposition enfantine de lumières colorées. Il était impossible de regarder ce public sans croire qu'il avait été profondément intéressé par ce qu'il avait vu et qu'il s'attendait à en voir davantage.

Pendant deux ou trois minutes , Loring regarda à travers sa meurtrière, puis, toujours avec un peu de doute dans le cœur, mais avec un peu plus de couleur dans ses joues, il se prépara pour la deuxième partie de sa performance.

En ce moment entra dans le théâtre, tout au fond de la maison, une jeune dame. Elle était belle et bien habillée, et alors qu'elle ouvrait la porte – Loring n'avait employé ni huissiers ni autres assistants pour cette petite représentation sociale – elle s'arrêta un instant et regarda le théâtre, puis se dirigea sans bruit vers une chaise au dernier rang. et s'assit.

Il s'agissait d'Edith Starr, qui, un mois auparavant, avait été fiancée à Herbert Loring. Edith et sa mère avaient été invitées à cette représentation, et des places avant leur avaient été réservées, car chaque invité avait reçu une carte numérotée. Mais Mme Starr avait mal à la tête et ne pouvait pas sortir cet après-midi-là, et pendant un moment, sa fille avait pensé qu'elle aussi devait renoncer au plaisir que Loring lui avait promis et rester avec sa mère. Mais lorsque la dame aînée s'endormit tranquillement, Edith pensa que, aussi tard qu'il soit, elle irait seule et verrait ce qu'elle pourrait du spectacle.

Elle était tout à fait certaine que si sa présence était connue de Loring , il arrêterait tout ce qu'il faisait jusqu'à ce qu'on lui ait fourni un siège qu'il jugeait approprié pour elle, car il avait mis un point d'honneur à ce qu'elle soit correctement assise lorsqu'il avait donné les invitations. . C'est pourquoi, désireuse également de ne pas déranger la représentation et de ne pas se faire remarquer, elle s'assit derrière deux hommes assez grands, là où elle pouvait parfaitement voir la scène, mais où elle-même ne serait pas susceptible d'être vue.

Au bout de quelques instants, le rideau se leva et Loring s'avança, portant une petite table lumineuse, qu'il plaça près du devant de la scène, et resta un instant tranquillement près d'elle. Edith remarqua sur son visage l'expression d'incertitude et d'anxiété qui ne l'avait pas encore quitté. Debout au bord de la table et parlant très lentement, mais si clairement que ses paroles pouvaient être entendues distinctement dans toutes les parties de la salle, il commença quelques remarques introductives concernant la deuxième partie de sa performance.

"La chose extraordinaire, et je peux dire merveilleuse , que je vais vous montrer", dit-il, "est connue parmi les magiciens des Indes orientales sous le nom d'œuf magique. L'exposition est très rare et a rarement été vue par les Américains. ou Européens, et c'est par une chance rare que je suis devenu propriétaire des appareils nécessaires à cette exposition. Ils sont en effet très peu nombreux et simples, mais jamais auparavant, à ma connaissance et à ma connaissance, n'ont-ils été vus en dehors de l'Inde.

"Je vais maintenant récupérer la petite boîte qui contient les articles nécessaires à cette représentation magique, et je dirai que si j'avais le temps de vous raconter l'étrange et étonnante aventure qui a abouti à ma possession de cette boîte, je suis sûr que vous le feriez soyez autant intéressé par cela que j'espère que vous l'êtes par le contenu de la boîte. Mais afin qu'aucun de vous ne puisse penser qu'il s'agit d'un tour ordinaire, exécuté au moyen de pièges ou de portes dissimulés, je souhaite que vous y prêtiez particulièrement attention. de cette table, qui est, comme vous le voyez, une table en pin massif, non peinte, avec rien d'autre qu'un dessus plat et quatre pieds droits aux angles, on voit dessous et autour, et on ne peut rien cacher. " Puis, restant debout quelques instants comme s'il avait autre chose à dire, il se tourna et se dirigea vers l'une des ailes.

Edith était troublée en regardant son amant lors de ces propos. Son intérêt était grand, plus grand même que celui des gens qui l'entouraient, mais ce n'était pas un intérêt agréable. Alors que Loring arrêtait de parler et regardait autour de lui, son visage rougit momentanément. Elle savait que c'était dû à l'excitation, et elle était pâle à cause de la même cause.

Très vite, Loring s'avança et se plaça près de la table.

"Voici la boîte," dit-il, "dont j'ai parlé, et pendant que je la tiens, je pense que vous pouvez tous la voir. Elle n'est pas grande, ne dépassant certainement pas douze pouces de longueur et deux de profondeur, mais elle contient des choses très merveilleuses. L'extérieur de cette boîte est recouvert de gravures et de sculptures délicates que vous ne pouvez pas voir, et ces marques et lignes ont, je pense, une signification magique, mais je ne sais pas ce que c'est. Je vais maintenant ouvrir " La boîte et je vous montre ce qu'il y a dedans. La première chose que je sors est ce petit bâton, pas plus épais qu'un crayon, mais un peu plus long, comme vous le voyez. C'est une baguette magique, et elle est couverte d'inscriptions du même caractère comme ceux qui sont à l'extérieur de la boîte. Ensuite, c'est ce petit sac rouge, bien rempli, comme vous le voyez, que je mettrai sur la table, car je n'en aurai pas encore besoin.

"Maintenant, je sors un morceau de tissu qui est plié en un tout petit compas, mais en le dépliant, vous remarquerez qu'il mesure plus d'un pied carré et qu'il est couvert de broderies. Toutes ces lignes et ces figures étranges en or et en or. Les rouges, que vous pouvez clairement voir sur le tissu lorsque je le tiens, sont également des caractères dans le même langage magique que ceux de la boîte et de la baguette. Je vais maintenant étaler le tissu sur la table, puis retirer la seule chose restante. dans la boîte, et ce n'est rien au monde qu'un œuf – un simple œuf de poule ordinaire, comme vous le voyez tous lorsque je le montre. Il est peut-être un peu plus gros qu'un œuf ordinaire, mais après tout, il n'est qu'un œuf commun, c'est-à-dire en apparence, mais en réalité c'est bien plus.

"Maintenant, je vais commencer la représentation." Et comme il se tenait au bord de la table sur laquelle il s'était légèrement penché et jetait ses yeux sur l'assistance, sa voix était plus forte et son visage avait perdu toute sa pâleur. Il était visiblement en train de s'échauffer avec son sujet.

"Je prends maintenant cette baguette," dit-il, "qui, pendant que je la tiens, me donne le pouvoir de produire les phénomènes que vous êtes sur le point de voir. Vous ne croyez peut-être pas tous qu'il y ait une quelconque magie dans cette petite performance, et que tout cela n'est qu'une machinerie ; mais quoi que vous en pensiez, vous verrez ce que vous verrez.

"Maintenant, avec cette baguette, je touche doucement cet œuf qui repose sur le carré de tissu. Je ne crois pas que vous puissiez voir ce qui est arrivé à cet œuf, mais je vais vous le dire. Il y a une petite ligne, comme un cheveu, entièrement autour. Maintenant, cette ligne est devenue une fissure. Maintenant vous pouvez la voir, je sais. Elle s'élargit de plus en plus ! Regardez ! La coquille de l'œuf se sépare au milieu. L'œuf entier bouge légèrement. Le remarquez-vous ? Maintenant, vous pouvez voir quelque chose de jaune apparaître entre les deux parties de la coquille. Voyez ! Il bouge beaucoup, et les deux moitiés de la coquille se séparent de plus en plus. Et maintenant, ce drôle de petit objet tombe. Voyez-vous qu'est-ce que c'est ? C'est un pauvre petit poussin faible, incapable de se tenir debout, mais vivant, vivant ! Vous pouvez tous constater qu'il est vivant. Maintenant vous pouvez voir qu'il se tient debout, assez faiblement, mais toujours debout.

"Voici, il fait quelques pas ! Tu ne peux pas douter qu'il soit vivant et qu'il soit sorti de cet œuf. Il commence à se promener sur le tissu. Remarques-tu qu'il gratte la broderie ? Maintenant, petit poussin, je je vais vous donner à manger. Ce petit sac rouge contient du grain, un grain magique, avec lequel je nourrirai le poulet. Vous devez excuser ma maladresse à ouvrir le sac, car je tiens toujours la baguette; mais ce petit bâton, je ne dois pas laisse tomber. Tu vois, petit poussin, il y a des grains ! On dirait du riz, mais, en fait, je n'ai aucune idée de ce que c'est. Mais il sait, il sait ! Regarde-le ! Regarde comment il le ramasse ! Là ! Il en a avalé un, deux, trois, ça fera l'affaire, petit poussin, pour un premier repas.

" Le grain semble l'avoir déjà fortifié, car voyez comme il est vif et comme son duvet jaune ressort sur lui, si gonflé et chaud ! Vous cherchez encore du grain, n'est-ce pas ? Eh bien, vous ne pouvez pas l'avoir tout simplement. et tenez-vous à l'écart de ces morceaux de coquille d'œuf, que je remets d'ailleurs dans la boîte. Maintenant, monsieur, essayez d'éviter le bord de la table, et, pour vous calmer, je vous donnerai un peu tapez sur le dos avec ma baguette. Maintenant, alors, s'il vous plaît, observez attentivement. Le duvet qui tout à l'heure le recouvrait a presque disparu. Il est vraiment beaucoup plus grand, et toujours plus laid. Voyez les petites plumes d'épingle qui dépassent dessus. lui ! Certains endroits ici et là sont presque nus, mais il est de plus en plus actif. Ha ! Écoute ça ! Il est si fort qu'on entend son bec lorsqu'il picote la table. En fait, il grandit de plus en plus sous nos yeux ! Voyez cette drôle de petite queue, comme elle commence à se dresser, et les piquants apparaissent au bout de ses ailes.

"Encore un coup, et encore quelques grains. Attention, monsieur ! Ne déchirez pas le tissu ! Voyez comme il grandit vite ! Il est assez couvert de plumes, rouges et noires, avec une pointe jaune devant. On pourrait difficilement l'obtenir. cet homme dans un œuf d'autruche ! Maintenant, que pensez-vous de lui ? Il est assez gros pour un poulet de chair, même si je ne pense pas que quiconque voudrait le prendre dans ce but . Encore un peu de grain et un autre robinet de ma baguette. Vous voyez ! Le petit bâton ne le dérange pas, car il y est habitué depuis sa naissance même. Maintenant donc, c'est ce que vous appelleriez un bon poussin à moitié adulte. Un peu plus qu'à moitié adulte, je devrait dire. Remarquez-vous sa queue ? Il n'y a aucun doute sur une poulette. Les longues plumes commencent déjà à s'enrouler. Il doit avoir un peu plus de grain. Attention, monsieur, ou vous serez hors de la table ! Venez Ici, cette table est trop petite pour lui, mais s'il était par terre, on ne le verrait pas aussi bien.

" Encore un coup. Maintenant, voyez ce peigne sur le dessus de sa tête ; vous l'aviez à peine remarqué auparavant, et maintenant il est rouge vif. Et voyez ses éperons qui commencent à se montrer, sur de bonnes jambes épaisses aussi. Il y a un beau jeune homme pour vous ! Regardez comme il secoue la tête d'un côté à l'autre, comme le jeune prince d'une basse-cour, comme il le mérite bien !

L'intérêt attentif qui avait d'abord caractérisé le public se changea maintenant en admiration et en étonnement. Certains se penchaient en avant, la bouche grande ouverte. D'autres se sont levés pour mieux voir. Des exclamations d'étonnement et d'émerveillement se firent entendre de toutes parts, et on ne vit jamais un public plus profondément fasciné et absorbé.

"Maintenant, mes amis," continua Loring, "je vais donner un autre coup à ce beau poulet. Voyez le résultat : un coq noble et adulte ! Voyez ses éperons ! Ils mesurent près d'un pouce de long ! Vous voyez, il y a un peigne pour vous ! Et quelle magnifique queue verte et noire, contrastant si finement avec le rouge profond du reste de son corps ! Eh bien, monsieur, vous êtes vraiment trop grand pour cette table. Comme je ne peux pas vous laisser plus de place, je vais vous mettre " Monte plus haut. Déplace-toi un peu, et je mettrai cette chaise sur la table. Là ! Sur le siège ! C'est vrai, mais ne t'arrête pas. Il y a le dossier, qui est encore plus haut ! Debout avec toi ! Ha ! " Là, il a failli renverser la chaise, mais je vais la tenir. Vous voyez ! Il s'est retourné. Maintenant, regardez-le. Voyez ses ailes pendant qu'il les bat ! Il pourrait voler avec de telles ailes. Regardez-le ! Voyez ça poitrine gonflée ! Ha, ha ! Écoutez ! Avez-vous déjà entendu un corbeau comme celui-là ? Il sonne assez partout dans la maison. Oui, je le savais ! Il y en a un autre !

À ce moment-là, les gens dans la maison étaient dans un état d'excitation folle. Presque tous étaient debout et dans un tel état d'enthousiasme frénétique que Loring craignait que certains d'entre eux ne courent vers la scène.

" Venez, monsieur, " s'écria Loring, presque en train de crier, " cela fera l'affaire. Vous nous avez montré la force de vos poumons. Sautez sur le siège de la chaise ; maintenant sur la table. Là, j'enlèverai la chaise. " , et vous pouvez rester un moment sur la table et laisser nos amis vous regarder ; mais seulement pour un instant. Prenez cette tape dans votre dos. Maintenant, voyez-vous une différence ? Peut-être que non, mais moi si. Oui, Je crois que c'est le cas de tous. Il n'est plus le grand gaillard qu'il était il y a une minute. Il est vraiment plus petit – seulement un beau coq. Une belle queue, mais sans la noble envergure qu'elle avait il y a une minute. Non, don " N'essayez pas de quitter la table. Vous ne pouvez pas échapper à ma baguette. Un autre coup. Voici un poulet à moitié adulte, bon à manger, mais sans corbeau en lui. Vous avez faim, n'est-ce pas ? Mais vous n'avez pas besoin de picorer " La table comme ça. Tu n'as plus de grain, mais seulement ce petit robinet. Ha, ha ! Qu'est-ce que tu viens ? Il y a un poulet à peine assez emplumé pour qu'on puisse dire de quelle couleur il va être.

" Un autre coup lui enlèvera encore plus de vanité. Regardez-le ! Il y a ses plumes d'épingle et ses endroits dénudés. N'essayez pas de vous échapper ; je peux facilement vous taper à nouveau. Maintenant alors. Voici un adorable petit poussin, moelleux avec un duvet jaune. Il est assez actif, mais je vais le calmer. Un coup, et maintenant que voyez-vous ? Un pauvre poulet faible, à peine capable de se tenir debout, avec son duvet tout serré près de lui comme s'il était sorti sous la pluie. Ah, petit poussin, je vais prendre les deux moitiés de la coquille d'œuf d'où tu es sorti et je les mettrai de chaque côté de toi. Viens, entre maintenant ! Je les ferme. . Vous êtes perdu de vue. Il n'y a rien à voir à part une fissure autour de la coquille ! Maintenant, elle a disparu ! Voilà, mes amis ; tandis que je le tiens en haut, voici l'œuf magique, exactement tel qu'il était lorsque je l'ai pris pour la première fois. je le sortirai de la boîte dans laquelle je vais le remettre, avec le chiffon, la baguette et le petit sac rouge, et je le fermerai d'un coup sec. Je vous laisse jeter un dernier coup d'œil à cette boîte avant de la ranger. Dans les coulisses. Etes-vous satisfait de ce que je vous ai montré ? Pensez-vous que c'est vraiment aussi merveilleux que vous le pensiez ? »

À ces mots, tout le public éclata en applaudissements nourris, au cours desquels Loring disparut, mais il revint aussitôt.

"Merci!" s'écria-t-il en s'inclinant profondément et en agitant les bras devant lui à la manière d'un magicien oriental faisant un salaam. D'un côté à l'autre, il se tourna, s'inclinant et remerciant, puis, avec un chaleureux « Au revoir à vous ; au revoir à vous tous ! il recula et baissa le rideau.

Pendant quelques instants, le public resta assis comme s'il attendait quelque chose de plus, puis il se leva doucement et commença à se disperser. La plupart d'entre eux se connaissaient et il y eut beaucoup de salutations et de discussions à la sortie du théâtre.

Lorsque Loring fut sûr que la dernière personne était partie, il éteignit les lumières, verrouilla la porte et donna la clé au steward du club.

Il est rentré chez lui à pied, un homme heureux. Son exposition a été une parfaite réussite, sans aucune rupture ni défaut du début à la fin.

"J'ai l'impression", pensa le jeune homme en marchant à grands pas, "comme si je pouvais voler jusqu'au sommet de ce clocher, battre des ailes et chanter jusqu'à ce que tout le monde m'entende."

Ce soir-là, comme c'était son habitude quotidienne, Herbert Loring rendit visite à Miss Starr. Il trouva la jeune femme dans la bibliothèque.

« Je suis venue ici, dit-elle, parce que j'ai beaucoup de choses à vous dire et je ne veux pas être interrompue.

De cet arrangement, le jeune homme exprima son entière satisfaction et commença immédiatement à s'enquérir de la cause de son absence à son exposition de l'après-midi.

"Mais j'étais là", a déclaré Edith. "Tu ne m'as pas vu, mais j'étais là. Maman avait mal à la tête et j'y suis allée toute seule."

"Tu étais là!" s'exclama Loring en sortant presque de sa chaise. "Je ne comprends pas. Vous n'étiez pas à votre place."

Non," répondit Edith. "J'étais sur la toute dernière rangée de sièges. Vous ne pouviez pas me voir et je ne souhaitais pas que vous me voyiez. »

"Édith !" s'exclama Loring en se levant et en se penchant sur la table de la bibliothèque qui se trouvait entre eux. "Quand êtes-vous venu ? Quelle part du spectacle avez-vous vu ?"

"J'étais en retard", dit-elle. "Je ne suis arrivé qu'après le feu d'artifice, ou quoi qu'il en soit."

Pendant un instant, Loring resta silencieux, comme s'il ne comprenait pas la situation.

"Feux d'artifice!" il a dit. "Comment saviez-vous qu'il y avait eu des feux d'artifice ?"

"J'entendais les gens parler d'eux à la sortie du théâtre", répondit-elle.

"Et qu'ont-ils dit ?" » s'enquit-il rapidement.

"Ils semblaient très bien les aimer", répondit-elle, "mais je ne pense pas qu'ils soient tout à fait satisfaits. D'après ce que j'ai entendu dire par certaines personnes, j'ai déduit qu'ils pensaient que ce n'était pas vraiment un spectacle auquel vous aviez invité. eux."

resta de nouveau pensif, regardant la table. Mais avant qu'il ait pu parler à nouveau, Edith se leva d'un bond.

« Herbert Loring, s'écria-t-elle, qu'est-ce que tout cela signifie ? J'étais là pendant toute l'exposition de ce que vous appeliez l'œuf magique. J'ai vu tous ces gens fous d'excitation à la vue merveilleuse de la poule qui sortait. de l'œuf, et a grandi jusqu'à atteindre sa taille maximale, puis a diminué à nouveau et est retourné dans l'œuf, et, Herbert, il n'y avait pas d'œuf, et il n'y avait pas de petite boîte, et il n'y avait pas de baguette, ni de tissu brodé, et il n'y avait pas de sac rouge, ni de petit poussin, et il n'y avait pas de volaille adulte, et il n'y avait pas de chaise que l'on mettait sur la table ! Il n'y avait rien, absolument rien, à part toi et cette table ! Même la table était Ce n'était pas ce que vous avez dit. Ce n'était pas une table en pin non peinte avec quatre pieds droits. C'était une table en bois foncé poli, et elle reposait sur un seul poteau avec des pieds. Il n'y avait rien là-bas que vous avez dit. Tout était là. une imposture et une illusion ; chaque mot que vous avez dit était faux. Et pourtant tout le monde dans ce théâtre, sauf vous et moi, a vu tout ce que vous disiez être sur scène. Je sais qu'ils les ont tous vus, car j'étais avec les gens, je les entendais et je les voyais, et parfois je ressentais assez le frisson d'enthousiasme qui les possédait alors qu'ils regardaient les miracles et les prodiges dont vous disiez qu'ils se produisaient.

Loring sourit. "Asseyez-vous, ma chère Edith", dit-il. " Vous êtes excité, et il n'y a pas la moindre cause à cela. Je vais vous expliquer toute l'affaire. C'est assez simple. Vous savez que l'étude est le grand objet de ma vie. J'étudie toutes sortes de choses ; et juste "Maintenant, je m'intéresse beaucoup à l'hypnotisme. Le sujet est devenu fascinant pour moi. J'ai fait un grand nombre d'essais réussis de mes pouvoirs, et l'affaire de cet après-midi n'était rien d'autre qu'un essai de mes pouvoirs sur une échelle plus étendue que tout ce que j'ai pu expérimenter. J'ai encore essayé. Je voulais voir s'il m'était possible d'hypnotiser un nombre considérable de personnes sans que personne ne se doute de ce que j'avais l'intention de faire. Le résultat fut un succès. J'ai hypnotisé toutes ces personnes au moyen de la première partie de mon spectacle, qui consistait en des combinaisons de verres colorés sur lesquels étaient projetées des lumières. Ils tournaient et ressemblaient à des feux d'artifice, et étaient attachés à un fil en haut de la scène.

" J'ai continué ce spectacle scintillant et éblouissant — qui valait bien le détour, je peux vous l'assurer — jusqu'à ce que les gens aient tendu les yeux vers le haut pendant près d'une demi-heure. Et ce genre de choses, je vous le dirai si vous ne le faites pas. sachez-le – est l'une des méthodes permettant de produire un sommeil hypnotique.

"Il n'y avait personne ici qui ne soit un sujet impressionnable, car j'ai fait très attention en envoyant mes invitations, et quand j'ai été presque certain que mon public était complètement hypnotisé, j'ai arrêté le spectacle et j'ai commencé la véritable exposition, qui n'était pas vraiment pour leur bénéfice, mais pour le mien.

"Bien sûr, j'étais terriblement inquiet de peur de ne pas avoir entièrement réussi et qu'il puisse y avoir au moins quelqu'un qui n'avait pas succombé aux influences hypnotiques, et j'ai donc testé la question en sortant ce tableau et en le lui disant. Si j'avais eu une raison de supposer que certains membres de l'assistance voyaient la table telle qu'elle était réellement, j'avais une explication prête et j'aurais pu me retirer de ma position sans que personne ne suppose que j'avais eu l'intention de faire expériences hypnotiques. Le reste de l'exposition aurait été constitué de choses que tout le monde pouvait voir, et dès que possible j'aurais libéré de leur charme ceux qui étaient hypnotisés. Mais quand j'ai été positivement assuré que tout le monde voyait une table en pin clair avec quatre jambes droites, j'ai continué avec confiance les performances de l'œuf magique.

Edith Starr était toujours debout près de la table de la bibliothèque. Elle n'avait pas suivi le conseil de Loring de s'asseoir et elle tremblait d'émotion.

« Herbert Loring, dit-elle, vous avez invité ma mère et moi à cette exposition. Vous nous avez donné des billets pour les premières places, où nous serions sûrs d'être hypnotisés si votre expérience réussissait, et vous nous auriez fait voir ce faux spectacle. , qui s'effaça de l'esprit de ces gens dès qu'ils furent remis du sortilège, car en s'éloignant ils ne parlaient que du feu d'artifice, et aucun d'eux ne parla d'un œuf magique, ou d'une poule, ou quoi que ce soit de ce genre. moi ceci : n'aviez-vous pas l'intention que je vienne et que je sois soumis à ce sort ?

Loring sourit. "Oui," dit-il, "bien sûr que je l'ai fait. Mais alors votre cas aurait été différent de celui des autres spectateurs : j'aurais dû tout vous expliquer, et je suis sûr que nous aurions eu beaucoup de discussions. plaisir, et profit aussi, à discuter de vos expériences. Le sujet est extrêmement... "

"Explique moi!" elle a pleuré. "Tu n'aurais pas osé le faire ! Je ne sais pas à quel point tu es courageux, mais je sais que tu n'aurais pas eu le courage de venir ici et de me dire que tu m'avais enlevé ma raison et mon jugement, comme tu l'as pris loin de tous ces gens, et que tu m'avais fait un simple outil de ta volonté, regardant et haletant d'excitation devant les choses merveilleuses que tu m'as dites pour voir là où rien n'existait. Je n'ai rien à dire sur les autres. Ils peuvent parler pour eux-mêmes s'ils apprennent un jour ce que vous leur avez fait. Je parle pour moi. Je me suis levé avec le reste du peuple. J'ai regardé de toute ma puissance, et encore et encore je me suis demandé s'il était possible que tout allait mal avec mes yeux ou mon cerveau, et si je pouvais être le seul là-bas à ne pas voir le spectacle merveilleux que vous décriviez... Mais maintenant je sais que rien n'était réel, pas même la petite table en pin, pas même l'homme!"

"Même pas moi!" s'exclama Loring. "J'étais sûrement assez réel !"

"Sur cette scène, oui", a-t-elle déclaré. "Mais vous avez prouvé que vous n'étiez pas l'Herbert Loring à qui je m'étais promis. C'était un être irréel. S'il avait existé , il n'aurait pas été un homme qui m'aurait amené dans ce lieu public, ignorant tous ses intentions, pour obscurcir mes perceptions, pour soumettre mon intellect au sien et me faire croire à un mensonge. Si un homme devait me traiter de cette façon une fois, il me traiterait ainsi à d'autres moments et d'autres manières, s'il en avait l'occasion. Vous m'avez traité dans le passé comme vous avez traité aujourd'hui ces gens qui regardaient l'œuf magique. Autrefois, vous m'avez fait voir un homme irréel, mais vous ne le ferez plus jamais ! Au revoir.

"Edith", s'écria Loring, "tu ne..."

Mais elle avait disparu par une porte latérale et il ne lui a plus jamais adressé la parole.

En rentrant chez lui dans les rues faiblement éclairées, Loring parla involontairement à haute voix.

"Et ceci," dit-il, "c'est ce qui est sorti de l'œuf magique !"

"LA SOEUR DÉCÉDÉE DE SA FEMME"

Il y a maintenant cinq ans qu'un événement s'est produit qui a tellement coloré ma vie, ou plutôt a tellement changé certaines de ses couleurs originelles, que j'ai cru bon d'en écrire un récit, estimant que ses leçons pouvaient être utiles à des personnes dont la situation dans la vie sont semblables à la mienne.

Très jeune, j'ai adopté la littérature comme profession et, après avoir passé par les classes préparatoires nécessaires, je me suis retrouvé, après de nombreuses années de travail dur et souvent non rémunéré, en possession de ce qu'on pourrait appeler une pratique littéraire équitable. . Mes articles, graves, gais, pratiques ou fantaisistes, en étaient venus à être considérés avec faveur par les rédacteurs des divers périodiques pour lesquels j'écrivais, sur lesquels j'ai découvert avec le temps que je pouvais m'appuyer avec une certitude très confortable. Mes productions n'ont suscité aucun enthousiasme chez le public lecteur ; ils ne m'ont donné ni une grande réputation ni une récompense pécuniaire très précieuse ; mais ils étaient toujours acceptés, et mes recettes, à l'époque dont j'ai parlé, étaient aussi régulières et sûres qu'un salaire, et tout à fait suffisantes pour me donner plus qu'un entretien confortable.

C'est à cette époque que je me suis marié. J'étais fiancé depuis plus d'un an, mais je n'avais pas voulu assumer le soutien d'une épouse jusqu'à ce que je sente que ma situation pécuniaire était si assurée que je pouvais le faire avec l'entière satisfaction de ma propre conscience. Il n'y avait désormais aucun doute sur cette position, ni dans mon esprit ni dans celui de ma femme. Je travaillais avec beaucoup de constance et de régularité, je savais exactement où placer les productions de ma plume, et je pouvais calculer avec assez d'exactitude les sommes que j'en recevrais. Nous n'étions en aucun cas riches, mais nous en avions assez et étions pleinement satisfaits et satisfaits.

Ceux de mes lecteurs mariés n'auront aucune difficulté à se souvenir de l'extase particulière des premières semaines de leur vie conjugale. C'est alors que les fleurs de ce monde s'épanouissent le plus ; que son soleil est le plus génial ; que ses nuages sont les plus rares ; que son fruit est le plus délicieux ; que l'air est le plus doux ; que ses cigares sont de la plus haute saveur ; que la chaleur et le rayonnement de la félicité matrimoniale précoce raréfient tellement l'atmosphère intellectuelle que l'âme monte plus haut et jouit d'une perspective plus large que jamais auparavant.

Ces expériences étaient les miennes. Le clair clair de mon esprit s'est changé en champagne pétillant, et au plus fort de son effervescence, j'ai écrit une histoire. L'idée heureuse qui me vint alors à propos d'un conte était d'un caractère très particulier, et elle m'intéressa tellement que je m'y mis au travail avec beaucoup de plaisir et d'enthousiasme, et que je l'achetais dans un temps relativement court. Le titre de l'histoire était "La sœur décédée de sa femme", et quand je l'ai lu à Hypatie, elle en était ravie et parfois si affectée par son pathos que son émotion incontrôlable provoquait dans mes yeux une obscurité sympathique qui m'empêchait de voir . les mots que j'avais écrits. La lecture terminée, ma femme s'étant séché les yeux, elle se tourna vers moi et me dit : « Cette histoire fera votre fortune. Il n'y a rien de si pathétique depuis « L'Histoire d'une servante » de Lamartine.

Dès le lendemain, j'envoyai mon histoire au rédacteur en chef du périodique pour lequel j'écrivais le plus souvent et dans lequel paraissaient généralement mes meilleures productions. Quelques jours plus tard, je reçus une lettre du rédacteur dans laquelle il faisait l'éloge de mon histoire comme il n'avait jamais fait l'éloge de ma plume. Cela avait intéressé et charmé, disait-il, non seulement lui-même, mais tous ses associés au bureau. Même le vieux Gibson, qui ne se souciait jamais de lire quoi que ce soit avant qu'il soit en épreuve, et qui ne louait jamais rien qui ne contenait une plaisanterie, fut incité par l'exemple des autres à lire ce manuscrit et à perdre, comme il l'affirma, le premières larmes qui étaient sorties de ses yeux depuis son dernier châtiment paternel, une quarantaine d'années plus tôt. L'histoire paraîtrait, m'a assuré le rédacteur, dès qu'il lui trouverait de la place.

Si quelque chose pouvait rendre notre ciel plus agréable, nos fleurs plus éclatantes et la saveur de nos fruits et de nos cigares plus délicieuse, c'était une lettre comme celle-ci. Et lorsque, en très peu de temps, l'histoire fut publiée, nous constatâmes que le public des lecteurs était enclin à la recevoir avec autant d'intérêt sympathique et de faveur que les éditeurs lui en avaient témoigné. Mes amis personnels commencèrent bientôt à exprimer des opinions enthousiastes à ce sujet. Il a été très apprécié dans de nombreux journaux de premier plan et, dans l'ensemble, ce fut un grand succès littéraire. Je ne suis pas enclin à être vaniteux de mes écrits et, en général, me dit ma femme, j'y pense trop peu. Mais j'ai ressenti beaucoup de fierté et de satisfaction face au succès de « La sœur décédée de sa femme ». Si cela ne faisait pas ma fortune, comme ma femme le prétendait, cela m'aiderait certainement beaucoup dans ma carrière littéraire.

Moins d'un mois après la rédaction de cette histoire, quelque chose de très inhabituel et inattendu m'est arrivé. Un manuscrit a été restitué par le rédacteur en chef du périodique dans lequel était paru « La sœur décédée de sa femme ».

"C'est une bonne histoire", écrit-il, "mais elle n'est pas à la hauteur de ce que vous venez de faire. Vous avez eu un grand succès, et il ne faudrait pas nuire à la réputation que vous avez acquise en publiant quelque chose de inférieur à "His Wife's". Deceased Sister". qui a connu un succès si mérité."

J'étais si peu habitué à ce qu'on me laisse mon travail entre les mains que je crois que j'ai dû pâlir un peu en lisant la lettre. Je n'en ai rien dit à ma femme, car il serait insensé de jeter de tels grains de sable dans les rouages bien huilés de notre félicité domestique, mais j'ai immédiatement envoyé l'histoire à un autre éditeur. Je ne peux exprimer l'étonnement que j'ai ressenti lorsque, dans l'espace d'une semaine, on me l'a renvoyé. Le ton de la note qui l'accompagnait indiquait un sentiment quelque peu offensé de la part du rédacteur.

« Je suis réticent, » dit-il, « à refuser un manuscrit de votre part ; mais vous savez très bien que si vous m'envoyiez quelque chose comme « La sœur décédée de sa femme », ce serait très rapidement accepté.

Je me sentais alors obligé d'en parler à ma femme, qui était tout aussi surprise, mais peut-être pas aussi choquée, que moi.

« Relisons l'histoire, dit-elle, et voyons quel est le problème. Lorsque nous eûmes fini de le lire, Hypatie remarqua : « C'est tout aussi bon que la plupart des histoires que vous avez fait imprimer, et je le trouve très intéressant, même si, bien sûr, il n'est pas égal à « La sœur décédée de sa femme ». "

« Bien sûr que non », dis-je ; "C'était une inspiration à laquelle je ne peux pas m'attendre tous les jours. Mais il doit y avoir quelque chose qui ne va pas dans cette dernière histoire que nous ne percevons pas. Peut-être que mon récent succès m'a rendu un peu négligent en l'écrivant."

"Je ne le crois pas", a déclaré Hypatie.

"En tout cas," continuai-je, "je vais le laisser de côté et j'irai travailler sur un nouveau."

Au fil du temps , j'ai terminé un autre manuscrit et je l'ai envoyé à mon périodique préféré. Il a été conservé quelques semaines, puis m'est revenu.

"Il ne sera jamais suffisant", a écrit chaleureusement l'éditeur, "que vous retourniez en arrière. La demande pour le numéro contenant "La sœur décédée de sa femme" continue, et nous n'avons pas l'intention de vous laisser décevoir ce grand nombre de lecteurs. qui aurait tant hâte de voir un autre numéro contenant une de vos histoires."

J'ai envoyé ce manuscrit à quatre autres périodiques, et chacun d'eux m'a répondu avec des remarques selon lesquelles, même si ce n'était pas une mauvaise histoire en soi, ce n'était pas ce qu'ils attendaient de l'auteur de « La sœur décédée de sa femme ». ".

Le rédacteur en chef d'un magazine occidental m'a écrit pour qu'un article soit publié dans un numéro spécial qu'il publierait pour les vacances. Je lui en écrivis un du caractère et de la longueur qu'il désirait, et je le lui envoyai. Par retour de courrier, il m'est revenu.

"J'avais espéré", a écrit l'éditeur, "lorsque j'ai demandé une histoire de votre plume, recevoir quelque chose comme" La sœur décédée de sa femme ", et je dois avouer que je suis très déçu."

J'étais tellement rempli de colère lorsque j'ai lu cette note que j'ai ouvertement désavoué « la sœur décédée de sa femme ». « Vous devez m'excuser, dis-je à ma femme étonnée, de m'exprimer ainsi en votre présence, mais cette foutue histoire me ruinera encore. Tant qu'elle ne sera pas oubliée, personne ne prendra jamais ce que j'écris.

"Et vous ne pouvez pas vous attendre à ce que cela soit un jour oublié", a déclaré Hypatie, les larmes aux yeux.

Il est inutile pour moi de détailler mes efforts littéraires au cours des prochains mois. Les idées des éditeurs avec lesquels mes principales affaires avaient été faites, en ce qui concerne mes capacités littéraires, avaient été si soulevées par ma malheureuse histoire de « La sœur décédée de sa femme » que j'ai trouvé qu'il était inutile de leur envoyer quoi que ce soit de moindre importance. mérite. Et quant aux autres journaux que j'ai essayés, ils considéraient évidemment comme une insulte de ma part de leur envoyer des articles inférieurs à ceux par lesquels ma réputation s'était récemment élevée. Le fait était que ma réussite m'avait ruiné. Mes revenus étaient terminés et le besoin me regardait en face ; et je dois avouer que je n'aimais pas l'expression de sa physionomie. Cela ne servait à rien pour moi d'essayer d'écrire une autre histoire comme « La sœur décédée de sa femme ». Je ne pouvais pas me marier chaque fois que je commençais un nouveau manuscrit, et c'était l'exaltation d'esprit provoquée par ma félicité conjugale qui produisait cette histoire.

"C'est parfaitement épouvantable !" dit ma femme. "Si j'avais eu une sœur et qu'elle était morte, j'aurais pensé que c'était de ma faute."

"Cela ne pouvait pas être votre faute," répondis-je, "et je ne pense pas que ce soit la mienne. Je n'avais aucune intention de tromper qui que ce soit en lui faisant croire que je pourrais faire ce genre de chose à chaque fois, et il ne fallait pas s'attendre à ce que cela soit le cas." de moi. Supposons que les clients de Raphaël aient essayé de le garder foutu au niveau de la Madone Sixtine et aient refusé d'acheter quoi que ce soit qui ne soit pas aussi bon que cela. Dans ce cas, je pense qu'il aurait occupé une tombe beaucoup plus ancienne et plus étroite que celui sur lequel M. Morris Moore accroche ses décorations funéraires.

"Mais, ma chère", a déclaré Hypatie, qui a été postée sur de tels sujets, "la Madone Sixtine était l'une de ses dernières peintures".

"Très vrai", dis-je. "Mais s'il s'était marié comme moi, il l'aurait peint plus tôt."

Un après-midi, je rentrais chez moi à pied, lorsque j'ai rencontré Barbel, un homme que j'avais bien connu au début de ma carrière littéraire. Il avait maintenant une cinquantaine d'années, mais il paraissait plus âgé. Ses cheveux et sa barbe étaient assez gris, et ses vêtements, qui étaient de la même teinte générale, me donnaient l'idée qu'ils étaient, comme ses cheveux, à l'origine noirs. L'âge est très dur pour les rendez-vous externes d'un homme. Barbel avait l'air d'avoir été loué depuis longtemps et tout à fait en mauvais état. Mais il y avait une lueur bienveillante dans ses yeux et il m'accueillit cordialement.

"Pourquoi, qu'est-ce qu'il y a, mon vieux ?" a-t-il dit. "Je ne t'ai jamais vu avoir l'air aussi malheureux."

Je n'avais aucune raison de cacher quoi que ce soit à Barbel. Dans ma jeunesse, il m'avait été d'une grande utilité et il avait le droit de connaître l'état de mes affaires. Je lui ai exposé toute l'affaire clairement.

« Regardez ici, » dit-il quand j'eus fini ; "Viens avec moi dans ma chambre ; j'ai quelque chose que je voudrais te dire là-bas."

J'ai suivi Barbel jusqu'à sa chambre. C'était au sommet d'une maison très sale et très usée, qui se trouvait dans une rue étroite et bosselée, dans laquelle peu de véhicules pénétraient, à l'exception des charrettes à cendres et à ordures et des chariots branlants des vendeurs de légumes rassis.

" Ce n'est pas vraiment une promenade à la mode ", dit Barbel alors que nous approchions de la maison, " mais cela me rappelle à certains égards les rues des villes italiennes, où les palais se penchent si amicalement les uns vers les autres. "

La chambre de Barbel était, à mon avis, un peu plus triste que la rue. Il faisait sombre, il y avait de la poussière et des toiles d'araignées pendaient à chaque coin de rue. Les quelques chaises posées par terre et les livres posés sur une table graisseuse semblaient atteints d'une épidémie dorsale, car leur dos était soit détruit, soit cassé. Un petit châlit dans un coin était recouvert d'une couverture faite de "Heralds" de New York dont les bords étaient collés ensemble.

« Il n'y a rien de mieux, » dit Barbel, remarquant mon regard vers cette nouvelle couverture, « pour couvrir un lit que les journaux ; ils tiennent aussi chaud qu'une couverture et sont beaucoup plus légers. J'utilisais des « Tribunes », mais ils ont trop secoué.

La seule partie de la pièce qui était bien éclairée était une extrémité près de l'unique fenêtre. Ici, sur une table au pied épissé, se trouvait une petite meule.

" A l'autre bout de la pièce, " dit Barbel, " est mon fourneau, que vous ne pouvez voir que si j'allume la bougie dans la bouteille qui se trouve à côté. Mais si vous ne voulez pas particulièrement l'examiner, , Je ne vais pas me permettre de m'éclairer. Vous pourriez ramasser pas mal de bric-à-brac, par ici, si vous décidiez de allumer une allumette et d'enquêter. Mais je ne vous conseillerais pas de le faire. donc. Il serait préférable de jeter les choses par la fenêtre plutôt que de les transporter en bas. L'élément particulier de décoration intérieure sur lequel je souhaite attirer votre attention est celui-ci. Et il me conduisit jusqu'à un petit cadre en bois accroché au mur près de la fenêtre. Derrière un morceau de verre poussiéreux , il contenait ce qui semblait être une feuille d'un petit magazine ou d'un journal. " Là, " dit-il, " vous voyez une page du " Grasshopper ", un journal humoristique qui prospérait dans cette ville il y a une demi-douzaine d'années. J'écrivais régulièrement pour ce journal, comme vous vous en souvenez peut-être. "

"Oh, oui, en effet !" M'écriai-je. "Et je n'oublierai jamais votre "Énigme de l'Enclume" qui y figurait. Combien de fois ai-je ri de cette vanité la plus merveilleuse, et combien de fois l'ai-je soumise à mes amis !"

Barbel m'a regardé silencieusement pendant un moment, puis il a montré le cadre. « Cette page imprimée, » dit-il solennellement, « contient « l'énigme de l'enclume ». Je l'accroche là pour pouvoir le voir pendant que je travaille. Cette énigme m'a ruiné. C'est la dernière chose que j'ai écrite pour "Grasshopper". Comment j'ai pu l'imaginer, je ne peux pas le dire. C'est une de ces choses qui n'arrivent à un homme qu'une fois dans sa vie. Après le cri de joie sauvage avec lequel le public a accueilli cette énigme, mes efforts ultérieurs ont rencontré des huées de joie. dérision. La "Sauterelle" a tourné ses pattes postérieures vers moi. Je suis tombé de mal en pis , - bien pire, - jusqu'à ce qu'enfin je me retrouve réduit à mon occupation actuelle, qui est celle de meuler les pointes des épingles. Par cela, je me procure mon pain, mon café et mon tabac, et parfois mes pommes de terre et ma viande. Un jour, alors que j'étais au travail, un joueur d'orgue est entré dans la rue en contrebas. Il a joué la sérénade du « Trovatore » et les notes familières m'ont rappelé des visions d'antan. les jours et les plaisirs anciens, où l'écrivain à succès portait de beaux vêtements et siégeait à des opéras, où il regardait des yeux doux et parlait d'airs italiens, où son avenir apparaissait comme une succession de décors lumineux et d'actes joyeux, sans aucune prévision d'abandon. Et tandis que mon oreille écoutait, et que mon esprit vagabondait dans cette heureuse rétrospection, toutes mes facultés semblaient exaltées, et, sans aucune réflexion à ce sujet, j'agrafais sur mes épingles des pointes si fines, si régulières et si lisses qu'elles pouvaient avoir percé avec aisance le cuir d'une botte, ou glissé, sans abrasion, parmi les fils les plus fins d'une dentelle ancienne et rare. Lorsque l'orgue s'est arrêté et que je suis retombé dans mon monde réel de toiles d'araignées et de moisi, j'ai regardé les épingles que je venais de broyer et, sans un instant d'hésitation, je les ai jetées dans la rue et j'ai signalé que le tout était gâté. Cela m'a coûté un peu d'argent, mais cela m'a permis d'économiser mon gagne-pain."

Après quelques instants de silence, Barbel reprit :

"Je n'ai plus rien à te dire, mon jeune ami. Tout ce que je veux que tu fasses, c'est que tu regardes cette énigme encadrée, puis cette meule, et ensuite que tu rentres chez toi et que tu réfléchisses. Quant à moi, j'ai une grosse quantité de choses à te dire. des épingles à broyer avant le coucher du soleil.

Je ne peux pas dire que ma dépression mentale ait été soulagée par ce que j'avais vu et entendu. J'avais perdu Barbel de vue depuis quelques années, et je l'avais cru flotter encore sur le fleuve de prospérité étincelant de soleil là où je l'avais vu pour la dernière fois. Ce fut un grand choc pour moi de le trouver dans un tel état de pauvreté et de misère, et de voir un homme à l'origine de « l'énigme de l'enclume » réduit à l'occupation déprimante de rectifier des pointes d'épingle. Alors que je marchais et réfléchissais, l'image terrible d'un avenir totalement éclipsé s'est présentée à mon esprit. La morale de Barbel s'est enfoncée profondément dans mon cœur.

En rentrant chez moi , je racontai à ma femme l'histoire de mon ami Barbel. Elle écoutait avec un intérêt triste et avide.

« J'ai peur, dit-elle, si notre fortune ne s'améliore pas rapidement, que nous devions acheter deux petites meules. Vous savez que je pourrais vous aider dans ce genre de choses.

Pendant longtemps, nous nous sommes assis ensemble, avons discuté et avons élaboré de nombreux projets pour l'avenir. Je n'ai pas jugé nécessaire de chercher encore un contrat d'épingle ; mais je dois trouver un moyen de gagner de l'argent, sinon nous mourrions de faim. Bien sûr, la première chose qui s'est imposée a été la possibilité de trouver d'autres affaires. Mais, outre la difficulté d'obtenir immédiatement un travail rémunérateur dans des métiers pour lesquels je n'avais pas été formé, j'éprouvais une grande et naturelle réticence à abandonner un métier pour lequel je m'étais soigneusement préparé et que j'avais adopté comme ma vie. travail. Il me serait très difficile de laisser ma plume pour toujours et de fermer le haut de mon encrier sur toutes les imaginations lumineuses et heureuses que j'avais vues se refléter dans son bassin tranquille. Nous avons parlé et réfléchi le reste de la journée et une bonne partie de la nuit, mais nous ne sommes pas parvenus à une conclusion quant à ce qu'il serait préférable pour nous de faire.

Le lendemain, je résolus d'aller chez le rédacteur en chef du journal pour lequel, dans les jours plus heureux, avant que ne m'atteigne le fléau de « la sœur décédée de sa femme », j'écrivais le plus souvent, et, après avoir franchement expliqué mon état. à lui, pour lui demander son avis. Le rédacteur en chef était un homme bon et avait toujours été mon ami. Il a écouté avec une grande attention ce que je lui ai dit et, de toute évidence, il a sympathisé avec moi dans mon malheur.

« Comme nous vous l'avons écrit, dit-il, la seule raison pour laquelle nous n'avons pas accepté les manuscrits que vous nous avez envoyés était qu'ils auraient déçu les grands espoirs que le public avait formés à votre égard. Nous avons reçu des lettres après lettre demandant quand nous allions publier une autre histoire comme « La sœur décédée de sa femme ». Nous avons senti, et nous sentons encore, que ce serait une erreur de vous permettre de détruire le beau tissu que vous avez vous-même élevé. Mais, ajouta-t-il avec un sourire aimable, je vois bien que votre réputation bien méritée sera affectée. ne vous servira à rien si vous mourez de faim au moment où ses rayons géniaux vous éclairent, pour ainsi dire.

"Ses poutres ne sont pas géniales", répondis-je. "Ils m'ont brûlé et flétri."

" Comment voudriez-vous, " dit l'éditeur après une courte réflexion, " nous permettre de publier les nouvelles que vous avez récemment écrites sous un autre nom que le vôtre ? Cela nous satisferait ainsi que le public, cela mettrait de l'argent dans votre poche. " , et n'interférerait pas avec votre réputation.

Avec joie, je saisis la main du noble garçon et acceptai aussitôt sa proposition. "Bien sûr", dis-je, "une réputation est une très bonne chose; mais aucune réputation ne peut remplacer la nourriture, les vêtements et une maison où vivre, et j'accepte volontiers de sombrer dans l'oubli mon nom trop illuminé. et apparaître devant le public comme un écrivain nouveau et inconnu. »

"J'espère que cela ne durera pas longtemps", dit-il, "car je suis sûr que vous écrirez encore des histoires aussi bonnes que "La sœur décédée de sa femme"."

Tous les manuscrits que j'avais sous la main, je les envoyai maintenant à mon bon ami l'éditeur, et ils parurent en bonne et due forme dans son journal sous le nom de John Darmstadt, que j'avais choisi pour remplacer le mien, définitivement invalide. J'ai fait un arrangement similaire avec d'autres éditeurs, et John Darmstadt a reçu le mérite de tout ce qui sortait de ma plume. Notre situation était alors devenue très confortable, et parfois nous nous permettions même de nous livrer à de petits rêves de prospérité.

Le temps s'écoulait très agréablement. Une année, une autre, puis un petit fils nous est né. Il est souvent difficile, je crois, aux personnes réfléchies de décider si le début de leur carrière conjugale, ou les premières semaines de la vie de leur premier-né, est la période la plus heureuse et la plus fière de leur existence. Pour ma part, je peux seulement dire que la même exaltation d'esprit, la même raréfaction d'idée et d'invention, qui ont réussi le jour de mon mariage, m'arrivent maintenant. À ce moment-là, mes émotions extatiques se sont cristallisées en un motif d'histoire et, sans tarder, je me suis mis à y travailler. Mon garçon avait environ six semaines lorsque le manuscrit fut terminé, et un soir, alors que nous étions assis devant un feu confortable dans notre salon, les rideaux tirés et la douce lampe allumée, et le bébé dormant profondément dans la chambre voisine , j'ai lu l'histoire à ma femme.

Quand j'eus fini, ma femme se leva et se jeta dans mes bras. "Je n'ai jamais été aussi fière de toi," dit-elle, ses yeux joyeux pétillant, "qu'en ce moment. C'est une histoire merveilleuse ! Elle est, en effet, j'en suis sûre, aussi bonne que "Le décès de sa femme". Sœur.'"

Alors qu'elle prononçait ces mots, une sensation soudaine et glaçante nous envahit tous les deux. Toute sa chaleur et sa ferveur, ainsi que l'éclat fier et heureux engendré en moi par cet éloge et cette appréciation de la part d'un être cher, ont disparu en un instant. Nous nous écartâmes et nous regardâmes avec des visages pâles. Au même moment, la terrible vérité nous était apparue tous les deux. Cette histoire ÉTAIT aussi bonne que "La sœur décédée de sa femme" !

Nous sommes restés silencieux. Le lot exceptionnel d'épingles ultra-pointues de Barbel semblait transpercer nos âmes. Une vision effroyable s'est présentée à moi d'une chute et d'un effondrement imminents, dans lesquels notre bonheur domestique devrait disparaître et nos perspectives pour notre garçon être détruites, tout comme nous avions commencé à les construire .

Ma femme s'est approchée de moi et m'a pris la main dans la sienne, qui était froide comme la glace. "Soyez forts et fermes", dit-elle. "Un grand danger nous menace, mais vous devez vous y préparer. Soyez forts et fermes."

Je lui ai serré la main et nous n'en avons pas dit plus cette nuit-là.

Le lendemain, je pris le manuscrit que je venais d'écrire et je l'enveloppai soigneusement dans un papier d'emballage épais. Ensuite, je suis allé dans une épicerie voisine et j'ai acheté une petite boîte en fer blanc solide, initialement destinée aux biscuits, avec un couvercle bien ajusté. J'y ai placé mon manuscrit, puis j'ai apporté la boîte chez un ferblantier et j'ai fait fixer le dessus avec de la soudure dure. Quand je rentrai chez moi, je montai dans le grenier et descendis dans mon bureau une caisse de navire, qui avait appartenu autrefois à un membre de ma famille qui était capitaine de vaisseau. Cette boîte était très lourde, solidement liée de fer et sécurisée par deux serrures massives. Appelant ma femme, je lui ai parlé du contenu de la boîte en fer blanc, que j'ai ensuite placée dans la boîte, et après avoir fermé le lourd couvercle, je l'ai doublement verrouillée.

« Cette clé, dis-je en la mettant dans ma poche, je la jetterai à la rivière en sortant cet après-midi.

Ma femme me regardait avec attention, avec un visage pâle et ferme, mais sur lequel je distinguais la faible lueur d'un bonheur revenu.

« Ne serait-il pas bon, dit-elle, de le fixer encore davantage avec de la cire à cacheter et des morceaux de ruban adhésif ?

"Non", dis-je. "Je ne crois pas que quiconque tentera de nuire à notre prospérité. Et maintenant, ma chère," continuai-je d'une voix impressionnante, "personne d'autre que vous, et, au fil du temps, , notre fils, saura que ce manuscrit existe. Quand je serai mort, ceux qui me survivront pourront, s'ils le jugent bon, faire ouvrir cette boîte et publier l'histoire. La réputation qu'elle pourra donner à mon nom ne pourra alors me nuire. ".

LA CROISIÈRE DE LA VEUVE

La veuve Ducket vivait dans un petit village à environ dix milles de la côte du New Jersey. Dans ce village où elle était née, ici elle s'était mariée et avait enterré son mari, et ici elle attendait que quelqu'un l'enterre ; mais elle n'était pas pressée de le faire, car elle avait à peine atteint l'âge mûr. C'était une femme de grande taille, sans graisse apparente dans sa composition, et pleine d'activité, tant musculaire que mentale.

Elle se levait à six heures du matin, préparait le petit-déjeuner, mettait la table, faisait la vaisselle une fois le repas terminé, traitait, barattait, balayait, lavait, repassait, travaillait dans son petit jardin, s'occupait des fleurs de la devanture. dans la cour, et l'après-midi, elle tricotait, piquait et cousait, et après le thé, soit elle allait voir ses voisins, soit elle les faisait venir la voir. Quand il faisait vraiment sombre , elle allumait la lampe de son salon et lisait pendant une heure, et si c'était un des livres de Miss Mary Wilkins qu'elle lisait, elle exprimait des doutes quant au réalisme des personnages qui y étaient décrits.

Elle exprima ces doutes à Dorcas Networthy , qui était une petite femme rondelette, au visage solennel, qui vivait avec la veuve depuis de nombreuses années et qui était devenue son disciple dévouée. Quoi que faisait la veuve, Dorcas le faisait aussi – pas si bien, car son cœur lui disait qu'elle ne pourrait jamais espérer faire cela, mais avec une aspiration ardente à tout faire aussi bien qu'elle le pourrait. Elle se levait à six heures cinq et, de manière subsidiaire, elle aidait à préparer le petit-déjeuner, à le manger, à faire la vaisselle, à travailler dans le jardin, à piquer, à coudre, à visiter et à recevoir, et personne n'était là. Elle aurait pu faire plus d'efforts qu'elle pour rester éveillée lorsque la veuve lisait à haute voix le soir.

Toutes ces choses se produisaient tous les jours en été, mais en hiver, la veuve et Dorcas déblayaient la neige de leur petit chemin au lieu de s'occuper des fleurs, et le soir ils allumaient un feu ainsi qu'une lampe dans le salon.

Parfois, cependant, quelque chose de différent se produisait, mais ce n'était pas fréquent, seulement quelques fois dans l'année. Une des différentes choses s'est produite lorsque Mme Ducket et Dorcas étaient assis sur leur petit porche un après-midi d'été, l'un sur le petit banc d'un côté de la porte, et l'autre sur le petit banc de l'autre côté de la porte, chacune attendant qu'elle entende l'horloge sonner cinq heures pour préparer le thé. Mais il n'était pas encore cinq heures moins le quart lorsqu'un chariot à un cheval contenant quatre hommes descendit lentement la rue. Dorcas a vu le chariot pour la première fois et elle a immédiatement arrêté de tricoter.

"Pitié de moi !" s'exclama-t-elle. "Qui que soient ces gens, ce sont des étrangers ici, et ils ne savent pas où s'arrêter, car ils vont d'abord d'un côté de la rue, puis de l'autre."

La veuve regarda autour d'elle avec attention. « Humph ! » dit-elle. "Ces hommes sont des marins. Vous pourriez le constater en un clin d' œil. Les marins conduisent toujours de cette façon, parce que c'est ainsi qu'ils naviguent sur les navires. Ils virent d'abord dans une direction, puis dans une autre."

"M. Ducket n'aimait pas la mer ?" » remarqua Dorcas pour la trois centième fois environ.

"Non, il ne l'a pas fait", répondit la veuve pour la deux cent cinquantième fois environ, car il y avait eu des occasions où elle pensait que Dorcas avait posé cette question inopportunement. "Il détestait ça, et il s'y est noyé en faisant confiance à un marin, ce que je n'ai jamais fait et ne ferai jamais. Croyez-vous vraiment que ces hommes viennent ici ?"

"Sur ma parole, je le fais !" » dit Dorcas, et son opinion était correcte.

Le chariot s'arrêta devant la petite maison blanche de Mme Ducket , et les deux femmes restèrent assises, rigides, les mains sur les genoux, regardant fixement l'homme qui conduisait.

C'était un personnage âgé avec des cheveux blanchâtres et sous le menton une fine barbe blanchâtre qui ondulait dans la douce brise et donnait à Dorcas l'idée que sa tête était remplie de cheveux qui s'échappaient d'en bas.

"Est-ce que c'est chez la Veuve Ducket ?" » demanda ce vieil homme d'une voix forte et pénétrante.

"C'est mon nom", dit la veuve, et posant son tricot sur le banc à côté d'elle, elle se dirigea vers la porte. Dorcas posa également son tricot sur le banc à côté d'elle et se dirigea vers la porte.

"On m'a dit", a déclaré le vieil homme, "dans une maison que nous avons touchée à environ quatre cents mètres en arrière, que la veuve Ducket était la seule maison de ce village où il y avait une chance pour moi et mes amis de prendre un repas. " Nous sommes quatre marins et nous nous dirigeons de la baie vers Cuppertown , et cela fait encore huit milles d'avance, et nous sommes tous assez prêts à manger quelque chose. "

"C'est ici", a déclaré la veuve, "et je donne des repas s'il y en a assez dans la maison et que tout est à portée de main".

"Est-ce que tout est utile aujourd'hui ?" a-t-il dit.

"C'est vrai", dit-elle, "et vous pouvez atteler votre cheval et entrer ; mais je n'ai rien pour lui."

"Oh, ce n'est pas grave", dit l'homme, "nous avons apporté des provisions pour lui, alors nous allons faire vite et ensuite entrer."

Les deux femmes se précipitèrent dans la maison en pleine préparation, car la fourniture de ce repas coûtait un dollar en espèces.

Les quatre marins, tous des hommes âgés, descendirent du chariot, chacun se précipitant avec empressement sur une roue différente.

Une boîte de biscuits de mer brisés fut apportée et déposée par terre devant le cheval, qui se mit aussitôt à manger avec une grande satisfaction.

Le thé était un peu tard ce jour-là, car il y avait six personnes à nourrir au lieu de deux, mais c'était un bon repas, et après que les quatre marins se soient lavés les mains et le visage à la pompe dans l'arrière-cour et les aient essuyés. deux serviettes fournies par Dorcas, ils entrèrent tous et s'assirent. Mme Ducket s'assit au bout de la table avec la dignité propre à la maîtresse de maison, et Dorcas s'assit à l'autre bout avec la dignité propre au disciple de la maîtresse. Aucun service n'était nécessaire, car tout ce qui devait être mangé ou bu était sur la table.

Lorsque chacun des vieux marins eut eu autant de pain et de beurre, de biscuits soda cuits rapidement, de bœuf séché, de jambon froid, de langue froide et de fruits en conserve de toutes les variétés connues, que sa capacité de stockage le permettait, le marin aux commandes, le capitaine. Bird repoussa sa chaise, après quoi les autres marins repoussèrent leurs chaises.

" Madame, " dit le capitaine Bird, " nous avons tous préparé un bon repas, qui n'avait pas besoin d'être ni meilleur ni plus, et nous sommes satisfaits ; mais ce cheval là-bas n'a pas eu le temps de se reposer suffisamment. faire les huit milles qui nous attendent, alors, si cela ne vous dérange pas, vous et cette bonne dame, nous aimerions nous asseoir un moment sur ce porche et fumer nos pipes. Je suis entré et je me suis dit à quel point c'était un endroit rare et bon pour fumer la pipe.

"On a fumé la pipe là-bas", dit la veuve en se levant, "et cela peut être refait. À l'intérieur de la maison, je n'autorise pas le tabac, mais sur le porche, cela ne nous dérange pas non plus."

o les quatre capitaines se dirigèrent vers le porche, deux d'entre eux s'asseyant sur le petit banc d'un côté de la porte, et deux d'entre eux sur le petit banc de l'autre côté de la porte, et allumèrent leurs pipes.

" Devons-nous débarrasser la table et faire la vaisselle, " dit Dorcas, " ou attendre qu'ils soient partis ? "

"Nous attendrons qu'ils soient partis", dit la veuve, "car maintenant qu'ils sont ici , autant causer un peu avec eux. Quand un marin allume sa pipe , il est généralement disposé à parler, mais quand il mange , tu ne peux pas lui tirer un mot.

Sans croire nécessaire de demander la permission, car la maison lui appartenait, la veuve Ducket apporta une chaise et la plaça dans le couloir près de la porte d'entrée ouverte, et Dorcas apporta une autre chaise et s'assit à côté de la veuve.

"Est-ce que vous tous , marins, avez votre place là-bas, dans la baie ?" a demandé Mme Ducket ; Ainsi commença la conversation, et en quelques minutes elle en était arrivée à un point où le capitaine Bird crut devoir dire qu'il arrive aux marins naviguant sur la mer beaucoup de choses étranges dont les gens de la terre ne rêvent jamais.

"Comme quelque chose en particulier ?" » demanda la veuve, ce à quoi Dorcas joignit les mains dans l'attente.

A cette question, chacun des marins retira sa pipe de sa bouche et regarda le plancher en réfléchissant.

"Il est arrivé beaucoup de choses étranges à moi et à mes compagnons en mer. Est-ce que vous et cette autre dame voudriez en entendre parler ?" » demanda le capitaine Bird.

"Nous aimerions les entendre s'ils sont vrais", a déclaré la veuve.

"Il ne m'est rien arrivé, à moi et à mes compagnons, qui ne soit vrai", a déclaré le capitaine Bird, "et voici quelque chose qui m'est arrivé un jour : j'étais en voyage de chasse à la baleine lorsqu'un gros cachalot, aussi fou que un taureau enflammé, est venu vers nous, de plein fouet, et a frappé le navire à l'arrière avec une telle force que sa tête s'est écrasée à travers les poutres et il a pénétré près de la moitié de sa longueur dans la coque. La cale était en grande partie remplie de tonneaux vides. car nous commencions tout juste notre voyage , et quand il en eut fait du petit bois, il y eut assez de place pour lui. Nous pensions tous qu'il ne faudrait pas cinq minutes au récipient pour se remplir et descendre au fond, et nous nous sommes préparés à monter sur les bateaux ; mais il s'est avéré que nous n'avions pas besoin de prendre de bateaux, car dès que l'eau s'est précipitée dans la cale du navire, cette baleine l'a bu et l'a projetée à travers les deux coups. -des trous au sommet de sa tête, et comme il y avait une écoutille ouverte juste au-dessus de sa tête, toute l'eau est retournée dans la mer, et cette baleine a continué à travailler jour et nuit à pomper l'eau jusqu'à ce que nous échouions le navire sur l'île. de Trinidad, la baleine nous aidant merveilleusement dans notre cheminement par le puissant travail de sa queue qui, étant dehors dans l'eau, agissait comme une hélice. Je ne crois pas qu'il soit jamais arrivé quelque chose d'aussi étrange à un baleinier."

"Non", dit la veuve, "je ne crois pas que quelque chose ait jamais existé."

Le capitaine Bird regarda maintenant le capitaine Sanderson, et ce dernier retira sa pipe de sa bouche et dit que, au cours de tout son voyage autour du monde, il n'avait jamais rien connu de plus étrange que ce qui était arrivé à un grand bateau à vapeur sur lequel il se trouvait par hasard, et qui s'est heurté à une île dans le brouillard. Tout le monde à bord pensait que le navire avait fait naufrage, mais il avait deux hélices et se dirigeait à une vitesse si énorme qu'il renversait complètement l'île et la survolait, et il avait entendu dire que même maintenant, les gens qui naviguaient sur cet endroit pouvaient regardez dans l'eau et voyez les racines des arbres et les caves des maisons.

Le capitaine Sanderson remit alors sa pipe dans sa bouche et le capitaine Burress sortit sa pipe.

"J'étais une fois sur un navire-obélisque", dit-il, "qui faisait du commerce régulier entre l'Égypte et New York, transportant des obélisques. Nous avions un gros obélisque à bord. La façon dont ils expédient les obélisques est de faire un trou dans la poupe. du navire, et faites entrer l'obélisque, l'extrémité peinte en avant ; et cet obélisque remplissait presque tout ce navire de la poupe à la proue. Nous étions environ dix jours à l'extérieur, et naviguions devant un vent de nord-est avec les moteurs à plein régime. vitesse, quand soudain nous avons aperçu des déferlantes devant nous, et notre capitaine a vu que nous étions sur le point de courir sur un rivage. Or, si nous n'avions pas eu d'obélisque à bord, nous aurions pu naviguer sur ce rivage, mais le capitaine savait qu'avec un obélisque sur bord, nous puisions trop d'eau pour cela, et que nous serions détruits en cinquante-cinq secondes environ si quelque chose n'était pas fait rapidement. Il a donc dû faire quelque chose rapidement, et voici ce qu'il a fait : il a ordonné à toute la vapeur de se mettre en marche. , et a roulé en claquant sur cette rive. Comme il s'y attendait, nous nous sommes arrêtés si soudainement que ce gros obélisque a rebondi vers l'avant , son extrémité peinte en avant, et a traversé la proue et s'est envolé dans la mer. Dès l'instant où cela s'est produit, le navire a été tellement allégé qu'il s'est élevé dans l'eau et nous avons facilement traversé la berge. Il y avait un homme renversé par le choc lorsque nous avons frappé, mais dès que nous l' avons manqué , nous sommes retournés le chercher et nous l'avons récupéré. Vous voyez, quand cet obélisque est passé par-dessus bord, sa crosse, qui était la plus lourde, est descendue en premier, et quand il a touché le fond , il est resté là, et comme c'était un si gros obélisque, il y avait environ cinq pieds et demi de il sortait de l'eau. L'homme qui a été renversé à la mer a simplement nagé jusqu'à cet obélisque et a escaladé les hiryglyphes . C'était un très bel obélisque, et les Égyptiens avaient gravé leurs hiryglyphes bien et profondément, afin que l'homme puisse s'y tenir par la main et le pied ; et quand nous l'avons atteint et l'avons emmené, il était assis haut et au sec sur l' extrémité peinte de cet obélisque. C'était vraiment dommage pour l'obélisque, car c'était un bon obélisque, mais comme je n'ai jamais entendu dire que l'entreprise avait essayé de l'élever, j'imagine qu'il est déjà là."

Le capitaine Burress remit alors sa pipe dans sa bouche et regarda le capitaine Jenkinson, qui retira sa pipe et dit :

"La chose la plus étrange qui me soit jamais arrivée concernait un requin. Nous étions au large des bancs, et la période de l'année était juillet, et la glace descendait, et nous nous sommes retrouvés au milieu d'un grand nombre d'entre eux. Non loin de là, au large. Notre arc météorologique, il y avait un petit iceberg qui avait une telle bizarrerie que le capitaine et trois hommes sont allés dans un bateau pour l'examiner. La glace était très claire, et on pouvait voir presque à travers elle et juste à l'intérieur de celle-ci. là, à moins de trois pieds au-dessus de la ligne de flottaison et à environ deux pieds, ou peut-être vingt pouces, à l'intérieur de la glace, se trouvait un énorme requin, d'environ quatorze pieds de long, - un mangeur d'hommes ordinaire, - figé là durement et rapidement. "Béni soit mon âme," dit le capitaine, "c'est une merveilleuse curiosité, et je vais le faire sortir." À ce moment-là, l'un des hommes a dit qu'il avait vu ce requin faire un clin d'œil, mais le capitaine ne voulait pas le croire, car il a dit que le requin était gelé, raide et dur et qu'il ne pouvait pas faire un clin d'œil. Vous voyez, le capitaine avait ses propres idées sur les choses, et il savait que les baleines avaient le sang chaud et qu'elles geleraient si elles étaient enfermées dans la glace, mais il oubliait que les requins n'étaient pas des baleines et qu'ils avaient le sang froid comme les crapauds . des roches pendant des milliers d'années, et ils sont restés en vie, peu importe le froid de l'endroit, parce qu'ils avaient le sang froid, et quand les roches ont été fendues, la grenouille a sauté. Mais, comme je l'ai déjà dit, le capitaine a oublié que les requins étaient de sang-froid, et il a décidé de se débarrasser de celui-là.

"Maintenant, vous savez tous les deux, en tant que femmes de ménage, que si vous prenez une aiguille et l'enfoncez dans un morceau de glace, vous pouvez le fendre. Le capitaine avait une aiguille à voile avec lui, et il l'a donc enfoncée dans l'iceberg juste à côté de la "

"Quel poisson heureux il devait être !" s'écria Dorcas, oubliant le précédent, tant son émotion était grande.

"Oui," dit le capitaine Jenkinson, "c'était un poisson assez heureux, mais ce n'était pas un capitaine heureux. Vous voyez, ce requin n'avait rien mangé, peut-être depuis mille ans, jusqu'à ce que le capitaine arrive avec lui. son aiguille à voile.

Vous, marins, voyez sûrement des choses étranges, " dit alors la veuve, " et le plus étrange, c'est qu'elles sont vraies. "

"Oui, en effet," dit Dorcas, "c'est la chose la plus merveilleuse."

"Vous ne supposeriez pas", dit la veuve Ducket , regardant d'un banc de marins à l'autre, "que j'ai une histoire maritime à raconter, mais je l'ai, et si vous le souhaitez, je vous la raconterai."

Le Capitaine Bird leva les yeux un peu surpris.

"Nous aimerions l'entendre, en effet, nous le voudrions, madame", dit-il.

"Aïe aïe!" » dit le capitaine Burress, et les deux autres marins hochèrent la tête.

"Il y a longtemps," dit-elle, "quand je vivais sur le rivage près du fond de la baie, mon mari était absent et je restais seule dans la maison. Un matin, ma belle - sœur , qui habitait de l'autre côté de la baie, m'a fait dire par un garçon à cheval qu'elle n'avait pas d'huile dans la maison pour remplir la lampe qu'elle mettait toujours à la fenêtre pour éclairer la maison de son mari, qui était un pêcheur, et si je lui en envoyais par le garçon , elle me rembourserait dès qu'ils achèteraient de l'huile. Le garçon a dit qu'il s'arrêterait en rentrant chez lui et lui apporterait l'huile, mais il ne s'est jamais arrêté, ou peut-être qu'il Je n'y suis jamais retourné, et vers cinq heures, j'ai commencé à être terriblement inquiet, car je savais que si cette lampe n'était pas à la fenêtre de ma belle-sœur la nuit tombée, elle pourrait être veuve avant minuit. Alors je me suis dit : "Je dois lui apporter cette huile, quoi qu'il arrive ou comment cela se fait." Bien sûr , je ne pouvais pas prévoir ce qui pourrait arriver, mais il n'y avait qu'une seule façon d'y parvenir, et c'était de monter dans le bateau qui était attaché au poteau au bord de l'eau et de le lui apporter, car c'était trop loin pour que je puisse me promener au fond de la baie. Or, le problème était que je n'en savais pas plus sur un bateau et sur sa conduite qu'aucun de vous, marins, n'en sait sur l' amidon clair . Mais il ne servait à rien de penser à ce que je savais et à ce que je ne savais pas, car je devais le lui apporter, et il n'y avait aucun moyen de le faire sauf dans ce bateau. Alors j'ai rempli un bidon d'un gallon . , car j'ai pensé que je ferais mieux d'en prendre assez pendant que j'y étais, et je suis descendu à l'eau et j'ai dételé ce bateau et j'y ai mis le bidon d'huile, puis je suis monté, et je suis parti, et alors que j'étais à environ un quart de mile du rivage... "

"Madame", interrompit le capitaine Bird, "avez-vous ramé ou... ou y avait-il une voile jusqu'au bateau ?"

La veuve regarda un instant celui qui posait la question. "Non," dit-elle, "je n'ai pas ramé. J'ai oublié d'apporter les rames de la maison; mais cela n'avait pas d'importance, car je ne savais pas m'en servir, et s'il y avait eu une voile , je Je n'aurais pas pu le monter, car je ne savais pas non plus comment m'en servir. J'utilisais le gouvernail pour faire avancer le bateau. Le gouvernail était la seule chose que je connaissais. J'avais tenu un gouvernail quand je " J'étais une petite fille, et je savais comment le faire fonctionner. Alors j'ai simplement saisi la poignée du gouvernail et je l'ai fait tourner en rond, et cela a fait avancer le bateau, vous savez, et... "

"Madame!" s'exclama le capitaine Bird, et les autres marins âgés retirèrent leur pipe de leur bouche.

— Oui, c'est comme ça que j'ai fait, reprit vivement la veuve. « Les grands bateaux à vapeur sont actionnés par une hélice qui tourne sans cesse à l'arrière, et j'ai fait fonctionner le gouvernail de la même manière, et je m'en suis très bien sorti aussi, jusqu'à ce que soudain, quand j'avais environ un quart d'âge, à un kilomètre du rivage, une tempête des plus terribles et des plus affreuses s'est levée. Il devait y avoir un typhon ou un cyclone en mer, car les vagues montaient dans la baie plus grosses que les maisons, et lorsqu'elles atteignaient le fond de la baie, elles se retournaient. et essayèrent de reprendre la mer. Ainsi, de cette façon, ils se rencontraient continuellement et formaient l' accumulation de vagues la plus horrible et la plus rugissante qui ait jamais été connue.

"Mon petit bateau était ballotté comme s'il avait été une plume dans la brise, et quand la partie avant du bateau s'enfonçait dans l'eau, la partie arrière se dressait jusqu'à ce que le gouvernail siffle comme une baratte brevetée avec pas de lait dedans. Le tonnerre commença à gronder et les éclairs éclatèrent, et trois mouettes, si près de mourir de peur qu'elles commencèrent à retrousser le blanc de leurs yeux, s'envolèrent et s'assirent sur l'un des sièges du bateau, J'ai oublié dans ce moment horrible que l'homme était leur ennemi naturel . J'avais quelques biscuits dans ma poche, parce que j'avais pensé que j'aurais peut-être besoin d'une bouchée en traversant, et j'en ai émietté un et j'ai nourri les pauvres créatures. Puis j'ai commencé à me demander ce que j'allais faire , car les choses devenaient de plus en plus affreuses à chaque instant, et le petit bateau était très lourd, tanguait , roulait et s'élevait tout seul . , d'abord d'un côté, puis de l'autre, à tel point que si je n'avais pas tenu fermement la poignée du gouvernail, j'aurais glissé du siège sur lequel j'étais assis .

"Tout d'un coup, je me suis souvenu de l'huile qu'il y avait dans le bidon ; mais au moment où je mettais mes doigts sur le bouchon, ma conscience m'a frappé. "Est-ce que je vais utiliser cette huile", me suis-je dit, "et laisser mon Le mari de ma belle-sœur a-t-il été détruit faute de quoi ? Et puis j'ai pensé qu'il n'en voudrait pas toute la nuit, et peut-être qu'ils achèteraient de l'huile le lendemain, alors j'en ai versé un verre sur l'eau, et je peux juste vous dire, marins, que vous n'avez jamais vu En trois secondes, ou peut-être cinq, l'eau tout autour de moi, sur la distance d'une petite cour, était aussi plate qu'une table et aussi lisse que du verre, et si invitante en apparence . que les trois mouettes sautèrent hors du bateau et commencèrent à nager dessus, apprêtant leurs plumes et se regardant dans les profondeurs transparentes, même si je dois dire que l'une d'elles fit une grimace en plongeant son bec dans le bateau. de l'eau et du kérosène goûté.

"Maintenant, j'avais le temps de m'asseoir tranquillement au milieu de l'espace placide que je m'étais aménagé et de me reposer après avoir travaillé sur le gouvernail. En vérité, c'était une chose merveilleuse et merveilleuse à regarder. Les vagues étaient rugissant et sautant tout autour de moi plus haut que le toit de cette maison, et parfois leurs sommets s'étendaient au point qu'ils se rencontraient presque et fermaient toute vue sur le ciel orageux, qui semblait être déchiré en morceaux . par des éclairs flamboyants , tandis que le tonnerre retentissait si fort qu'il couvrait presque le rugissement des vagues. Non seulement au-dessus et autour de moi, tout était terrible et effrayant, mais même au-dessous de moi, c'était la même chose, car il y avait une grande fissure au fond du bateau aussi large que ma main, et à travers elle je pouvais voir dans le fond du bateau. de l'eau en dessous, et il y avait... "

"Madame!" s'écria le capitaine Bird, la main qui tenait sa pipe à quelques centimètres de sa bouche tombant maintenant sur son genou ; et à ce mouvement les mains qui tenaient les flûtes des trois autres marins tombèrent à genoux.

" Bien sûr , cela semble étrange ", continua la veuve, " mais je sais que les gens peuvent voir dans l'eau claire, et l'eau sous moi était claire, et la fissure était assez large pour que je puisse voir à travers, et en dessous de moi il y avait des requins, des espadons et d'autres horribles créatures aquatiques, que je n'avais jamais vues auparavant, tous poussés dans la baie, je n'en ai aucun doute, par la violence de la tempête en pleine mer. L'idée d'être bouleversé et de tomber dans parmi ces monstres, mon sang s'est glacé et, comme involontairement, j'ai commencé à tourner la poignée du gouvernail et, en un instant, j'ai tiré dans un mur d' eau de mer en furie qui s'élevait autour de moi . J'étais assez aveuglé et abasourdi, mais j'ai retiré le bouchon de ce bidon d'huile en un rien de temps, et très vite - vous auriez à peine le croirais si je vous disais à quelle date - j'ai eu un autre étang de moulin placide autour de moi . Je me suis assis là , haletant et éventant avec mon chapeau de paille, car vous feriez mieux de croire que j'étais troublé, et puis j'ai commencé à penser combien de temps il me faudrait pour nettoyer une ligne d'étangs de moulin à travers la tête de la baie, et de quelle quantité de pétrole elle aurait besoin, et si j'en avais assez. Je me suis donc assis et j'ai calculé que si un gobelet d'huile pouvait créer un endroit lisse d'environ sept mètres de diamètre, ce que je devrais dire était la largeur de celui dans lequel je me trouvais, ce que j'ai calculé en mesurant mon œil pour savoir combien de largeurs de tapis qu'il faudrait pour le recouvrir, - et si la baie avait deux milles de large entre notre maison et celle de ma belle-sœur, et, bien que je ne puisse pas donner de chiffres exacts, j'ai vite vu que je Je n'aurais pas assez d'huile pour faire une coupe de niveau à travers toutes ces vagues montagneuses, et d'ailleurs, même si j'en avais assez pour me faire traverser, à quoi bon y aller s'il n'y avait plus d'huile pour remplir mon réservoir ? la lampe de la belle-sœur ?

" Pendant que je réfléchissais et calculais , une chose parfaitement épouvantable s'est produite, ce qui m'a fait penser que si je ne m'en sortais pas très vite, je me retrouverais dans une situation très risquée. Le bidon d'huile, que j'avais oublié mettre le bouchon, il s'est renversé, et avant que je puisse l'attraper, chaque goutte d'huile s'est écoulée dans la partie arrière du bateau, où elle a été absorbée par beaucoup de poussière sèche qui s'y trouvait. Pas étonnant que mon cœur se soit serré quand J'ai vu ça. En regardant autour de moi, comme les gens le font quand ils ont peur, j'ai vu l'endroit lisse où j'étais devenir de plus en plus petit, car le kérosène s'évaporait , comme il le fera même sur les vêtements en laine si vous donnez-lui assez de temps. Le premier étang d'où je sortais semblait être recouvert, et le grand précipice d'eau de mer , imposant et palpitant , se refermait autour de moi.

" Baissant les yeux de désespoir, il m'est arrivé de regarder à travers la fissure dans le fond du bateau, et oh, quel soulagement béni ce fut ! car là-bas tout était lisse et immobile, et je pouvais voir le sable sur le fond, aussi plat et dur, sans doute, que celui de la plage. Soudain, l'idée me vint que ce fond me donnerait la seule chance que j'avais de sortir de l'affreux pétrin dans lequel je me trouvais . un bidon d'huile avec de l'air, puis le mettre sous mon bras et prendre une longue inspiration si je pouvais me laisser tomber sur ce fond lisse, je pourrais courir vers le rivage, aussi loin que je le pourrais, et alors, quand je sentirais mon le souffle s'échappait , je pourrais tirer sur le bidon d'huile et faire un autre course, puis tirer encore une fois et encore une course, et peut-être que le bidon retiendrait suffisamment d'air pour moi jusqu'à ce que je sois suffisamment près du rivage pour patauger vers Bien sûr, les requins et autres monstres étaient là-bas, mais ils devaient avoir été terriblement effrayés et peut-être ne se souvenaient-ils pas que l'homme était leur ennemi naturel . Quoi qu'il en soit, j'ai pensé qu'il valait mieux essayer le passage d'eau en douceur là-bas plutôt que de rester et de se laisser engloutir par les vagues déchaînées au sommet.

" Alors j'ai soufflé le bidon plein d'air et je l'ai bouché, puis j'ai arraché quelques planches du fond du bateau afin de faire un trou assez grand pour que je puisse passer à travers, et vous, les marins, n'avez pas besoin de vous tortiller. alors quand je dis cela, car vous le savez tous, une cloche divine n'a pas de fond du tout et l'eau n'entre jamais, - et alors quand j'ai eu le trou assez grand, j'ai pris le bidon d'huile sous mon bras, et J'étais sur le point de m'y glisser quand j'ai vu une horrible tortue se promener dans le sable au fond. Maintenant, je pourrais faire confiance aux requins, aux espadons et aux serpents de mer pour avoir peur et oublier leurs ennemis naturels , mais Je n'ai jamais pu faire confiance à une tortue grise aussi grosse qu'une charrette, avec un cou noir d'un mètre de long, des sacs jaunes à la mâchoire , pour oublier quoi que ce soit ou se souvenir de quoi que ce soit . " Crabe au point d'aller là-bas. Cela ne servait même pas à y penser , alors j'ai abandonné ce plan et je n'ai plus regardé une seule fois par ce trou. "

"Et qu'avez-vous fait, madame ?" demanda le capitaine Bird, qui la regardait avec un visage de pierre.

"J'ai utilisé l'électricité", a-t-elle déclaré. "Maintenant, ne commencez pas comme si vous en aviez eu un choc. C'est ce que j'utilisais. Quand j'étais plus jeune qu'alors, et que je rendais parfois visite à des amis en ville, nous nous amusions souvent à nous frotter les pieds sur le tapis jusqu'à ce que nous nous nous sommes tellement remplis d'électricité qu'on pouvait lever le doigt et allumer le gaz. Alors je me suis dit que si je pouvais faire le plein d'électricité pour allumer le gaz, je pourrais en faire plein pour d'autres usages, et alors, sans perdre un instant, je me mis au travail. Je me levai sur un des sièges qui était sec, et j'y frottai le bas de mes chaussures d'avant en arrière avec une telle violence et une telle rapidité qu'elles se réchauffèrent bientôt. et j'ai commencé à me remplir d'électricité, et quand j'en ai été complètement chargé de mes orteils jusqu'au sommet de ma tête, j'ai simplement sauté dans l'eau et j'ai nagé jusqu'au rivage. Bien sûr, je ne pouvais pas couler, étant plein d'électricité. "

Le capitaine Bird poussa un long soupir et se leva, sur quoi les autres marins se levèrent. "Madame", dit le capitaine Bird, "combien payer pour le dîner et... le reste du divertissement ?"

"Le souper coûte vingt-cinq cents pièce", dit la veuve Ducket , "et tout le reste est gratuit, gratis."

Alors chaque marin mit la main dans la poche de son pantalon, en sortit une pièce d'argent et la remit à la veuve. Puis, avec quatre « Bonsoir » solennels , ils se dirigèrent vers la porte d'entrée.

"Larguez les amarres, capitaine Jenkinson," dit le capitaine Bird, "et vous, capitaine Burress, l'avez pointé vers l'avant . Vous pouvez rester à l'avant, capitaine Sanderson, et prendre les écoutes. Je vais aller vers l'arrière."

Tout étant prêt, chacun des marins âgés grimpa sur une roue et, s'étant assis, ils se préparèrent à mettre le cap sur Cuppertown .

Mais au moment où ils allaient partir, le capitaine Jenkinson leur demanda de s'allonger un peu, et grimpant sur sa roue, il franchit de nouveau la porte d'entrée et se dirigea vers la porte de la maison, où se tenaient toujours la veuve et Dorcas.

« Madame, dit-il, je viens de revenir vous demander ce qu'est devenu votre beau-frère, parce que sa femme ne pouvait pas mettre de lumière à la fenêtre ?

"La tempête l'a poussé à terre de notre côté de la baie", dit-elle, "et le lendemain matin, il est venu chez nous et je lui ai raconté tout ce qui m'était arrivé. Et quand il a pris notre bateau et est rentré chez lui et a raconté cette histoire à sa femme, elle a simplement fait ses valises et est partie dans l'Ouest et a divorcé de lui. Et cela lui a bien servi aussi.

"Merci, madame", dit le capitaine Jenkinson, et sortant de la porte, il grimpa sur le volant et le chariot partit pour Cuppertown .

Quand les vieux marins furent partis, la Veuve Canard , toujours debout à la porte, se tourna vers Dorcas.

"Penses-y!" dit-elle. "Pour me raconter tout ça, chez moi ! Et après avoir ouvert mon seul pot de pêches à l'eau-de-vie, que je gardais pour une compagnie spéciale !"

« Dans votre propre maison ! » s'écria Dorcas. "Et il ne reste plus aucune de ces pêches au brandy !"

La veuve fit tinter les quatre pièces dans sa main avant de les glisser dans sa poche.

"Quoi qu'il en soit, Dorcas", remarqua-t-elle, "je pense que nous pouvons maintenant dire que nous sommes d'accord avec le monde entier, alors entrons et faisons la vaisselle."

"Oui," dit Dorcas, "nous sommes carrés."

LA MEILLEURE OREILLE DU CAPITAINE ELI

Le petit village balnéaire de Sponkannis est si tranquillement situé sur un endroit protégé de notre côte atlantique qu'il ne fait pas plus de bruit au monde que ne le ferait un caillou qu'on tient entre le pouce et l'index pour plonger sous la surface d'un étang et ensuite abandonné. Quant à la poste et au magasin, tous deux sous le même toit, la plupart des maisons se regroupent, comme si elles étaient venues faire leurs courses de la semaine ou attendaient le courrier, tandis que vers l'ouest les habitations deviennent de moins en moins nombreuses. , jusqu'à ce que le village se fonde enfin dans une longue étendue de côte sablonneuse et de pinèdes broussailleuses. Vers l'est, le village se termine brusquement au pied d'une falaise balayée par les vents, sur laquelle personne ne se soucie de construire.

Parmi les dernières maisons de l'extrémité ouest du village se trouvaient deux habitations soignées et substantielles, l'une appartenant au capitaine Eli Bunker et l'autre au capitaine Cephas Dyer. Ces maîtres de maison étaient deux marins à la retraite très respectables, le premier veuf d'une cinquantaine d'années, et l'autre célibataire du même âge peut-être, quelques années plus ou moins ne faisant guère de différence dans cette région de jeunesse battue par les intempéries et d'âge aguerri.

Chacun de ces bons capitaines vivait seul, et chacun se chargeait entièrement de ses affaires domestiques, non parce qu'il était pauvre, mais parce qu'il lui plaisait de le faire. Lorsque le capitaine Eli se retira de la mer , il était propriétaire d'un bon navire, qu'il vendit avec un bon profit ; et le capitaine Cephas avait gagné de l'argent au cours de nombreux voyages avant de construire sa maison à Sponkannis et de s'y installer.

Lorsque la femme du capitaine Eli était en vie , elle était la chef de sa maison. Mais le capitaine Céphas n'avait jamais eu de femme dans sa maison, sauf pendant les premiers mois de son occupation, lorsque certaines voisines venaient occasionnellement s'occuper de petites affaires de ménage qui, selon les idées populaires, appartiennent proprement au domaine de la femme. .

Mais le capitaine Céphas mit bientôt un terme à ce genre de choses. Il n'aimait pas les manières d'une femme, en particulier sa manière de s'occuper des affaires domestiques. Il aimait vivre à la manière des marins et tenir sa maison à la manière des marins. Dans son établissement, tout était en ordre et tout ce qui pouvait être rangé était rangé et, si possible, dans une soute. Les sols étaient recouverts de pierre presque tous les jours, et la maison entière était repeinte environ deux fois par an, petit à petit, lorsque le temps se prêtait à ces loisirs marins. Les objets peu utilisés étaient solidement attachés aux murs, ou peut-être mis à l'écart en étant hissés jusqu'au plafond au moyen de blocs et de palans. Sa cuisine était faite à la manière des marins, comme tout le reste, et il ne manquait jamais de manger du plum-duff le dimanche. Son puits était près de sa maison, et chaque matin il y jetait un plomb et une ligne et notait la profondeur de l'eau. Trois fois par jour, il notait dans un petit carnet l'état du temps, la hauteur du mercure dans le baromètre et le thermomètre, la direction du vent et les points météorologiques spéciaux lorsque cela était nécessaire.

Le capitaine Eli gérait ses affaires intérieures d'une toute autre manière. Il conservait la mode des femmes de maison, non pas cependant à la manière d'une femme ordinaire, mais à la manière de sa défunte épouse, Miranda Bunker, aujourd'hui décédée il y a sept ans environ. Comme son ami le capitaine Céphas, il avait bénéficié de l'aide de ses voisines pendant les premiers jours de son veuvage. Mais il découvrit bientôt que ces femmes ne faisaient pas les choses comme Miranda le faisait et, bien qu'il suggérât fréquemment qu'elles devraient s'efforcer d'imiter les méthodes de sa défunte épouse, elles n'essayèrent même pas de faire les choses comme elle le faisait. eux, préférant leurs propres voies. C'est pourquoi le capitaine Eli résolut de tenir sa maison seul, et de le faire autant que sa nature le lui permettait, comme Miranda avait l'habitude de le faire. Il a balayé ses portes et il a secoué ses paillassons ; il lavait sa peinture avec du savon et de l'eau chaude ; il époussetait ses meubles avec un chiffon doux, qu'il colle ensuite derrière une commode. Il fit son lit très soigneusement, rabattant le drap en haut et plaçant l'oreiller sur le bord, le lissant soigneusement après l'avoir fait. Sa cuisine était basée sur les méthodes de feu Miranda. Il n'avait jamais réussi à faire lever correctement le pain, mais il avait toujours aimé les biscuits de mer, et il les préférait maintenant de beaucoup au pain levé que faisaient ses voisins. Et quant au café et aux aliments plus simples avec lesquels il garnissait sa table, même Miranda elle-même n'y aurait pas opposé d'objection si elle avait été en vie et très affamée.

Les maisons des deux capitaines n'étaient pas très éloignées l'une de l'autre, et ils étaient de bons voisins, fumant souvent la pipe ensemble et parlant de la mer. Mais c'était toujours sur le petit porche devant la maison du capitaine Céphas, ou près du feu de sa cuisine en hiver. Le capitaine Eli n'aimait pas l'odeur de la fumée de tabac dans sa maison, ni même devant celle-ci en été, lorsque les portes étaient ouvertes. Lui-même n'avait aucune objection à l'odeur du tabac, mais il était contraire aux principes de la femme ménagère que les chambres puissent en sentir, et il était toujours fidèle à ces principes.

C'était la fin d'un certain mois de décembre, et dans tout le village régnait un agréable petit frémissement de préparatifs de Noël. Le capitaine Eli était allé au magasin et il y était resté un bon moment, se réchauffant près du poêle et regardant les femmes entrer pour acheter des choses pour Noël. C'était étrange combien de choses ils achetaient comme cadeaux ou pour les fêtes : du savon et des bonbons de fantaisie, des mouchoirs et des petits châles de laine pour les personnes âgées, et un tas de jolies petites choses dont il connaissait l'utilité, mais que le capitaine Céphas n'aurait jamais. je n'aurais pas du tout compris s'il avait été là.

Alors que le capitaine Eli sortait du magasin , il aperçut un chariot dans lequel se trouvaient deux arbres de Noël de bonne taille, coupés dans les bois, et qui se dirigeaient l'un vers la maison du capitaine Holmes et l'autre vers celle de mère Nelson. Le capitaine Holmes avait des petits-enfants, et la mère Nelson, qui n'avait jamais eu d'enfant, sa bonne vieille âme, avait trois petites nièces orphelines qui ne manquaient jamais de quoi que ce soit de nécessaire à Noël ou à tout autre moment.

Le capitaine Eli rentra chez lui très lentement, prenant des observations dans son esprit. Cela faisait plus de sept ans qu'il n'avait rien eu à faire avec Noël, sauf que, ce jour-là, il s'était toujours préparé une tartelette dont la construction et la consommation étaient également difficiles. Il est vrai que des voisins l'avaient invité, et ils avaient invité le capitaine Céphas, à leurs dîners de Noël, mais aucun de ces dignes marins n'avait jamais accepté aucune de ces invitations. Même la nourriture des fêtes, lorsqu'elle n'était pas préparée à la manière des marins, n'était pas d'accord avec le capitaine Cephas, et cela aurait blessé le bon cœur du capitaine Eli s'il avait été forcé de faire semblant de profiter d'un dîner de Noël si inférieur à ceux que Miranda utilisait. à placer devant lui.

Mais maintenant, le cœur du capitaine Eli était doucement ému par un battement de Noël. Il avait peut-être été insensé de sa part de monter au magasin à un moment pareil, mais le mal était fait. De vieux sentiments lui étaient revenus, et il serait heureux de célébrer Noël cette année s'il trouvait une bonne façon de le faire. Et le résultat de ses observations mentales fut qu'il se rendit chez le capitaine Céphas pour lui en parler.

Le capitaine Céphas était dans sa cuisine, fumant sa pipe du troisième matin. Le capitaine Eli remplit sa pipe, l'alluma et s'assit près du feu.

" Capitaine , " dit-il, " que diriez-vous de notre fête de Noël cette année ? Un dîner de Noël ne sert à rien s'il doit être mangé seul, et vous et moi pourrions le manger ensemble . Ce pourrait être chez moi. " , ou cela pourrait être dans votre maison - cela ne fera pas une grande différence pour moi. Bien sûr, j'aime les femmes ménagères , comme le stipulent les règles de service de ma maison. Mais le meilleur, à côté de cela, j'aime marin domestique , donc ça ne me dérange pas dans quelle maison le dîner a lieu, Cap'n Cephas, donc ça vous convient.

Le capitaine Céphas retira sa pipe de sa bouche. « Vous y réfléchissez assez tard , dit-il, car après-demain Noël.

"Cela ne fait aucune différence", a déclaré le capitaine Eli. "Les choses que nous voulons et qui ne sont pas chez moi ou chez vous, nous pouvons facilement les trouver soit au magasin, soit dans les bois."

"Dans les bois!" s'écria le capitaine Céphas. "Au nom du tonnerre, qu'espérez-vous obtenir dans les bois pour Noël ?"

"Un sapin de Noël", a déclaré le capitaine Eli. "J'ai pensé que ce serait une bonne chose d'avoir un sapin de Noël pour Noël. Le capitaine Holmes en a un et Mère Nelson en a un autre. Je suppose que presque tout le monde en a un. Cela ne coûtera rien - je peux aller le couper. il."

Le capitaine Céphas sourit, comme si une grande fuite s'était produite dans le flanc d'un navire, s'étendant presque de la proue à la poupe.

"Un sapin de Noël !" il s'est excalmé. "Eh bien, j'ai de la chance ! Mais écoutez, Capitaine Eli. Vous ne savez pas ce que c'est qu'un arbre de Noël. C'est pour les enfants, pas pour les adultes. Personne n'a jamais d'arbre de Noël dans une maison où il y a un arbre de Noël." il n'y a pas d'enfants.

Le capitaine Eli se leva et se plaça dos au feu. "Je n'y avais pas pensé", dit-il, "mais je suppose que c'est vrai. Et quand j'y pense, de toute façon, un Noël n'est pas vraiment un Noël sans enfants."

"Vous n'en avez jamais eu," dit le capitaine Céphas, "et vous avez célébré Noël."

"Oui", répondit le capitaine Eli d'un ton réfléchi, "nous l'avons fait, mais il y a toujours eu un manque - Miranda l'a dit et je l'ai dit."

"Vous n'aviez pas de sapin de Noël", dit le capitaine Cephas.

"Non, nous ne l'avons pas fait. Mais je ne pense pas que les gens étaient aussi attachés aux arbres de Noël à l'époque qu'ils semblent l'être maintenant. Je me demande", a-t-il poursuivi, regardant pensivement le plafond, "si nous devions réparer un sapin de Noël — et vous et moi avons beaucoup de jolies choses que nous avons ramassées partout dans le monde, qui dépasseraient de loin tout ce que l'on pourrait acheter au magasin pour les sapins de Noël — si nous devions réparer un arbre vraiment sympa, si nous ne pouvions pas demander à un enfant ou à un autre qui n'aurait probablement pas d'arbre de venir le regarder, de rester un moment et de faire de Noël un Noël plus semblable à Noël. loin, il pourrait emporter les choses qui étaient accrochées à l'arbre et les garder avec lui.

"Ça ne marcherait pas", dit le capitaine Cephas. "Si vous engagez un enfant dans ce métier, vous devez le laisser accrocher ses chaussettes avant d'aller se coucher et les trouver pleines le matin , puis lui dire un mensonge total sur le Père Noël s'il demande quelque chose. ". La plupart des enfants

pensent plus aux bas qu'aux arbres - c'est du moins ce que j'ai entendu dire.
"

"Je n'ai aucune objection aux bas ", a déclaré le capitaine Eli. "S'il voulait en accrocher un, il pourrait en accrocher un ici ou chez moi, partout où nous célébrons Noël."

"On ne pouvait pas garder un enfant toute la nuit", remarqua sardoniquement le capitaine Céphas, "et moi non plus. Fer, si c'était pour lever une croupe pendant la nuit, ce serait comme si nous étions sur une rive sous le vent avec des ancres . draggin 'et un coup de vent souffle .'

"C'est vrai", dit le capitaine Eli. " Vous l'avez dit honnêtement. Je suppose que si nous gardions un enfant toute la nuit, nous aurions besoin d'une sorte de femme à portée de main en cas de coup soudain. "

Le capitaine Céphas renifla. "A quoi ça sert de parler ?" a-t-il dit. "Il n'y a pas d'enfant, et il n'y a pas de femme que vous pourriez embaucher pour s'asseoir toute la nuit sur mon perron ou sur votre perron, en attendant d' être entendu sur le pont en cas de croup."

"Non", dit le capitaine Eli. "Je ne pense pas qu'il y ait un enfant dans ce village qui ne soit pas va recevoir un sapin de Noël ou un bas de Noël, ou peut-être les deux - sauf, maintenant j'y pense, cette petite fille qui a été amenée ici avec sa mère l'été dernier et qui a été gardée par Mme. Crumley sent que sa mère est morte."

"Et ne sera pas conservé très longtemps", a déclaré le capitaine Cephas, "car j'ai entendu Mme Crumley dire qu'elle n'en avait pas les moyens."

"C'est vrai", dit le capitaine Eli. "Si elle ne peut pas se permettre de garder la petite fille, elle ne peut pas se permettre de ne pas donner d'arbres de Noël ni de chaussettes , et il me semble donc, capitaine , que cette petite fille serait une très bonne enfant pour nous aider. gardez Noël.

"Vous oubliez tout le temps ", dit l'autre, "que nous sommes tous capables de garder un enfant toute la nuit."

Le capitaine Eli s'assit et regarda le feu d'un air pensif. "Vous avez raison, capitaine ", dit-il. "Nous devrions envoyer une femme pour prendre soin d'elle. Bien sûr, cela ne servirait à rien de demander à Mme Crumley ?"

Le capitaine Céphas éclata de rire. "Je devrais dire non."

"Et il ne semble y avoir personne d'autre", dit son compagnon. "Peux-tu penser à quelqu'un, capitaine ?"

"Il n'y a personne à qui penser", répondit le capitaine Cephas, "sauf si c'est Eliza Trimble. Elle est généralement assez prête à faire tout ce qui se présente. Mais elle ne serait d'aucune utilité : sa maison est trop loin pour qu'elle puisse le faire. soit toi, soit moi pour la héler au cas où un croup surviendrait soudainement .

"C'est vrai", dit le capitaine Eli. "Elle habite loin."

"Alors cela règle toute l'affaire", dit le capitaine Cephas. "Elle est trop loin pour venir si on le souhaite, et aucun d'entre nous ne pourrait garder un enfant sans quelqu'un pour venir si on le voulait , et ça ne sert à rien d'avoir un sapin de Noël sans enfant. Un Noël sans sapin de Noël ne sert à rien. Cela ne vous semble pas agréable, capitaine , alors je suppose que nous ferions mieux de nous entendre comme nous avons l'habitude de le faire et de prendre notre dîner de Noël, comme nous faisons nos autres repas dans nos propres maisons. ".

Le capitaine Eli regarda le feu. "Je n'aime pas abandonner les choses si je peux l'aider. Cela a toujours été ma façon de faire. Si le vent et la marée sont contre moi, je peux attendre que l'un ou l'autre, ou les deux, me servent."

Oui, dit le capitaine Céphas, vous avez toujours été ce genre d' homme.

"C'est vrai. Mais cela me semble comme si je devais abandonner cette fois, même si c'est dommage de le faire, à cause de la petite fille, car elle n'aura probablement pas de Noël cette année . C'est une gentille petite fille, et elle aime la navigation aussi naturellement que si elle était née en mer. Je lui ai donné deux ou trois choses parce qu'elle est si jolie, mais il n'y a rien qu'elle aime autant qu'un petit bateau que je lui ai offert. son."

"Peut-être est-elle née en mer", remarqua le capitaine Céphas.

"Peut-être qu'elle l'était", dit l'autre; "et c'est d'autant plus dommage."

Pendant quelques instants, rien ne fut dit. Puis le capitaine Eli s'est soudainement exclamé : "Je vais vous dire ce que nous pourrions faire, capitaine ! Nous pourrions demander à Mme Trimmer de nous donner un coup de main pour offrir un Noël à cette petite fille. Elle n'a personne dans sa maison mais elle-même, et je suppose qu'elle serait assez heureuse d'aider à offrir à cette petite fille un Noël régulier. Elle pourrait aller chercher l'enfant et l'amener chez vous ou chez moi, ou partout où nous allons pour célébrer Noël . , et-"

"Eh bien," dit le capitaine Cephas, avec un air interrogateur, "quoi ?"

"Eh bien," répondit l'autre avec un peu d'hésitation, "en ce qui me concerne, c'est- à-dire que cela ne me dérange pas dans un sens ou dans l'autre, elle pourrait prendre son dîner de Noël avec nous et la petite fille. , et ensuite elle pourrait réparer ses bas pour les accrocher, et aider avec le sapin de Noël, et... "

"Eh bien," demanda le capitaine Cephas, "quoi ?"

"Eh bien," dit le capitaine Eli, "elle pourrait - c'est-à-dire que cela ne fait aucune différence pour moi dans un sens ou dans l'autre - elle pourrait rester toute la nuit dans la maison où nous avons célébré Noël, et ensuite vous et moi pourrions passer la nuit dans l'autre maison, et elle pourrait alors être prête à aider l'enfant le matin , quand elle viendrait voir ses bas .

Le capitaine Céphas lança à son ami un regard sérieux. "C'est une idée assez considérable qui vous vient si soudainement ", dit-il. "Mais je peux vous dire une chose : il n'y aura plus de telles choses dans ma maison. Si vous choisissez de venir ici pour dormir et de céder votre maison à n'importe quelle femme que vous pourrez trouver pour en prendre soin. de la petite fille, d'accord. Mais la chose ne peut pas se faire ici.

Il y avait une certaine sévérité dans ces remarques, mais elles parurent affecter très agréablement le capitaine Eli.

"Eh bien," dit-il, "si vous êtes satisfait, je le suis. J'accepterai tout plan que vous choisirez de faire. Peu m'importe dans quelle maison il se trouve, et si vous dites ma maison, je dis ma maison. Tout ce que je veux, c'est que les choses soient agréables à tous. Maintenant, il est temps pour moi d'aller dîner, et cet après-midi, nous ferions mieux d'y aller et d'essayer de mettre les choses au clair, parce que la petite fille, et peu importe "Une femme vient avec elle, elle devrait être chez moi demain avant la nuit. Si nous partagions cette affaire, j'irai voir Mme Crumley à propos de la petite fille, et vous pourrez aller voir Mme Trimmer. ".

"Non, monsieur," répondit promptement le capitaine Céphas, "je ne vais pas voir aucune Mme Trim. Vous pouvez les voir toutes les deux de la même manière qu'une seule - elles suivent toutes le même chemin. Je' Je vais couper le sapin de Noël."

"Très bien", dit le capitaine Eli. "Ça ne fait aucune différence pour moi de savoir qui fait quoi. Mais si j'étais vous, capitaine , je couperais un bon gros arbre, car autant en avoir un bon tant qu'on y est."

Après avoir dîné, lavé sa vaisselle et tout rangé dans un ordre propre et ménagère, le capitaine Eli se rendit chez Mme Crumley et y termina très vite ses affaires. Mme Crumley possédait la seule maison qui puisse être considérée comme une pension dans le village de Sponkannis ; et lorsqu'elle avait consenti à prendre en charge la petite fille laissée entre ses mains , elle avait espéré qu'elle ne tarderait pas à avoir des nouvelles de certains de ses parents au sujet de son entretien. Mais elle n'avait rien entendu, elle avait cessé de s'attendre à entendre quoi que ce soit et, en conséquence, elle avait souvent fait remarquer qu'elle devait se débarrasser de l'enfant d'une manière ou d'une autre, car elle ne pouvait plus se permettre de le garder. Même une absence d'un jour ou deux chez le bon capitaine serait un certain soulagement, et Mme Crumley consentit volontiers au projet de Noël. Quant à la petite fille, elle était ravie. Elle considérait déjà le capitaine Eli comme son meilleur ami au monde.

Ce n'était pas si facile d'aller chez Mme Trimmer et de lui confier les affaires. « Cela devrait être assez facile », se répétait sans cesse le capitaine Eli, « mais, pour autant, cela ne semble pas être simple . »

Mais il n'était pas du genre à se laisser dissuader par une navigation difficile, et il se dirigea directement vers la maison d'Eliza Trim.

Mme Trimmer était une jolie femme d'environ trente-cinq ans, arrivée au village un an auparavant et qui s'était entretenue, ou du moins avait essayé de le faire , en faisant de la couture et de la simple couture. Elle avait vécu à Stetford , un port maritime à une vingtaine de milles de là, et de là, trois ans auparavant, son mari, le capitaine Trimer, était parti sur une goélette de bonne taille et n'était jamais revenu. Elle était venue à Sponkannis parce qu'elle pensait y vivre moins cher et trouver plus de travail que dans son ancienne maison. Elle avait trouvé la première solution tout à fait possible, mais son succès dans ce travail n'avait pas été très grand.

Lorsque le capitaine Eli entra dans la petite chambre de Mme Trimmer, il la trouva occupée à réparer une voile. Ici, la fortune lui a été favorable. « Vous vous intéressez à presque tout, Mme Clipper », dit-il après l'avoir saluée.

"Oh oui," répondit-elle en souriant, "je suis obligée de le faire. Réparer les voiles est un travail assez lourd, mais c'est mieux que rien."

« J'avais l'impression, » dit-il, « que vous étiez prêt à vous lancer dans n'importe quel bon genre d'affaires, alors j'ai pensé intervenir et vous demander si vous voudriez vous tourner vers un petit peu d'affaires. Je suis en bourse."

Elle arrêta de coudre la voile et écouta pendant que le capitaine Eli lui exposait son plan. "C'est très gentil de votre part, ainsi que du capitaine Céphas, de penser à tout cela", dit-elle. " J'ai souvent remarqué cette pauvre petite fille et j'ai eu pitié d'elle. Je viendrai certainement , et vous n'avez pas besoin de me dire de me payer pour cela. Je ne songerais pas à demander à être payé pour faire une chose pareille. Et puis, — elle sourit encore en parlant, — si vous m'offrez un dîner de Noël, comme vous dites, cela rendra les choses plus que carrées.

Le capitaine Eli n'était pas tout à fait d'accord avec elle, mais il était de très bonne humeur, et elle était de bonne humeur, et l'affaire fut bientôt réglée, et Mme Trimper promit de venir chez le capitaine le matin et de l'aider pour Noël. arbre, et dans l'après-midi pour aller chercher la petite fille chez Mme Crumley et l'amener à la maison.

Le capitaine Eli était ravi des arrangements. "Les choses semblent maintenant avancer sous un vent de fessée ", a-t-il déclaré. "Mais je ne sais pas pour le dîner. Je suppose que vous devrez me laisser cela. Je ne crois pas que le capitaine Cephas puisse manger un dîner préparé par une femme. Il a l'habitude de vivre à la manière des marins, vous savez, et il a m'a répété à maintes reprises que les femmes qui cuisinent ne sont pas d'accord avec lui.

"Mais je peux cuisiner la mode marine", dit Mme Trim, "tout autant que vous ou le capitaine Cephas, et s'il ne le croit pas, je le lui prouverai; alors ne vous inquiétez pas. à propos de ça."

Une fois le capitaine parti, Mme Trimer rangea gaiement la voile. Il n'était pas nécessaire de le terminer à la hâte, ni de savoir quand elle recevrait son argent une fois terminé. Personne ne lui avait invité à un dîner de Noël cette année-là, et elle s'attendait à passer un moment solitaire. Mais ce serait bien agréable de passer Noël avec la petite fille et les deux bons capitaines. Au lieu de coudre davantage sur la voile, elle a sorti certains de ses propres vêtements pour voir s'ils avaient besoin de leur faire quelque chose.

Le lendemain matin, Mme Trim se rendit chez le capitaine Eli, et y trouvant le capitaine Cephas, ils se mirent tous au travail sur l'arbre de Noël, qui était très beau et avait été planté dans une boîte. Le capitaine Céphas avait ramené un paquet d'objets de sa maison, et le capitaine Eli courait çà et là, apportant, chaque fois qu'il revenait, quelque nouvel objet, merveilleux ou joli, qu'il avait rapporté de Chine ou du Japon ou de Corée , ou quelque île épicée des mers orientales ; et presque chaque fois qu'il venait avec ces trésors, Mme Trimmer déclarait que de telles choses étaient trop belles pour être placées sur un arbre de Noël, même pour une petite fille aussi gentille que celle à qui cet arbre était destiné. Les cadeaux apportés par le capitaine Céphas étaient bien plus appropriés à cet usage ; ils étaient étranges et drôles, et certains d'entre eux étaient jolis, mais pas chers, tout comme les éventails, les morceaux de coquillages et d'ivoires sculptés que le capitaine Eli voulait attacher aux brindilles de l'arbre.

On parlait beaucoup de tout cela, mais le capitaine Eli faisait ce qu'il voulait.

"Je ne pense pas, après tout," dit-il, "que la petite fille devrait avoir toutes les choses. C'est un si grand arbre qu'il ressemble plus à un arbre généalogique. Le Capitaine Cephas peut prendre certaines de mes affaires . , et je peux prendre certaines de ses affaires, et, Mme Trimmer, si vous voulez quelque chose, vous pouvez l'appeler votre cadeau et le prendre pour vous-même, ainsi ce sera juste et confortable pour tous. Ce que je veux, c'est rendre tout le monde satisfait."

"Je suis sûre que je pense qu'ils devraient l'être", a déclaré Mme Trimer en regardant très gentiment le capitaine Eli.

Mme Trimer rentra chez elle pour dîner et, dans l' après-midi , elle amena la petite fille. Elle avait dit qu'il fallait dîner tôt, afin que l'enfant ait le temps de profiter du sapin de Noël avant de s'endormir.

Ce repas était entièrement préparé par le capitaine Eli, et à la manière des marins et non des femmes, de sorte que le capitaine Céphas ne pouvait trouver aucune excuse pour dîner chez lui. Bien sûr, ils devraient tous être ensemble pendant toute la veille de Noël. Quant au grand dîner du lendemain, c'était une autre affaire, car Mme Trimper se chargeait de faire comprendre au capitaine Céphas qu'elle avait toujours cuisiné pour le capitaine Trim à la manière des marins, et s'il s'opposait à son plat aux prunes, ou si quelqu'un d'autre Si elle s'opposait à sa tartelette, elle allait être très surprise.

Le capitaine Céphas dîna avec bon goût, et il mangeait encore quand les autres eurent fini. Quant à l'arbre de Noël, c'était le plus précieux, sinon le plus beau, qui ait jamais été érigé dans cette région. Il n'y avait pas de bougies dessus, mais il était éclairé par trois lampes et une lanterne de bateau placées aux quatre coins de la pièce, et la petite fille était aussi heureuse que si l'arbre était décoré de petites poupées et de boules de verre. Mme Trimmer était extrêmement heureuse et intéressée de voir l'enfant si heureux, et le capitaine Eli était très heureux et intéressé de voir l'enfant et Mme Trimmer si heureux, et le capitaine Cephas était intéressé, et peut-être un peu amusé d'une manière supérieure, voir le capitaine Eli, Mme Trimmer et le petit enfant si heureux.

Puis la distribution des cadeaux a commencé. Le capitaine Eli demanda au capitaine Céphas s'il pouvait avoir la pipe en bois que ce dernier avait apportée comme cadeau. Le capitaine Céphas dit qu'il pourrait le prendre, quoi qu'il en ait envie, et y être le bienvenu. Alors le capitaine Eli donna au capitaine Cephas un bandana rouge d'un motif très curieux, et le capitaine Cephas le remercia gentiment. Après quoi, le capitaine Eli offrit à Mme Trimmer un très beau peigne en écaille de tortue, sculpté, coupé et poli d'une manière merveilleuse, et avec lui il donna un éventail en écaille de tortue, sculpté de la même façon, parce qu'il avait dit les deux choses. semblaient appartenir l'un à l'autre et devaient aller ensemble ; et il n'écoutait pas un mot de ce que disait Mme Trimmer à propos des cadeaux étant trop beaux pour elle et qu'elle ne les utiliserait probablement jamais.

" Il me semble, " dit le capitaine Céphas, " que vous donnez peut-être quelque chose à la petite fille. "

Alors le capitaine Eli se souvint que l'enfant ne devait pas être oubliée, et son âme fut transportée vers l'extase par de nombreux cadeaux, dont certains, selon Mme Trimmer, étaient trop beaux pour un enfant dans ce vaste monde. Mais le capitaine Eli répondit qu'ils pourraient être pris en charge par quelqu'un jusqu'à ce que la petite fille soit en âge de connaître leur valeur.

Ensuite, on a découvert que, à l'insu de tous, Mme Trimmer avait déposé des cadeaux sur l'arbre, qui étaient des objets apportés par le capitaine Trim de quelque part en Extrême-Orient ou dans l'Ouest lointain. Elle les accorda au capitaine Céphas et au capitaine Eli. Et la fin de tout cela fut que dans tout Sponkannis , depuis le pied de la falaise à l'est jusqu'à la toute dernière maison sur la rive à l'ouest, il n'y avait pas de réveillon de Noël aussi joyeux que celui-ci.

Le capitaine Céphas n'était pas aussi content que les trois autres, mais il était très intéressé. Vers neuf heures, le groupe se dispersa et les deux capitaines mirent leurs casquettes et boutonnèrent leurs vareuses et partirent pour la maison du capitaine Céphas, mais pas avant que le capitaine Eli n'ait soigneusement fermé toutes les fenêtres et toutes les portes, à l'exception de la porte d'entrée. , et avait expliqué à Mme Trim comment l'attacher après leur départ, et lui avait donné un sifflet de maître d'équipage, qu'elle pouvait souffler par la fenêtre s'il y avait un croup soudain et qu'il était nécessaire que quelqu'un aille quelque part . . Il était sûr de pouvoir l'entendre, car le vent était exactement ce qu'il fallait pour qu'il entende un sifflet venant de sa maison. Quand ils furent partis, Mme Trimmer mit la petite fille au lit et fut ravie de constater à quel point cette maison était merveilleusement soignée et féminine.

Il était près de midi ce soir-là lorsque le capitaine Eli, dormant dans sa couchette en face de celle du capitaine Céphas, fut réveillé par un bruit. Il était couché avec sa meilleure oreille vers le haut, afin qu'il puisse entendre n'importe quoi s'il y avait quelque chose à entendre. Il entendit effectivement quelque chose, mais ce n'était pas le sifflet d'un maître d'équipage ; c'était un cri prolongé, et il semblait venir de la mer.

En un instant, le capitaine Eli était assis sur le côté de sa couchette et écoutait attentivement. Le cri retentit à nouveau . La fenêtre donnant sur la mer était entrouverte et il l'entendait clairement.

" Capitaine ! " » dit-il, et à ce mot le capitaine Céphas était assis sur le bord de sa couchette et écoutait. Il savait à l'attitude de son compagnon, bien visible à la lumière d'une lanterne accrochée à un crochet à l'autre bout de la pièce, qu'il avait été réveillé pour écouter. Le cri retentit à nouveau .

"C'est de la détresse en mer", dit le capitaine Cephas. "Écouter!"

Ils écoutèrent de nouveau pendant près d'une minute, lorsque le cri se répéta.

« Rebondissez sur le pont, les garçons ! » » dit le capitaine Céphas en descendant à terre. "Il y a quelqu'un en détresse au large."

Le capitaine Eli sauta au sol et commença à s'habiller rapidement.

"Ça ne pourrait pas être un appel depuis la terre ?" » demanda-t-il précipitamment. "Ça ne vous ressemble pas un peu au sifflet d'un maître d'équipage, n'est-ce pas ?"

"Non", dit dédaigneusement le capitaine Céphas. "C'est un appel de la mer." Puis, s'emparant d'une lanterne, il s'élança dans la descente.

Dès qu'il fut convaincu qu'il s'agissait d'un appel venant de la mer, le capitaine Eli ne fit qu'un dans ses sentiments et dans ses actions avec le capitaine Cephas. Celui-ci ouvrit précipitamment le courant d'air du poêle de la cuisine et y mit du bois, et à ce moment-là, le capitaine Eli avait rempli la bouilloire et la mettait sur le feu. Puis ils enfilèrent leurs casquettes et leurs vareuses, prirent chacun une rame dans un coin du couloir du fond, et ensemble ils coururent vers la plage.

La nuit était sombre, mais pas très froide, et le capitaine Céphas s'était rendu au magasin ce matin-là sur son bateau.

Chaque fois qu'il se rendait au magasin et que le temps le permettait, il y ramait dans son bateau plutôt que de marcher. A la proue du bateau, désormais remonté sur le sable, les deux hommes se tenaient debout et écoutaient. De nouveau, le cri retentit de la mer.

"Il y a quelque chose à terre sur le Turtle-back Shoal", a déclaré le capitaine Cephas.

"Oui," dit le capitaine Eli, "et c'est une petite embarcation, car ce cri est assez près de l'eau."

"Oui", dit le capitaine Cephas. "Et il n'y a qu'un seul homme à bord, sinon ils crieraient à tour de rôle ."

"C'est un étranger", dit le capitaine Eli, "sinon il n'aurait pas essayé, même avec un cat-boat, de franchir ce banc à marée descendante."

Tout en parlant , ils jetèrent le bateau à l'eau et sautèrent dedans, chacun avec une rame. Puis ils se dirigèrent vers le Turtle-back Shoal.

Bien que ces deux capitaines fussent des hommes d'une cinquantaine d'années environ, ils étaient aussi forts et coriaces que n'importe quel jeune homme du village ; -back Shoal, mais maintenant quelques points dans l'obscurité par ici, et maintenant quelques points dans l'obscurité par là, puis avec une grande courbe vers le sud à travers la nuit noire, en restant toujours près du milieu du seul bon chenal. de la baie lorsque la marée descendait.

Maintenant les cris du large avaient cessé, mais les deux capitaines ne se décourageaient pas.

"Il a entendu le bruit de nos rames", dit le capitaine Cephas.

"Il écoute , et il chantera à nouveau s'il pense que nous nous trompons ", a déclaré le capitaine Eli. " Bien sûr, il n'en sait rien."

Et ainsi , quand ils firent le tour vers le sud, le cri retentit à nouveau et le capitaine Eli sourit. "Nous n'avons pas besoin de perdre notre temps à crier ", a-t-il déclaré. "Il nous entendra le faire dans une minute."

Lorsqu'ils arrivèrent au haut-fond, ils restèrent un moment sur leurs rames, tandis que le capitaine Céphas tournait la lanterne à l'avant, de sorte que sa lumière brillait devant eux. Il n'avait pas voulu que le naufragé voie la lumière alors qu'il semblait que le bateau s'éloignait de lui. Il avait entendu parler de naufragés qui devenaient si sauvages lorsqu'ils imaginaient qu'un navire ou un bateau s'éloignait d'eux qu'ils sautaient par-dessus bord.

Lorsque les deux capitaines atteignirent le haut-fond, ils y trouvèrent un cat-boat échoué, avec un homme à bord. Son histoire fut rapidement racontée. Il s'était attendu à courir dans la petite baie cet après-midi-là, mais le vent était tombé et, en essayant d'entrer à la tombée de la nuit, et étant un étranger, il s'était échoué. S'il n'avait pas eu si froid, dit-il, il aurait été prêt à rester là jusqu'à ce que la marée monte ; mais il commençait à avoir froid, et apercevant une lumière non loin, il décida d'appeler au secours tant que sa voix tenait.

Les deux capitaines n'ont pas posé beaucoup de questions. Ils ont aidé à ancrer le bateau-chat, puis ils ont emmené l'homme sur leur bateau et l'ont ramené au rivage. Il avait froid, assis là à ne rien faire, alors quand ils arrivèrent à la maison, ils lui préparèrent du grog chaud et lui promirent que le matin, quand la marée monterait, ils sortiraient et l'aideraient à ramener son bateau. Alors le capitaine Céphas il montra à l'étranger une couchette et ils se couchèrent tous. De telles expériences n'avaient pas assez de nouveauté pour les bons capitaines pour les tenir éveillés cinq minutes.

Le matin, ils se levèrent tous très tôt, et l'étranger, qui se révélait être un marin aux yeux bleus brillants, dit que, comme son cat-boat semblait bien naviguer à son mouillage, il n'avait pas envie d'y aller. après elle pour l'instant.

N'importe quel moment pendant la marée montante ferait l'affaire pour lui, et il avait des affaires auxquelles il voulait s'occuper le plus rapidement possible.

Cela convenait très bien aux deux capitaines, car ils voulaient être présents lorsque la petite fille découvrirait son bas.

"Pouvez-vous me dire ", dit l'étranger en mettant sa casquette, "où je peux trouver une Mme Trimmer, qui habite dans ce village ?"

A ces mots, toute la raideur robuste qui, depuis sa jeunesse, avait caractérisé les jambes du capitaine Eli disparut entièrement, et il s'assit tout à coup sur un banc. Pendant quelques instants, il y eut un silence.

Alors le capitaine Céphas, qui pensait qu'il fallait répondre à cette question, hocha la tête.

"Je veux la voir le plus tôt possible", dit l'inconnu. "Je suis venu la voir pour des affaires particulières qui lui surprendront. Je voulais être ici avant le début de Noël, et c'est la raison pour laquelle j'ai pris ce bateau-chat de Stetford, parce que je pensais que j'arriverais plus vite de cette façon . que par terre. Mais le vent est tombé, comme je vous l'ai dit. Si l'un de vous voulait bien me piloter jusqu'à l'endroit où habite Mme Trimmer, ou jusqu'à n'importe quel point d'où je peux avoir une vue de l'endroit, je le ferais. être obligé."

Le capitaine Eli se leva et, d'un pas précipité mais incertain, entra dans la maison (car ils étaient sur la petite place) et fit signe à son ami de le suivre. Les deux hommes se tenaient dans la cuisine et se regardaient. Le visage du capitaine Eli était couleur de coquille.

"Allez avec lui, capitaine ", dit-il dans un murmure rauque. "Je ne peux pas le faire."

"À votre domicile?" demanda l'autre.

"Bien sûr. Emmenez-le chez moi. Il n'y a aucun autre endroit où elle se trouve. Emmenez-le avec vous."

L'expression du capitaine Céphas exprimait la plus profonde inquiétude, mais il pensa que la meilleure chose à faire était d'éloigner l'étranger.

Alors qu'ils marchaient rapidement vers la maison du capitaine Eli, ni le capitaine Céphas ni l'étranger ne parlèrent très peu. Ce dernier semblait soucieux de surprendre Mme Trimmer et de ne rien dire qui puisse permettre à une autre personne d'interférer dans son projet.

Les deux hommes avaient à peine mis le pied sur la place que Mme Trimmer, qui attendait des visiteurs précoces, ouvrit la porte. Elle était sur le point de crier « Joyeux Noël ! » mais, ses yeux tombant sur un inconnu, les mots s'arrêtèrent à ses lèvres. Elle devint d'abord rouge, puis pâle, et le capitaine Céphas crut qu'elle allait tomber. Mais avant qu'elle puisse faire cela, l'étranger la prit dans ses bras. Elle ouvrit les yeux qu'elle avait fermés un instant et, le regardant en face, elle passa ses bras autour de son cou. Puis le capitaine Céphas s'éloigna, sans penser à la petite fille et au plaisir qu'elle aurait à découvrir son bas de Noël.

Lorsqu'il fut resté seul, le capitaine Eli s'assit près du fourneau de la cuisine, près de la bouilloire même qu'il avait remplie d'eau pour chauffer l'homme qu'il avait aidé à ramener de la mer, et, les coudes sur ses genoux et ses doigts dans ses cheveux, réfléchit-il sombrement.

"Si seulement j'avais dormi avec mon oreille malentendante relevée ", se dit-il, "je ne l'aurais jamais entendu."

En quelques instants, sa meilleure nature condamna cette pensée.

"C'est presque un meurtre", marmonna-t-il, "car il n'aurait pas pu s'empêcher de s'endormir là-bas dans le froid, et quand la marée a tenu, il aurait été emporté vers la mer avec ce vent. Si je ne l'avais pas fait Je l'ai entendu, le capitaine Cephas ne l'aurait jamais entendu, car il n'était pas prêt à se réveiller, comme je l'étais.

Mais, malgré sa bonne humeur, le capitaine Eli se répétait encore une fois, lorsque son ami revint : « Si seulement j'avais dormi avec l'autre oreille relevée !

En marin honnête et direct qu'il était, le capitaine Céphas fit un rapport exact des faits. "Ils étaient Je les ai embrassés quand je les ai quittés", a-t-il déclaré, "et je pense qu'ils sont rentrés à l'intérieur très bientôt, car il faisait trop froid dehors. C'est vraiment dommage qu'elle se trouve chez vous, capitaine , c'est tout ce que j'ai à dire à ce sujet. C'est vraiment dommage."

Le capitaine Eli ne répondit rien. Il était toujours assis, les coudes sur les genoux et les mains dans les cheveux.

"Un meilleur cap que celui que vous avez tracé en ces temps de Noël n'a jamais été indiqué sur une carte", a poursuivi le capitaine Cephas. "Du port de navigation au port d'entrée, vous avez tout tracé clairement et finement. Mais il semble qu'il y avait des rochers qui n'étaient pas marqués sur la carte."

"Oui," gémit le capitaine Eli, "il y avait des rochers."

Le capitaine Céphas ne fit aucune tentative pour réconforter son ami, mais se mit au travail pour prendre son petit-déjeuner.

Une fois ce repas, plutôt silencieux, terminé, le capitaine Eli se sentit mieux. "Il y avait des rochers", dit-il, "et pas un déferlant pour montrer où ils se trouvaient, et je les ai frappés avec l' arc . C'est donc la fin de ce voyage. Mais j'ai regagné mes bateaux, capitaine , je Je suis allé jusqu'à mes bateaux.

"Je suis heureux d'apprendre que vous avez regagné vos bateaux", dit le capitaine Céphas en jetant un regard approbateur à son ami.

Environ dix minutes après, le capitaine Eli dit : « Je monte chez moi.

"Par toi-même?" dit l'autre.

"Oui, toute seule. Je préfère y aller seule. Cela ne me dérange pas, et je vais lui dire qu'elle peut rester là-bas et passer Noël, l'endroit où elle vit n'est pas non plus . C'est un endroit où passer Noël, et elle peut faire passer un bon moment à la petite fille, et y aller comme nous avions prévu d'y aller, long-duff et mince-pie tout de même. Je peux rester ici, et toi et moi, je peux organiser notre dîner de Noël ensemble, si nous choisissons de lui donner ce nom. Et si elle n'est pas prête à partir demain, elle peut rester un jour ou deux de plus. Cela m'est égal, si c'est pareil. à vous, capitaine ."

Le capitaine Céphas ayant dit que c'était pareil pour lui, le capitaine Eli mit sa casquette et boutonna sa vareuse, déclarant que plus tôt il arriverait chez lui, mieux ce serait, car elle pensait peut-être qu'elle devrait déménager. maintenant que les choses étaient différentes.

Avant que le capitaine Eli n'atteigne sa maison, il vit quelque chose qui lui plut. Il aperçut l'étranger du voyageur, lui tournant le dos, marchant rapidement en direction du magasin du village.

se trouvait l'arbre, il rencontra Mme Trim, rayonnante plus brillante que n'importe quel soleil matinal qui se soit jamais levé.

"Joyeux noël!" s'exclama-t-elle en tendant ses deux mains. "Je me demandais toujours quand tu viendrais me souhaiter un "Joyeux Noël", le Noël le plus joyeux que j'ai jamais eu."

Le capitaine Eli lui prit les mains et lui dit très gravement : « Joyeux Noël ».

Elle parut un peu surprise. « Qu'y a-t-il, capitaine Eli ? s'exclama-t-elle. "Tu ne sembles pas dire ça comme si tu le pensais."

"Oh, oui, je le fais," répondit-il. "Cela doit être un joyeux Noël tonitruant pour vous, Mme Trimmer."

"Oui", dit-elle, son visage rayonnant à nouveau. "Et dire que cela devrait arriver le jour de Noël – que ce matin béni, avant que quoi que ce soit d'autre n'arrive, mon Bob, mon unique frère, devrait…"

"Ton quoi!" rugit le capitaine Eli, comme s'il avait crié des ordres dans une tempête déchaînée.

Mme Trimer recula presque effrayée. "Mon frère", dit-elle. " Ne vous a-t-il pas dit qu'il était mon frère, mon frère Bob, qui est parti un an avant mon mariage, et qui a été en Afrique et en Chine et je ne sais où ? Cela fait si longtemps que je n'ai pas entendu dire qu'il " J'étais parti faire du commerce à Singapour et je l'avais considéré comme marié et installé à l'étranger. Et le voici comme s'il était tombé du ciel en ce matin de Noël béni. "

Le capitaine Eli fit un pas en avant, le visage très rouge.

"Votre frère, Mme Trimmer, avez-vous vraiment dit que c'était votre frère ?"

" Bien sûr que oui, " dit-elle. "Qui d'autre cela pourrait-il être ?" Puis elle s'arrêta un instant et regarda fixement le capitaine.

« Vous ne voulez pas dire, capitaine Eli, » demanda-t-elle, « que vous pensiez que c'était… »

"Oui, je l'ai fait", dit promptement le capitaine Eli.

Mme Trim a regardé droit dans les yeux du capitaine, puis elle a regardé le sol. Puis elle a changé de couleur et est revenue à nouveau.

"Je ne comprends pas", dit-elle avec hésitation, "pourquoi… je veux dire quelle différence cela a fait."

"Différence!" s'exclama le capitaine Eli. "C'était toute la différence entre un homme sur le pont et un homme à la mer - c'est la différence que cela faisait pour moi. Je ne m'attendais pas à vous parler si tôt ce matin de Noël , mais les choses se sont précipitées sur moi, et je ne peux pas m'en empêcher, je veux juste te demander une chose : pensais-tu que je montais cet arbre de Noël, le dîner de Noël et toute cette affaire pour le bien de la petite fille et pour le bien de toi, et pour le bien du capitaine Céphas ?

Mme Trimmer avait maintenant recouvré une très juste possession d'elle-même. " Bien sûr que je l'ai fait," répondit-elle en le regardant pendant qu'elle parlait. "Pour qui d'autre cela aurait-il pu être !"

"Eh bien," dit-il, "vous vous êtes trompé. Ce n'était pour aucun d'entre vous. Tout était pour moi, pour moi-même."

"Toi toi-même?" dit-elle. "Je ne vois pas comment."

"Mais je vois comment", répondit-il. "Cela fait longtemps que je voulais vous dire ce que je pensais, Mme Trimmer, mais je n'ai jamais eu aucune chance. Et toutes ces activités de Noël ont été organisées pour me donner la chance non seulement de vous parler . , mais de montrer mes couleurs mieux que je ne pourrais les montrer de toute autre manière. Tout a continué jusqu'à ce matin , quand cet étranger que nous avons amené du haut-fond est venu vous voir et vous a demandé. Ensuite, je suis allé par-dessus bord - du moins, je pensais l'avoir fait - et j'ai coulé, vers le bas, sans bruit . "

" C'était dommage, capitaine, " dit-elle en parlant très doucement, " après toute votre peine et votre bonté. "

"Mais je ne sais pas maintenant", a-t-il poursuivi, "si je suis allé par-dessus bord ou si je suis sur le pont. Pouvez-vous me le dire, Mme Trimmer ?"

Elle leva les yeux vers lui. Ses yeux étaient très doux et ses lèvres tremblaient un peu. « Il me semble, capitaine, dit-elle, que vous êtes sur le pont, si vous le voulez.

Le capitaine s'approcha d'elle. "Mme Trimer," dit-il, "est-ce que votre frère revient ?"

"Oui," répondit-elle, surprise par cette question soudaine. "Il est juste allé au magasin pour acheter une chemise et quelques affaires. Il s'est fait éclabousser en essayant de pousser son bateau la nuit dernière."

"Eh bien," dit le capitaine Eli, "voudriez-vous lui dire à son retour que vous et moi sommes fiancés? Je ne sais pas si j'ai fait une erreur dans les lumières ou non, mais je voudrais ça te dérangerait de lui dire ça ?

Mme Trimer le regarda. Ses yeux n'étaient plus aussi doux qu'avant, mais ils étaient plus brillants. "Je préférerais que tu lui dises ça toi-même", dit-elle.

La petite fille était assise par terre près du sapin de Noël, en train de finir un gros bonbon rouge et blanc qu'elle avait sorti de son bas. "Les gens s'embrassent beaucoup à Noël", se dit-elle. Puis elle sortit un bonbon bleu et blanc et commença.

Le capitaine Céphas attendit longtemps le retour de son ami, et il pensa enfin qu'il serait bon d'aller le chercher. Lorsqu'il entra dans la maison, il trouva Mme Trimper assise sur le canapé du salon, avec le capitaine Eli d'un côté et son frère de l'autre, et chacun d'eux lui tenant une main.

« On dirait que j'étais au port, n'est-ce pas ? dit le capitaine Eli à son ami étonné. "Eh bien, me voici, et voici mon premier compagnon", inclinant la tête vers Mme Trimmer. "Et elle est au port aussi, saine et sauve. Et cet étrange capitaine de l'autre côté d'elle, c'est son frère Bob, qui est parti depuis des années et des années, et qui vient tout juste de rentrer de Madagascar."

"Singapour", a modifié frère Bob.

Le capitaine Céphas regarda tour à tour les trois occupants du canapé, mais ne fit aucune remarque immédiate. Bientôt, un sourire de malveillance géniale apparut sur son visage et il demanda : « Et la pauvre petite fille ? L'avez-vous renvoyée chez Mme Crumley ?

La petite fille sortit de derrière le sapin de Noël, son bas, maintenant à moitié rempli, à la main. "Me voici", dit-elle. "Vous ne voulez pas me faire un câlin de Noël, Capitaine Cephas ? Vous et moi sommes les seuls à n'en avoir pas eu."

Le dîner de Noël était aussi véritablement et parfaitement un repas préparé par un marin que jamais servi à bord ou à bord d'un navire. Le capitaine Céphas avait dit cela, et lorsqu'il avait ainsi parlé, il n'était pas nécessaire d'en dire davantage.

Il faisait presque nuit cet après-midi-là, et ils étaient tous assis autour du feu de la cuisine, les trois marins fumant, et Mme Trim en appréciait beaucoup. Il n'y aurait aucune objection à l'odeur du tabac dans cette maison pourvu que sa future maîtresse l'apprécie. La petite fille était assise par terre et allaitait une idole chinoise qui était l'un de ses cadeaux.

"Après tout", dit le capitaine Eli d'un ton méditatif, "toute cette affaire vient du fait que je dormais avec ma meilleure oreille relevée. Ferait-il que si j'avais dormi avec ma malentendante oreille relevée..." dit Mme Trimmer. un doigt sur ses lèvres. "Très bien", dit le capitaine Eli, "je n'en dirai pas plus. Mais cela aurait été différent."

Même maintenant, plusieurs années après ce Noël, alors qu'il n'y a pas de Mme Trimmer et que la petite fille, régulièrement adoptée par le capitaine Eli et sa femme, étudie la géographie et en sait plus sur la latitude et la longitude que son professeur à l'école. , le capitaine Eli a encore une légère peur superstitieuse de dormir la meilleure oreille vers le haut.

" Bien sûr , c'est une absurdité des plus virulentes", se dit-il sans cesse. Néanmoins, il se sent plus en sécurité lorsque son « oreille dure » n'est pas sur l'oreiller.

L'AMOUR AVANT LE PETIT DÉJEUNER

J'étais encore un jeune homme lorsque je suis entré en possession d'un excellent domaine. Il s'agissait d'une grande maison de campagne, entourée de pelouses, de bosquets et de jardins, et située non loin de la petite ville florissante de Boynton. Etant orphelin, sans frères ni sœurs, j'ai installé ici une garçonnière dans laquelle, pendant deux ans, j'ai vécu avec beaucoup de satisfaction et de confort, améliorant mon terrain et meublant ma maison. Après avoir apporté toutes les améliorations réellement nécessaires et sentant que je disposais désormais d'un foyer des plus agréables où revenir, j'ai pensé que ce serait une excellente chose de faire un voyage en Europe et de donner à mon esprit un tour dans de nouveaux domaines . , et ramasser beaucoup de bric-à-brac et d'idées pour la décoration et l'avantage de ma maison et de mon esprit.

C'était la coutume des habitants de mon quartier qui possédaient des maisons et voyageaient en été pour louer leur maison pendant leur absence, et mon agent commercial et moi-même avons convenu que ce serait une excellente chose à faire pour moi. Si la maison était louée à une famille convenable, elle me rapporterait un revenu considérable, et l'endroit ne présenterait pas à mon retour cet air de régression et de désolation auquel je pourrais m'attendre si elle était laissée inoccupée et confiée à un gardien.

Mon agent m'a assuré que je n'aurais aucune difficulté à louer mon logement, car il offrait de nombreux avantages et je n'attendais qu'un loyer raisonnable. Je désirais tout laisser tel quel, maison, meubles, livres, chevaux, vaches et volailles, n'emportant avec moi que mes vêtements et mes affaires personnelles, et je désirais des locataires qui viendraient apporter seulement leurs vêtements et leurs affaires personnelles, ce qui ils pourraient tranquillement emporter avec eux lorsque leur bail expirerait et que je rentrerais chez moi.

Malgré les assurances de l'agent, il n'a pas été facile de louer ma place. La maison était trop grande pour certaines personnes, trop petite pour d'autres, et même si certains candidats possédaient plus de chevaux que moi n'avaient de stalles dans mon écurie, d'autres ne voulaient même pas des chevaux que je laisserais. J'avais pris mon bateau à vapeur, et le jour de mon départ approchait, et pourtant aucun locataire convenable ne s'était présenté. J'étais presque parvenu à la conclusion que toute l'affaire devrait être laissée entre les mains de mon agent, car je n'avais aucune intention de renoncer à mes projets de voyage, lorsqu'un début d'après-midi, des personnes vinrent visiter la maison. Heureusement , j'étais chez moi et je me donnai le plaisir de les conduire personnellement dans les lieux. Ce fut un plaisir, car dès que j'ai compris que ces candidats désiraient louer ma maison , j'ai souhaité qu'ils l'aient.

La famille était composée d'un homme âgé et de sa femme, avec une fille d'environ vingt ans. C'était une famille qui me convenait parfaitement. Au nombre de trois, sans enfants, des gens d'intelligence et de position, amoureux de la campagne et désireux d'avoir une place telle que celle que je leur offrais, quoi de mieux ?

Plus je me promenais, causais avec ces braves gens et leur montrais mes biens, plus je désirais que la jeune dame prenne ma maison. Bien sûr, ses parents étaient inclus dans ce souhait, mais c'était à ses oreilles que s'adressaient toutes mes remarques, bien que parfois adressées aux autres, et elle était la locataire que je m'efforçais d'obtenir. Je dis « travaillé » à bon escient, car je me suis creusé la tête pour réfléchir à des incitations qui pourraient les amener à une décision rapide et favorable.

Outre les avantages évidents de cet arrangement, ce serait pour moi un plaisir positif, lors de mes pérégrinations estivales en Europe, de penser que cette belle fille se promènerait dans mon parc, profiterait de mes fleurs et serait assise avec son livre dans les coins ombragés où je me trouve. avait rendu si agréable, allongée dans mes hamacs, passant ses soirées dans mon bureau, lisant mes livres, écrivant à mon bureau et peut-être réfléchissant dans mon fauteuil. Avant l'apparition de ces candidats, il m'était parfois pénible d'imaginer des étrangers chez moi ; mais aucune pensée de ce genre ne me traversa l'esprit à l'égard de cette jeune dame, qui, si charmante dans la maison et sur la pelouse, devenait positivement ravissante lorsqu'elle voyait mes vaches Jersey et mes deux chevaux, les considérant avec une admiration qui surpassait même la mienne. .

Bien avant que nous ayons terminé notre tournée d' inspection , j'avais décidé que cette jeune dame viendrait habiter chez moi. Si des obstacles se présentent , ils doivent être supprimés. Je démolirais, je construirais, je papiers et peindrais, j'installerais toutes sortes de cloches électriques, je réduirais le loyer jusqu'à ce qu'il corresponde exactement à leurs idées, je ferais cogner la queue de mes chevaux si elle aimait ce genre les queues valent mieux que les longues – je ferais n'importe quoi pour qu'ils décident définitivement de prendre la place avant de me quitter. Je tremblais à l'idée qu'elle irait ailleurs et donnerait à d'autres propriétaires une chance de la tenter. Elle avait visité bien des maisons de campagne, mais il était évident qu'aucune ne lui avait autant plu que la mienne.

Je les ai laissés dans ma bibliothèque pour qu'ils discutent seuls, et en moins de dix minutes, la jeune femme elle-même est sortie sur la pelouse pour me dire que son père et sa mère avaient décidé de prendre la place et qu'ils aimeraient me parler. .

"Je suis si heureuse", dit-elle alors que nous entrions. "Je suis sûre que j'apprécierai chaque heure de notre séjour ici. C'est tellement différent de tout ce que nous avons encore vu."

Quand tout fut réglé , j'eus envie de les reprendre sur place et de leur signaler beaucoup de choses que j'avais omises. J'avais particulièrement envie de leur faire découvrir de belles balades en forêt. Mais ils n'avaient pas le temps, car ils devaient prendre un train.

Elle s'appelait Vincent – Cora Vincent, comme je l'ai découvert grâce aux remarques de sa mère.

Dès leur départ, j'ai fait seller ma jument et je suis allé en ville voir mon agent. Je suis entré dans son bureau en exultant.

"J'ai loué ma maison", dis-je, "et je veux que vous rédigiez le bail et que tout soit réglé et réglé le plus tôt possible. C'est l'adresse de mes locataires."

L'agent m'a posé beaucoup de questions, étant particulièrement soucieux de savoir quel loyer avait été convenu.

"Cieux!" s'est-il exclamé lorsque j'ai mentionné la somme, "c'est bien moins que ce que je vous avais dit que vous pourriez obtenir. Je suis maintenant en communication avec une personne dont je sais qu'elle vous paierait beaucoup plus que ces gens. Avez-vous définitivement réglé avec eux " Il n'est peut-être pas trop tard pour se retirer. "

"Retirer!" J'ai pleuré. "Jamais ! Ce sont les seuls locataires que je veux. J'étais déterminé à les avoir et je pense que j'ai dû baisser le loyer quatre ou cinq fois dans l'après-midi. J'en ai pris une grosse part avant d'évoquer le Vous voyez, dis-je d'une manière très impressionnante, ces Vincent me conviennent parfaitement. Et puis j'ai continué en exposant pleinement les avantages de cet arrangement, en omettant cependant toute référence à mes visions de Miss Vincent se balançant dans mes hamacs ou réfléchissant dans ma chaise d'étude.

Nous étions maintenant le 15 mai et mon paquebot partirait le 21. Les jours intermédiaires, je les ai employés non pas à préparer mon voyage, mais à prendre toutes les dispositions possibles pour le confort et la commodité de mes nouveaux locataires. Les Vincent ne voulaient en prendre possession que le 1er juin, et je regrettais qu'ils n'aient pas fait leur demande avant que j'eusse engagé mon passage, car dans ce cas j'aurais choisi une date ultérieure. Un très bon paquebot partit le 3 juin, et il m'aurait tout aussi bien convenu.

Me trouvant un jour à New York, je me rendis à la résidence citadine des Vincent pour les consulter au sujet de certains auvents que je proposais d'installer à l'arrière de la maison. Je ne trouvai chez moi que le vieux monsieur, et cela ne lui faisait aucune différence que les auvents fussent noirs et marron ou rouges et jaunes. Je l'ai cordialement invité à sortir avant mon départ et à amener sa famille, afin qu'ils puissent visiter les lieux pour voir s'il y avait quelque chose qu'ils auraient aimé faire et qui n'avait pas déjà été fait. C'était tellement mieux, lui dis-je, de discuter personnellement de ces questions avec le propriétaire plutôt qu'avec un agent en son absence. Les agents étaient souvent très réticents à apporter des changements. M. Vincent était un monsieur âgé très calme et extrêmement agréable, et m'a beaucoup remercié pour mon invitation, mais m'a dit qu'il ne voyait pas comment il pourrait trouver le temps de sortir chez moi avant mon départ. Je n'aimais pas dire qu'il n'était pas du tout nécessaire qu'il néglige ses affaires pour accompagner sa famille chez moi, mais je lui ai assuré que si l'un d'eux voulait sortir à tout moment avant d'en prendre possession , il doit se sentir parfaitement libre de le faire.

J'en parlai à mon agent, lui suggérant que s'il se trouvait à New York , il pourrait faire appel aux Vincent et réitérer mon invitation. Il était peu probable que le vieux monsieur se souvienne d'en parler à sa femme et à sa fille, et il était vraiment important que tout soit rendu satisfaisant avant mon départ.

« Il me semble, » dit-il avec un sourire un peu sombre, « qu'il vaudrait mieux que les Vincent restent éloignés de votre maison jusqu'à votre départ. Si vous faites quelque chose de plus, vous découvrirez peut-être que cela aurait été plus rentable. de l'avoir fait taire pendant ton absence."

Il m'a cependant appelé, en partie parce que je le souhaitais et en partie parce qu'il était curieux de voir les personnes que j'avais tant hâte d'installer chez moi et auprès desquelles il devait être mon représentant légal. Il rapporta le lendemain qu'il n'avait trouvé personne à la maison à part Miss Vincent, et qu'elle avait dit qu'elle et sa mère seraient très heureuses de sortir la semaine prochaine et de visiter les lieux avant d'en prendre possession.

"La semaine prochaine!" M'écriai-je. "Alors je serai parti!"

"Mais je serai là", a déclaré M. Barker, "et je leur ferai visiter et j'accepterai leurs suggestions."

Cela ne me convenait pas du tout. Cela m'ennuyait beaucoup de penser à Barker faisant visiter ma maison à Miss Vincent. C'était un beau jeune homme et pas du tout arriéré dans ses manières.

« Après tout, dis-je, je suppose que tout ce qui devait être fait a été fait. J'espère que vous le lui avez dit.

"Bien sûr que non", dit-il. "Cela aurait été contraire à vos ordres. De plus, c'est mon rôle de faire visiter les lieux aux gens. Cela ne me dérange pas."

Cela m'a donné un sentiment désagréable et mal à l'aise. Je me demandais si M. Barker était l'agent que je devrais avoir et si un homme d'âge moyen, avec une famille et plus d'expérience, ne serait pas mieux à même de gérer mes affaires.

« Barker, dis-je un peu plus tard, cela ne servira à rien que vous alliez chaque mois chez les Vincent pour percevoir leur loyer. J'écrirai à M. Vincent pour qu'il paie à sa guise. Il peut envoyer un chèque mensuellement ou à la fin de la saison, comme cela peut être opportun. Il est parfaitement responsable, et je préférerais de loin avoir l'argent en une seule fois à mon retour.

Barker sourit. "Très bien", dit-il, "mais ce n'est pas ainsi qu'on fait des affaires, vous savez."

Je me suis peut-être trompé, mais j'ai cru voir sur le visage de mon agent une expression qui indiquait qu'il comptait passer le premier jour de chaque mois, sous prétexte de dire à Vincent qu'il n'était pas nécessaire de payer le loyer à aucun moment. à un moment donné, et qu'il se proposait également d'effectuer de nombreuses autres visites intermédiaires pour vérifier si des réparations étaient nécessaires. Cela aurait pu être une bonne affaire pour effacer son expression, mais je pense que j'aurais pu en obtenir davantage si j'avais réfléchi plus longtemps.

La veille de mon départ, mon esprit était dans un état si perturbé que je ne pouvais pas m'occuper de mes bagages ou de quoi que ce soit d'autre. Cela m'a presque enragé de penser que je quittais délibérément le pays dix jours avant que mes locataires ne viennent chez moi. Il n'y avait aucune raison pour que je fasse ça. Il y avait de nombreuses raisons pour lesquelles je ne devrais pas le faire. Il y avait Barker. J'étais maintenant d'avis qu'il superviserait personnellement le déplacement des Vincent et leur établissement chez moi. Je me souvenais que la seule suggestion qu'il avait faite pour améliorer les lieux avait été la construction d'un court de tennis. Je savais qu'il était un joueur champion. C'est foutu ! Quelle terrible erreur j'avais commise en choisissant un tel homme pour mon agent immobilier ! Dans mon esprit, je pouvais déjà voir Miss Vincent et Barker choisir un endroit pour le tennis et planifier l'aménagement du terrain.

J'ai pris le premier train pour New York et je suis allé directement au bureau du bateau à vapeur. Il est étonnant de constater combien d'obstacles peuvent être écartés du chemin d'un homme s'il décide de leur donner un bon coup de pied. J'ai trouvé que mon bateau à vapeur était bondé. Les demandes de passage dépassaient les possibilités d'hébergement et l'agent fut ravi de me transférer sur le paquebot qui partit le 3 juin. Je rentrai chez moi exaltant. Barker est venu en voiture le soir pour prendre ses dernières instructions, et un air vide est apparu sur son visage lorsque je lui ai dit que les affaires avaient retardé mon départ et que je ne devrais pas naviguer le lendemain. Si je lui avais dit qu'une partie de cette affaire consistait à aménager un court de tennis, il aurait peut-être paru plus vide.

Bien entendu, la date de mon départ ne concernait pas les Vincent , à condition que la maison soit libérée avant le 1er juin, et je ne les ai pas informés du changement dans mes projets, mais lorsque la mère et la fille sont sorties la semaine suivante, elles ont été très surprises. pour me trouver en train d'attendre de les recevoir à la place de Barker. J'espère qu'ils étaient également satisfaits et je suis sûr qu'ils avaient toutes les raisons de l'être. Mme Vincent, ayant découvert que j'étais un propriétaire des plus complaisants, s'est facilement accommodée de mes dispositions et a fait un certain nombre d'exigences mineures, que j'ai toutes accordées sans la moindre hésitation. J'étais ravi de la confier enfin à ma gouvernante, et quand tous deux se furent rendus dans les chambres, j'invitai Miss Vincent à venir avec moi pour choisir un emplacement pour un court de tennis. L'invitation fut acceptée avec empressement, car le tennis, déclara-t-elle, était pour elle une passion.

Le choix de ce terrain de tennis dura près d'une heure, car il y avait plusieurs bonnes places pour un seul et il était difficile de faire un choix ; d'ailleurs, je ne pouvais pas perdre l'occasion d'emmener Miss Vincent dans les bois et de lui montrer les promenades que j'avais faites et les sièges rustiques que j'avais placés dans des coins agréables. Bien sûr , elle les aurait découverts, mais c'était bien mieux pour elle de tout savoir avant de venir. Finalement Mme Vincent envoya une femme de chambre dire à sa fille qu'il était temps de prendre le train et que le tribunal n'était pas définitivement prévu.

Le lendemain, je me rendis chez Miss Vincent avec un plan du terrain, et nous en discutâmes avec elle jusqu'à ce que l'affaire soit réglée. Il fallait être prompt à cela, expliquai-je, car il y aurait beaucoup de nivellement et de roulage à faire.

J'ai également eu une conversation avec le vieux monsieur au sujet des livres. Il y avait à New York plusieurs grands cartons de mes livres que je n'avais jamais envoyés dans ma maison de campagne. J'ai pensé que beaucoup d'entre eux pourraient l'intéresser et je lui ai proposé de les retirer et de les laisser à sa disposition. Lorsqu'il entendit les titres de certains livres de la collection, il fut très intéressé, mais il insista pour qu'avant de les utiliser, ils fussent catalogués, ainsi que le reste de mes effets. J'ai hésité un moment, me demandant si je pourrais inciter Barker à venir à New York et cataloguer quatre grosses boîtes de livres, quand, à ma grande surprise, Miss Vincent a fait remarquer par hasard que s'ils se trouvaient dans un endroit où elle pourrait les obtenir, elle le ferait . heureux d'aider à les cataloguer; ce genre de choses lui faisait un grand plaisir. Aussitôt je proposai d'envoyer les livres à la maison Vincent, qu'ils y seraient sortis pour que M. Vincent puisse choisir ceux qu'il aurait envie de lire pendant l'été, que j'en ferais une liste, et si Vincent m'aiderais , je serais reconnaissant pour la gentillesse, et ceux qui ne seraient pas désirés pourraient être rendus au magasin.

Quelle idée géniale était-ce ! J'avais gémi intérieurement parce que je ne trouvais aucun prétexte possible pour de nouveaux entretiens avec Miss Vincent, et voici quelque chose de mieux que ce que j'aurais pu imaginer. Son père a déclaré qu'il ne pouvait pas me causer autant de problèmes, mais je n'écoutais aucune de ses paroles, et le lendemain matin, mes livres étaient éparpillés sur le sol de sa bibliothèque.

La sélection et le catalogage des volumes souhaités ont occupé des matinées de trois jours. Le rôle du vieux gentleman fut bientôt terminé, mais il y avait beaucoup de choses dans les livres qui m'intéressaient bien plus que leurs titres, et sur lesquelles je désirais attirer l'attention de Miss Vincent. Tout cela a beaucoup prolongé nos travaux. Elle n'était pas seulement une belle fille, mais son intelligence et sa compréhension intellectuelle étaient merveilleuses. Je ne pouvais m'empêcher de lui dire quel grand plaisir ce serait pour moi de penser, en errant dans des pays étrangers, qu'une famille aussi reconnaissante apprécierait mes livres et ma place.

« Vous aimez tellement votre maison et tout ce que vous avez, dit-elle, que nous aurons presque l'impression de vous priver de vos droits. Mais je suppose que les lacs italiens et les Alpes vous feront oublier pour un temps même ta belle maison."

"Pas si tu es dedans", avais-je envie de dire, mais je me retenais. Je ne croyais pas qu'il me soit possible d'être plus amoureux de cette fille qu'à ce moment-là, mais, bien sûr, ce serait la plus grande bêtise de le lui dire. Pour elle, j'étais simplement le propriétaire de son père.

Je suis allé dans cette maison le lendemain pour voir si les cartons étaient bien reconditionnés, et en fait je suis allé le lendemain voir si les bons cartons étaient partis dans le pays, et les autres étaient retournés au magasin. Le premier jour, je n'ai vu que le père. Le deuxième jour, c'est la mère qui m'a assuré que tout avait été bien réglé. Je commençai à sentir que si je ne souhaitais pas une rebuffade décisive , je ferais mieux de ne plus faire semblant de faire des affaires chez les Vincent.

Il y avait mes propres affaires qui auraient dû être réglées, et j'aurais dû rentrer chez moi et m'en occuper, mais je ne pouvais pas supporter de le faire. Il n'y avait aucune raison de supposer qu'elle s'y rendrait avant le premier juin.

En y réfléchissant à plusieurs reprises, j'en suis arrivé à la conclusion que si je pouvais la revoir, je serais satisfait. Ensuite, je m'en allais et emportais son image avec moi dans chaque galerie d'art, sur chaque glacier et sous chaque beau ciel dont je pourrais profiter à l'étranger, espérant tout le temps que, prenant ma place, pour ainsi dire, dans ma maison et s'appropriant en quelque sorte mes biens, elle me connaîtrait si bien indirectement qu'à mon retour je pourrais lui parler sans la choquer.

Pour obtenir cette ultime entrevue, il n'y avait qu'un seul moyen. J'avais quitté ma maison samedi, les Vincent viendraient le lundi suivant et je naviguerais mercredi. J'irais mardi leur demander s'ils trouvaient tout à leur satisfaction. Ce serait une attention très appropriée de la part d'un propriétaire sur le point de quitter le pays.

Quand j'arrivai à Boynton , je décidai de marcher jusqu'à chez moi, car je ne souhaitais pas m'encombrer d'un véhicule de location. On pourrait me demander de rester pour déjeuner. Une sensation très étrange m'envahit en entrant dans mon terrain. Ce n'étaient pas les miens. Pour le moment, ils appartenaient à quelqu'un d'autre. J'étais simplement un visiteur ou un intrus si les Vincent jugeaient bon de me considérer ainsi. S'ils n'aimaient pas que les gens marchent sur l' herbe , je n'avais pas le droit de le faire.

Aucun de mes domestiques n'avait été laissé sur place, et la femme de chambre qui s'est présentée à la porte m'a informé que M. Vincent était parti pour New York ce matin-là et que Mme Vincent et sa fille étaient en voiture. J'ai osé lui demander si elle pensait qu'ils reviendraient bientôt, et elle a répondu qu'elle ne le pensait pas, car ils étaient allés à Rock Lake, qui, d'après la façon dont ils en parlaient, devait être très loin.

Lac des Roches ! Quand j'étais venu là-bas avec mes amis, nous avions déjeuné à l'auberge et sommes revenus dans l'après-midi. Et que savaient-ils de Rock Lake ? Qui leur en avait parlé ? Cet officieux Barker, bien sûr.

"Voulez-vous laisser un message, monsieur ?" dit la bonne, qui, bien entendu, ne me connaissait pas.

"Non", dis-je, et comme je regardais toujours le sol de la place, elle remarqua que si je souhaitais rappeler, elle sortirait et parlerait au cocher et lui demanderait si quelque chose lui avait été dit à propos de l'heure du voyage. le retour de la fête.

De pire en pire! Leur cocher ne les avait pas conduits ! Quelqu'un qui connaissait le pays avait été leur compagnon. Ils ne se connaissaient pas dans le quartier, et il ne pouvait y avoir l'ombre d'un doute que c'était cet intrusif Barker qui s'était indécemment imposé à eux le lendemain même de leur arrivée, et m'avait ainsi arraché cette dernière entrevue sur que j'avais compté avec tant de sérieux.

Je n'avais plus le droit de poser d'autres questions. Je n'ai laissé aucun message ni aucun nom et je n'avais aucune excuse pour dire que je rappellerais.

Je suis rentré à mon hôtel sans avoir rencontré personne que je connaissais, et cette nuit-là, j'ai reçu une note de Barker, déclarant qu'il avait bien l'intention de venir au paquebot pour m'accompagner au départ, mais qu'un engagement l'en empêcherait. Il m'adressa cependant ses meilleurs vœux pour mon bon passage, et m'assura qu'il me tiendrait pleinement informé de l'état de mes affaires de ce côté.

"Fiançailles!" M'écriai-je. « Est-ce qu'il va encore conduire avec elle demain ?

Mon bateau à vapeur partit le lendemain à deux heures et, après un petit-déjeuner matinal, je me rendis au bureau de la compagnie pour voir si je pouvais disposer de mon billet. Il m'était devenu impossible, dis-je à l'agent, de quitter l'Amérique à l'heure actuelle. Il a dit qu'il était très tard pour vendre mon billet, mais qu'il ferait ce qu'il pouvait et que si un demandeur se présentait, il lui donnerait ma chambre et rembourserait l'argent. Il voulait que je change de rendez-vous, mais j'ai refusé de le faire. Je n'étais pas en mesure de dire quand je devais naviguer.

Je n'avais plus aucun plan d'action. Tout ce que je savais, c'est que je ne pouvais pas quitter l'Amérique sans découvrir quelque chose de précis sur cette affaire Barker. C'est-à-dire que si l'on me faisait savoir qu'au lieu de vaquer à mes affaires, d'envoyer un charpentier faire des réparations, s'il en était besoin, ou d'aller personnellement chez le plombier pour m'assurer que ce personnage erratique prêterait son attention à n'importe quelle pipe au sujet de laquelle M. Vincent aurait pu écrire, Barker aurait dû entretenir des relations sociales avec mes locataires, conduire ou jouer au tennis avec la jeune dame de la maison, alors j'en aurais immédiatement fini avec lui. Je retirerais mes affaires de ses mains et les placerais dans celles du vieux M. Poindexter. Plus encore, il serait peut-être de mon devoir de mettre en garde les parents de Miss Vincent contre Barker. Je ne doutais pas qu'il fût un très bon agent de maison et de propriété foncière, mais en le choisissant comme tel, je n'avais aucune idée de le présenter aux Vincent d'une manière sociale. En fait, plus j'y pensais, plus je devenais convaincu que si jamais je parlais de Barker à mes locataires , ce serait pour les mettre en garde contre lui. À certains égards, il était en réalité un homme dangereux.

Cependant, je ne le ferais pas tant que je n'aurais pas découvert que mon agent était réellement coupable. Découvrir ce que Barker avait fait, ce qu'il faisait et ce qu'il avait l'intention de faire, était désormais ma seule affaire dans la vie. Tant que je ne serais pas satisfait de ces points, je ne pourrais songer à me lancer dans mon voyage.

Maintenant que j'avais décidé que je ne partirais pas pour l'Europe avant d'avoir été assuré que M. Barker se contentait de s'occuper de mes affaires et ne cherchait pas à s'imposer dans des relations sociales avec mes locataires, j'avais peur que le report de mon Ce voyage devait être inconnu de mes amis et de mes connaissances, et je fus donc très heureux de voir dans un journal publié l'après-midi du jour de mon départ prévu, mon nom parmi la liste des passagers qui avaient navigué sur le Mnemonic. Pour la première fois, j'ai salué l'esprit d'entreprise d'un journaliste qui accordait plus d'attention à l'actualité de ses nouvelles qu'à leur exactitude.

Je m'arrêtais dans un hôtel de New York, mais je ne souhaitais pas y rester. Jusqu'à ce que je me sente prêt à partir en voyage, le quartier de Boynton me conviendrait mieux que partout ailleurs. Je ne souhaitais pas aller dans la ville elle-même, car Barker y vivait et je connaissais de nombreux habitants ; mais il y avait des fermes non loin de là où je pouvais passer une semaine. Après réflexion , j'ai pensé à quelque chose qui pourrait me convenir. À environ trois milles de ma maison, sur une route peu fréquentée, se trouvait un moulin qui se dressait au bout d'une vaste nappe d'eau, en réalité un étang de moulin, mais communément appelé lac. Le meunier, un vieillard, était mort récemment, et sa maison voisine était occupée par un nouveau venu que je n'avais jamais vu. Si je pouvais y trouver un logement, cela me conviendrait exactement. J'ai quitté le train deux gares en dessous de Boynton et me suis dirigé vers le moulin.

Les gens de la campagne de mon quartier sont toujours heureux de prendre des pensionnaires d'été s'ils peuvent en trouver, et le meunier et sa femme étaient heureux de me donner une chambre, sans imaginer que j'étais propriétaire d'une bonne maison non loin de là. L'endroit convenait très bien à mes attentes. C'était près d'elle, et je pourrais vivre ici pendant un certain temps inaperçu, mais je ne savais pas ce que j'allais faire de cette opportunité. Plusieurs fois, la conviction s'est imposée à moi que je devais me lever immédiatement et me rendre en Europe par le premier bateau à vapeur, et ainsi me montrer que j'étais un homme de bon sens.

Cette conviction fut bannie dès le deuxième après-midi de mon séjour au moulin. J'étais assis sous un arbre dans le verger près de la maison, réfléchissant et fumant ma pipe, lorsque le long de la route qui longeait le lac arrivèrent M. Vincent sur mon cheval noir Général et sa fille sur ma jument Sappho. Instinctivement, j'ai mis mon chapeau de paille sur mes yeux, mais cette précaution n'était pas nécessaire. Ils regardaient le magnifique lac, avec ses collines et ses arbres en surplomb, et ne m'ont pas vu !

Lorsque le bout de la queue de Sappho se fut fondu dans le feuillage de la route, je me levai et pris une profonde inspiration d'air joyeux. Je l'avais vue et c'était avec son père qu'elle roulait.

Je ne crois pas avoir dormi une minute cette nuit-là en pensant à elle et en me sentant heureux d'être près d'elle et qu'elle ait roulé avec son père.

Quand l'aube commençait à poindre, une idée plus brillante que l'aube ne se levait sur moi : je me levais et m'approchais d'elle. C'est incroyable tout ce que nous perdons en ne nous levant pas tôt pendant les longues journées d'été. Je n'ai jamais su à quel point le matin pouvait être beau sur cette terre jusqu'à ce que je me retrouve à errer à l'orée de mes bois et sur ma pelouse avec le tendre ciel gris-bleu au-dessus de moi et toute la fraîcheur de l'herbe, des fleurs et des arbres autour de moi, les oiseaux chantaient parmi les branches, et elle dormait doucement quelque part dans cette maison avec ses lumières et ses ombres doucement définies. Comme j'aurais aimé savoir quelle chambre elle occupait !

Les beautés et les joies de cette heure étaient perdues pour tous les gens présents sur place, qui étaient tous, sans aucun doute, dans leur sommeil le plus profond. Je n'ai même pas vu de chien. Passant tranquillement et furtivement de buisson en haie, je fis le tour de la maison, et, en m'approchant de la grange , il me sembla entendre d'une petite pièce voisine les ronflements du cocher. Ce coquin paresseux ne se réveillerait probablement pas avant deux ou trois heures, mais je ne courais aucun risque et, en une demi-heure, j'étais parti à toute allure.

Maintenant, je savais exactement pourquoi je restais chez le meunier. Je le faisais pour pouvoir rentrer de bon matin dans ma propre maison, où dormait la fille que j'aimais, et pour pouvoir penser à elle le reste du jour et une bonne partie de la nuit.

« Quel endroit en Europe, me disais-je, pourrait être si beau, si charmant et si propice à la réflexion que ce lac isolé, ces nobles arbres, ces étendues de prairies vallonnées ?

Même si je voulais partir à l'étranger, un mois ou deux plus tard répondraient à tous mes objectifs. Pourquoi avais-je pensé à passer cinq mois loin de chez moi ?

Il y avait un joli ruisseau qui partait du lac et serpentait à travers une vallée verte et ombragée, et ici, avec une canne, j'errais, pêchais et réfléchissais. Le meunier avait des bateaux, et dans l'un d'eux je ramais jusqu'au lac où il se rétrécissait en une crique, et entre les hautes collines qui me fermaient du monde, je flottais et réfléchissais.

Chaque matin, peu après le lever du jour, je rentrais chez moi et je me promenais dans mon domaine. S'il pleuvait , cela ne me dérangeait pas. J'aime une pluie d'été.

De jour en jour, je devenais plus audacieux. Personne dans cette maison ne songeait à se lever avant sept heures. Pendant au moins deux heures, je pouvais me promener tranquillement dans mes jardins, et même si j'avais autrefois apprécié ces jardins, ils ne m'ont jamais procuré le plaisir qu'ils me procuraient maintenant. Dans ces matins heureux, j'ai ressenti toute la vie et l'esprit d'un garçon. Je suis allé dans mon petit champ et j'ai caressé les côtés lisses de mes vaches pendant qu'elles grignotaient l'herbe rosée. J'ai même regardé par la fenêtre grillagée de la boîte de Sappho et je l'ai nourrie, comme j'avais l'habitude de le faire, avec des bouquets de trèfle. J'ai vu que les jeunes poules s'épanouissaient. Je suis allé dans le jardin et j'ai remarqué la croissance des légumes, heureux qu'elle ait autant de belles fraises et de petits pois tendres.

Je ne doutais pas qu'elle aimait les fleurs, et pour elle maintenant, comme j'avais l'habitude de le faire pour moi-même, je visitais les parterres de fleurs et les bordures. Non loin de la maison, il y avait une grappe de roses à l'ancienne qui, j'en étais sûr, n'allaient pas très bien. Peut-être qu'ils étaient là depuis trop longtemps et qu'ils semblaient rabougris et faibles. Dans le jardin du meunier, j'avais remarqué de grands parterres de ces roses, et j'ai demandé à sa femme si je pouvais en avoir, et elle, les considérant comme de simples fleurs sauvages, m'a dit que je pouvais en avoir autant que je voulais. Elle aurait pu penser que je voulais simplement les fleurs, mais le lendemain matin, je suis allé chez moi avec un panier rempli de grandes masses de plantes emmêlées avec les racines et beaucoup de terre autour d'elles, et après vingt minutes de travail mon propre lit de roses, j'avais retiré toutes les vieilles plantes et rempli leurs places de masses fraîches et luxuriantes de bourgeons, de feuilles et de fleurs. Comme elle serait heureuse quand elle verrait la nouvelle vie qui était venue dans ce parterre de fleurs ! D'un pas léger, je m'éloignai, ne sentant pas le poids du panier rempli de vieilles plantes et racines.

L'été grandit et se renforça, et le soleil se leva plus tôt, mais comme cela n'eut aucun effet sur le lever des habitants actuels de chez moi, cela me laissa plus de temps pour mes activités matinales. Petit à petit, je me suis constitué le fleuriste attitré des lieux. Comme ce travail était délicieux et comme je pensais avoir été stupide de ne jamais avoir songé à faire cela pour moi-même ! mais c'était sans doute parce que je le faisais pour elle que je trouvais cela si agréable.

Une fois de plus , j'avais revu Miss Vincent. C'était l'après-midi et j'avais ramé jusqu'à la partie supérieure du lac, où, avec les hautes collines et les arbres de chaque côté de moi, je me sentais comme si j'étais seul au monde. Flottant, paresseusement, mes pensées à environ trois milles de distance, j'entendis le bruit des rames, et regardant la partie ouverte du lac, j'aperçus un bateau qui s'approchait. Le meunier ramait, et à l'arrière étaient assis un monsieur âgé et une jeune femme. Je les ai connus en un instant : c'étaient M. et Mademoiselle Vincent.

En quelques coups vigoureux, je me suis projeté dans l'ombre et j'ai remonté le ruisseau jusqu'aux étendues étroites parmi les nénuphars, sous un pont et autour d'une petite pointe boisée, où j'ai conduit le bateau à terre et j'ai sauté sur la berge herbeuse. . Même si je ne pensais pas que le meunier les amènerait aussi loin, je suis monté à un endroit plus élevé et j'ai observé pendant une demi-heure ; mais je ne les ai pas revus. Comme j'étais soulagé ! Cela aurait été terriblement embarrassant s'ils m'avaient découvert. Et comme j'ai été déçu que le meunier revienne si vite !

J'ai désormais étendu la surveillance de mon terrain. J'ai marché à travers les bois et j'ai vu à quel point ils étaient beaux au petit matin. Je rejetais les brindilles tombées et coupais les jeunes arbres envahissants qui commençaient à encombrer les sentiers que j'avais tracés, et si je trouvais une branche qui pendait trop bas , je la coupais. Il y avait un grand hêtre entre lequel et un cornouiller que j'avais l'année précédente suspendu un hamac. En passant, un matin, j'ai eu la surprise de voir un hamac se balancer aux crochets que j'avais mis dans les deux arbres. C'était une retraite à laquelle j'avais supposé que personne d'autre n'aurait envie ni même pensé ! Dans le hamac se trouvait un éventail, un éventail japonais commun. Pendant quinze minutes, je suis resté à regarder ce hamac, tous les nerfs en ébullition. Puis j'ai regardé autour de moi. Le spot était quasiment peu fréquenté depuis l'été dernier. Des petits buissons, des mauvaises herbes et des vignes avaient poussé ici et là entre les deux arbres. Il y avait des brindilles et des branches mortes qui traînaient, et le court chemin menant à l'allée principale était envahi par la végétation.

J'ai regardé ma montre. Il était six heures moins le quart. J'avais encore une bonne heure pour travailler, et avec rien d'autre que mon canif et mes mains, je commençai à dégager l'espace autour de ce hamac. Quand je l'ai quitté, il ressemblait à ce qu'il était lorsque j'avais plaisir à m'allonger là, à me balancer, à lire et à réfléchir.

Pour approcher cet endroit , il n'était pas nécessaire de traverser mes terres, car mon bout de bois jouxtait une étendue considérable de forêt, et lors de mes promenades matinales depuis le moulin, j'empruntais souvent un sentier à travers ces bois. Le lendemain matin, lorsque j'ai emprunté ce chemin , j'étais en retard car j'avais malheureusement trop dormi. Quand j'ai atteint le hamac , il était sept heures moins quinze. Il était trop tard pour que je puisse faire quoi que ce soit, mais j'étais heureux de pouvoir rester là ne serait-ce que quelques minutes, respirer cet air, me tenir debout sur ce sol, toucher ce hamac. J'ai fait plus que ça. Pourquoi pas ? Je m'y suis mis. C'était mieux que celui que j'avais accroché là. C'était délicieusement confortable. À ce moment, me balançant doucement dans cette solitude boisée, avec les douces odeurs du matin tout autour de moi, je me sentais plus près d'elle que je ne l'avais jamais été auparavant.

Mais je savais que je ne devais pas me délecter trop longtemps de cet endroit. J'étais sur le point de me lever pour partir lorsque j'entendis des pas approcher. Ma respiration s'est arrêtée. Allais-je enfin être découvert ? C'est ce qui est arrivé à cause de ma sécurité imprudente. Mais peut-être que la personne, un ouvrier très probablement, passerait sans me remarquer. Rester tranquille me semblait la meilleure solution et je restais immobile.

Mais la personne qui approchait s'engagea dans le petit sentier. Les pas se rapprochèrent. Je sautai du hamac. Avant moi, il y avait Miss Vincent !

Quel était mon aspect, je l'ignore, mais je n'ai aucun doute que je suis devenu rouge ardent. Elle s'est arrêtée brusquement, mais elle n'est pas devenue rouge.

"Oh, M. Ripley", s'est-elle exclamée, "bonjour ! Vous devez m'excuser. Je ne savais pas..."

Qu'elle ait eu suffisamment de sang-froid pour me dire bonjour m'a étonné. En fait, toute son apparence m'a étonné. Il semblait y avoir quelque chose qui manquait dans ses manières. J'ai essayé de me mettre en condition.

« Vous devez être surpris, lui dis-je, de me voir ici. Vous pensiez que j'étais en Europe, mais… »

Tout en parlant , j'ai fait quelques pas vers elle, mais je me suis arrêté brusquement. Un des boutons de mon manteau s'était coincé dans les mailles du hamac. C'était incroyablement gênant. J'ai essayé de desserrer le bouton, mais il était très emmêlé. Puis j'ai désespérément tiré dessus pour l'arracher.

"Oh, ne fais pas ça," dit-elle. "Laisse-moi le détacher pour toi." Et prenant les fils du hamac dans une de ses petites mains et le bouton dans l'autre, elle les sépara rapidement. "Je pense que les boutons seraient très gênants, du moins dans les hamacs", a-t-elle déclaré en souriant. "Vous voyez, les filles n'ont pas de tels problèmes."

Je ne comprenais pas ses manières. Elle semblait prendre ma présence là comme une évidence.

« Je dois demander mille pardons pour cette… cette intrusion », dis-je.

"Intrusion!" dit-elle en souriant. "Les gens n'empiètent pas sur leurs propres terres—"

"Mais ce n'est pas ma terre", dis-je. "C'est celle de votre père pour le moment. Je n'ai aucun droit ici. Je ne sais pas comment l'expliquer, mais vous devez trouver très étrange de me trouver ici quand vous supposiez que j'étais parti pour l'Europe.

" Oh ! je savais que vous n'étiez pas parti pour l'Europe, dit-elle, parce que je vous ai vu travailler dans les jardins... "

"M'a vu!" Je l'ai interrompu. "Est-il possible?"

"Oh, oui", dit-elle. "Je ne sais pas depuis combien de temps tu venais quand je t'ai vu pour la première fois, mais quand j'ai découvert ce nouveau lit de roses, tous transplantés de quelque part, et aussi beaux qu'ils pouvaient l'être, au lieu des anciens, j'ai parlé à l'homme ; mais il n'en savait rien et a dit qu'il n'avait pas eu le temps de faire quoi que ce soit aux fleurs, alors que je lui avais attribué le mérite de tant de désherbage et de nettoyage. Alors j'ai supposé que M. Barker, qui est tout aussi gentil et attentif qu'il peut l'être, l'avait fait ; mais j'avais du mal à croire qu'il était le genre d'homme à venir tôt le matin et à travailler dehors, " —(" Oh, comme j'aurais aimé qu'il ait viens!" pensai-je. "Si je l'avais surpris ici en train de travailler parmi les fleurs!"),— "et quand il est venu cet après-midi pour jouer au tennis, j'ai découvert qu'il était absent depuis deux jours et qu'il n'aurait pas pu planter les roses . Alors je me suis simplement levé tôt un matin et j'ai regardé dehors, et là je vous ai vu, sans votre manteau, travaillant aussi dur que possible.

Je reculai, mon esprit pendant un instant parfaitement vide.

"Qu'aurais-tu pu penser de moi ?" M'écriai-je à l'instant.

"Vraiment, au début je ne savais pas quoi penser", dit-elle. " Bien sûr , je ne savais pas ce qui vous avait retenu dans ce pays, mais je me suis souvenu que j'avais entendu dire que vous étiez une personne très particulière au sujet de vos fleurs, de vos arbustes et de vos jardins, et que vous pensiez probablement qu'il serait préférable d'en prendre soin. si vous les surveilliez et que, lorsque vous constatez qu'il y a tant de choses à faire, vous vous mettez simplement au travail et vous le faites. Je n'en ai parlé à personne, car si vous ne vouliez pas qu'on sache que vous étiez en prenant soin du terrain, ce n'était pas à moi d'en parler aux gens. Mais hier, quand j'ai trouvé cet endroit où j'avais accroché mon hamac si joliment dégagé et si beau, si propre et agréable à tous points de vue, j'ai pensé qu'il fallait que je le fasse. descends pour te dire combien je t'en suis obligé, et aussi que tu ne devrais pas te donner tant de peine pour nous. Si tu penses que le terrain a besoin de plus d'attention, je persuaderai mon père d'embaucher un autre homme, de temps en temps, pour travailler. à propos de cet endroit. En réalité, M. Ripley, vous ne devriez pas avoir à...

J'étais humilié, honteux. Elle m'avait vu lors de mes dévotions matinales, et c'était ainsi qu'elle les interprétait. Elle me considérait comme un type trop gentil qui avait tellement peur que sa maison soit endommagée qu'il venait se faufiler chaque matin pour voir si des dégâts avaient été causés et remettre les choses en ordre.

Elle resta un moment debout comme si elle s'attendait à ce que je parle, écarta une mouche bourdonnante de sa manche, puis, me regardant avec un doux sourire, elle se tourna un peu comme si elle allait partir.

Je ne pouvais pas la laisser partir sans lui dire quelque chose. Son opinion actuelle à mon sujet ne doit pas rester dans son esprit une minute de plus. Et pourtant, quelle histoire pourrais-je inventer ? Comment, en effet, pourrais-je inventer quoi que ce soit pour tromper une fille qui me parlait et me regardait comme cette fille ? Je ne pouvais pas le faire. Je dois m'enfuir sans voix et ne plus jamais la revoir, ou je dois tout lui dire. Je me suis approché un peu plus d'elle.

" Mademoiselle Vincent, lui dis-je, vous ne comprenez pas du tout pourquoi je suis ici, pourquoi j'ai été si souvent ici, pourquoi je ne suis pas allé en Europe. La vérité est que je ne pouvais pas partir. Je ne souhaite pas partir. " m'absenter ; je veux venir ici et vivre ici toujours... "

"Oh cher!" " Elle l'interrompit, " bien sûr, il est naturel que vous ne vouliez pas vous arracher à votre belle maison. Il serait très difficile pour nous de partir maintenant, surtout pour mon père et moi, car nous avons appris à aimer cet endroit alors beaucoup. Mais si vous voulez que nous partions, j'ose dire… »

"Je veux que tu partes!" M'écriai-je. "Jamais ! Quand je dis que je veux vivre ici moi-même, que mon cœur ne me laissera pas aller ailleurs, je veux dire que je veux que tu vives ici aussi, toi, ta mère et ton père, que je veux..."

Oh, ce serait parfaitement splendide ! dit-elle. J'ai souvent pensé que c'était dommage que vous soyez privé des plaisirs dont vous jouissez tant et que je vois que vous pouvez trouver ici et nulle part ailleurs. Maintenant, j'ai un plan qui, je pense, fonctionnera à merveille. Nous sommes une très petite famille. Pourquoi ne devrais-tu pas venir ici et vivre avec nous ? Il y a beaucoup de place, et je sais que père et mère seraient très heureux, et que vous pouvez payer votre pension, si cela vous plaît davantage. Vous pouvez avoir la pièce au sommet de la tour pour votre bureau et votre fumoir, et la pièce en dessous peut être votre chambre, vous pouvez donc être aussi indépendant que vous le souhaitez du reste d'entre nous, et vous pouvez vivre chez vous sans aucune interférence avec nous. En fait, ce serait vraiment bien, d'autant plus que j'ai l'habitude de partir chaque été pendant six semaines au bord de la mer avec ma tante, et je pensais à quel point ce serait solitaire cette année pour mon père et ma mère. rester ici tout seul.

La tour et la pièce en dessous ! Pour moi! Quelle personne méprisable et insignifiante elle doit me considérer. Les mots avec lesquels je m'efforçais de lui dire que je souhaitais vivre ici en seigneur, avec elle pour reine, ne viendraient pas. Elle m'a regardé pendant un moment alors que j'étais sur le point de dire quelque chose mais ne le disais pas, puis elle s'est soudainement tournée vers le hamac.

"Avez-vous vu quelque chose comme un fan que j'ai laissé ici ?" dit-elle. "Je sais que je l'ai laissé ici, mais quand je suis arrivé hier, il avait disparu. Peut-être l'avez-vous remarqué quelque part—"

La veille, j'avais ramené ce ventilateur chez moi. C'était une chose difficile à transporter, mais je l'avais cachée sous mon manteau. C'était un stratagème méprisable, mais l'éventail portait ses initiales, et comme c'était la seule chose lui appartenant dont je pouvais m'emparer, la tentation avait été trop grande pour y résister. Alors qu'elle attendait ma réponse, il y avait une lumière dans ses yeux qui illuminait mes perceptions.

"M'as-tu vu prendre cet éventail ?" J'ai demandé.

"Je l'ai fait", dit-elle.

« Alors vous savez, m'écriai-je en m'approchant d'elle, pourquoi je n'ai pas quitté ce pays comme je l'avais prévu, pourquoi il m'était impossible de m'arracher à cette maison, pourquoi je suis venu ici. chaque matin, à traîner partout et à faire les choses que je fais depuis longtemps ?"

Elle m'a regardé et a dit avec ses yeux : "Comment pourrais-je m'empêcher de savoir ?" Elle avait peut-être eu l'intention de dire quelque chose avec ses lèvres, mais j'ai pris ma réponse dans ses yeux et, avec l'impulsion rapide d'un amoureux, j'ai arrêté son discours.

"Tu as des manières étranges", dit-elle en rougissant et en repoussant doucement mon bras. "Je ne t'ai rien dit."

« Disons-nous tout maintenant », m'écriai-je, et nous nous asseyâmes dans le hamac.

C'était un quart d'heure plus tard et nous étions toujours assis ensemble dans le hamac.

« Vous pensez peut-être, » dit-elle, « que, sachant ce que j'ai fait, c'était très étrange de ma part de sortir vers vous ce matin, mais je n'ai pas pu m'en empêcher. Vous deveniez terriblement insouciant et restiez si tard et faire des choses que les gens auraient dû remarquer, d'autant plus que mon père parle toujours de notre plaisir des heures fraîches du matin, que je sentais que je ne pouvais pas te laisser continuer plus longtemps. Et quand il s'agissait de cette histoire de fans, j'ai vu il est clair qu'il faut soit partir immédiatement pour l'Europe, soit... »

"Ou quoi?" Je l'ai interrompu.

"Ou va chez mon père et engage-toi régulièrement comme—"

Je ne sais pas si elle allait dire « jardinier » ou pas, mais cela n'avait pas d'importance. Je l'ai arrêtée.

C'était peut-être vingt minutes plus tard, et nous étions ensemble à l'orée du bois. Elle voulait que je vienne à la maison pour prendre le petit déjeuner avec eux.

"Oh, je ne pourrais pas faire ça !" J'ai dit . "Ils seraient tellement surpris. J'aurais tellement de choses à expliquer avant même de pouvoir commencer à exposer mon cas."

« Eh bien, expliquez-vous », dit-elle. "Vous trouverez père sur la place de devant. Il est toujours là avant le petit-déjeuner, et il y a tout le temps. Après tout ce qui a été dit ici, je ne peux pas aller prendre le petit-déjeuner et avoir l'air banal pendant que vous vous enfuyez."

"Mais supposons que votre père s'y oppose ?" dis-je.

"Eh bien, alors tu devras retourner prendre le petit déjeuner avec ton meunier", dit-elle.

Je n'ai jamais vu une famille aussi peu affectée par les surprises que celle des Vincent . Quand je suis apparu sur la place principale, le vieux monsieur n'a pas sauté. Il m'a serré la main et m'a demandé de m'asseoir, et quand je lui ai tout dit , il n'a même pas éjaculé, mais a simplement joint les mains et a regardé par-dessus la balustrade.

« Cela a paru étrange à Mme Vincent et à moi-même, dit-il, lorsque nous avons remarqué pour la première fois votre extraordinaire attachement pour notre fille, mais après tout, c'était assez naturel. »

"Je l'ai remarqué!" M'écriai-je. "Quand avez-vous fait cela?"

"Très bientôt", a-t-il déclaré. "Quand Cora et vous étiez en train de cataloguer les livres chez moi en ville , je l'ai remarqué et j'en ai parlé à Mme Vincent, mais elle m'a dit que ce n'était pas nouveau pour elle, car il était assez clair le jour où nous vous avons rencontré ici pour la première fois que vous louions la maison à Cora, et qu'elle ne m'en avait pas parlé parce qu'elle craignait que je puisse penser que c'était une erreur d'accepter les arrangements favorables et inhabituels que vous preniez avec nous si j'en soupçonnais la raison. mais, bien sûr, nous ne pouvions rien faire, car il n'y avait rien à faire, et Mme Vincent était sûre que vous nous écririez d'Europe. Mais quand mon homme Ambrose m'a dit qu'il avait vu quelqu'un travailler sur cet endroit. très tôt le matin, et que, comme c'était un gentleman, il supposait que ce devait être le propriétaire, car personne d'autre ne ferait de telles choses, Mme Vincent et moi avons regardé par la fenêtre le lendemain, et quand nous avons trouvé c'était bien vous qui veniez ici tous les jours, nous sentions que c'était grave et nous étions très troublés. Nous avons cependant constaté que vous meniez vos affaires d'une manière très honorable, que vous ne cherchiez pas à voir Cora et que vous ne cherchiez pas à avoir de correspondance secrète avec elle, et que nous n'avions pas le droit de vous en empêcher. en venant chez vous, nous avons décidé de rester tranquilles jusqu'à ce que vous fassiez quelque démarche que nous serions autorisés à constater. Plus tard, lorsque M. Barker est venu et m'a dit que vous n'étiez pas allé en Europe et que vous viviez avec un meunier non loin d'ici...

"Aboyeur!" J'ai pleuré. "Le scélérat !"

"Vous vous trompez, monsieur", dit M. Vincent. " Il a parlé avec la plus grande gentillesse de votre part et a dit que comme il était évident que vous aviez vos propres raisons de vouloir rester dans le quartier et que vous ne souhaitiez pas que cela soit connu, il n'en avait parlé qu'à moi. , et il n'aurait pas fait cela s'il n'avait pas pensé que cela éviterait un embarras au cas où nous nous rencontrerions.

Cet éternel Barker cesserait-il un jour de se mêler de mes affaires ?

« Pensez-vous, » ai-je demandé, « qu'il a imaginé la raison pour laquelle je reste ici ?

« Je ne sais pas, » dit le vieux gentleman, « mais après les questions que je lui ai posées, je suis sûr qu'il s'en doutait. Je lui ai fait de nombreuses questions sur vous, votre famille, vos habitudes et votre caractère, car c'était un problème. C'est une question très importante pour moi, monsieur, et je suis heureux de vous informer qu'il n'a rien dit de vous qui ne soit pas bon, je l'ai donc exhorté à garder cette affaire pour lui. J'ai cependant décidé que si vous poursuiviez vos visites matinales , je Je devrais profiter au plus tôt de l'occasion pour vous aborder et vous demander une explication.

"Et vous n'avez jamais rien dit de tout cela à votre fille ?" dis-je.

"Oh, non," répondit-il. "Nous lui avons soigneusement tout caché."

"Mais, mon cher monsieur, lui dis-je en me levant, vous ne m'avez pas répondu. Vous ne m'avez pas dit si vous m'accepteriez ou non comme gendre."

Il a souri. " En vérité, " dit-il, " je ne vous ai pas répondu ; mais le fait est que Mme Vincent et moi avons réfléchi si longtemps à la question, et étant arrivés à la conclusion que si vous faisiez une proposition honorable et directe, et si Cora étions prêts à vous accepter, nous ne voyions aucune raison de nous opposer à... "

A ce moment, la porte d'entrée s'ouvrit et Cora apparut.

"Vas-tu rester pour le petit-déjeuner ?" elle a demandé. "Parce que si c'est le cas, c'est prêt."

Je suis resté pour prendre le petit déjeuner.

Je vis désormais dans ma propre maison, non pas dans les deux pièces de la tour, mais dans tout le manoir, dont mon ancienne locataire, Cora, est désormais la maîtresse suprême. M. et Mme Vincent comptent passer l'été prochain ici et s'occuper de la maison pendant notre voyage.

M. Barker, un excellent garçon et un homme d'affaires très minutieux, gère toujours mes affaires, et il n'y a rien sur place qui fleurisse aussi vigoureusement que le lit de roses que j'ai reçu de la femme du meunier.

D'ailleurs, lorsque je suis rentré à mon logement ce jour-là mouvementé, la femme du meunier m'a accueilli à la porte.

"J'ai fait attendre ton petit-déjeuner pendant un bon moment", dit-elle, "mais comme tu n'étais pas venu, j'ai supposé que tu prenais ton petit-déjeuner dans ta propre maison, et je l'ai rangé."

"Est-ce que tu sais qui je suis?" M'écriai-je.

"Oh, oui, monsieur," dit-elle. "Ce n'était pas le cas au début, mais quand tout le monde a commencé à en parler, nous n'avons pas pu nous empêcher de le savoir ."

"Tout le monde!" J'ai haleté. "Et puis-je vous demander ce que vous et tout le monde avez dit à mon sujet ?"

« Je pense que c'était l'opinion générale, monsieur, » dit-elle, « que vous vous méfiiez de vos locataires, et personne ne s'en étonnait, car lorsque les citadins entrent à la campagne et sur la propriété d'autrui, il n'y a plus de confiance en eux . hors de votre vue pendant une minute. »

Je ne pouvais pas laisser la bonne femme avoir cette opinion de mes locataires, et je lui ai brièvement dit la vérité. Elle me regarda avec une admiration humide dans les yeux.

"Je suis heureuse d'entendre cela, monsieur", dit-elle. "Je l'aime beaucoup. Mais si j'étais toi , je ne serais pas pressée d'en parler à mon mari et aux gens du quartier. Ils pourraient être un peu déçus au début, car ils avaient une très haute opinion de toi quand ils pensaient que tu l'étais je reste ici pour garder un œil sur vos locataires.

LE POUVOIR RESISTANT DE SIR ROHAN

Pendant l'hiver au cours duquel j'ai atteint ma vingt-cinquième année, j'ai vécu avec le frère de ma mère, le Dr Alfred Morris, à Warburton, une petite ville de campagne, et c'est là que j'ai commencé à exercer la médecine. J'avais obtenu mon diplôme au printemps, et mon oncle m'a vivement conseillé de venir le voir et de lui servir d'assistant, ce conseil, considérant le fait qu'il était un homme âgé et que je pouvais espérer lui succéder dans son excellent cabinet, a été considéré comme un bon conseil par moi et ma famille.

A cette époque , je pratiquais très peu, mais j'apprenais beaucoup, car comme j'accompagnais souvent mon oncle lors de ses visites professionnelles, je n'aurais pas pu suivre un meilleur cours de troisième cycle.

J'ai reçu une invitation à passer le Noël de cette année là avec les Collingwood , qui avaient ouvert leur maison de campagne, à environ douze milles de Warburton, pour l'animation d'une fête de vacances. J'avais volontiers accepté l'invitation et, la veille de Noël, je me rendis à l'écurie du village pour louer un cheval et un traîneau pour le voyage. À l'écurie, j'ai rencontré l'oncle Beamish, qui était également venu louer un véhicule.

« Oncle Beamish », comme on l'appelait généralement dans le village, même si je suis sûr qu'il n'avait ni neveux ni nièces dans cet endroit, était un homme âgé qui s'était retiré de quelque affaire, je ne sais quoi, et qui était apparemment tout à fait capable de vivre avec les revenus dont il disposait. C'était un homme bon, plutôt analphabète, mais très astucieux. Généreux en bonnes œuvres, je ne crois pas qu'il aimait donner de l'argent, mais ses services étaient à la demande de tous ceux qui en avaient besoin.

J'aimais beaucoup oncle Beamish, car non seulement il était un bon conteur, mais il était prêt à écouter mes histoires, et quand j'ai découvert qu'il voulait louer un cheval et un traîneau pour se rendre chez sa sœur mariée, avec qui il avait l'intention de passer Noël, et que sa sœur vivait sur l'autoroute à péage d'Upper Hill, sur laquelle se trouvait la maison Collingwood, j'ai proposé que nous louions un traîneau ensemble.

"Cela me conviendra", a déclaré l'oncle Beamish. "Il n'aurait pas pu y avoir de meilleur ajustement si j'avais été mesuré pour cela. Moins d'un demi-mile après avoir tourné sur l'autoroute à péage, vous passez devant la maison de ma sœur. Ensuite, vous pouvez me déposer et continuer vers les Collingwoods" , qui Je devrais dire que ce n'est pas à plus de trois milles plus loin. »

L'arrangement fut pris, un cheval et un traîneau commandés, et tôt dans l'après-midi nous partîmes de Warburton.

Le traîneau était bon, mais on ne pouvait pas en dire autant du cheval. C'était un gros rouan, puissant et régulier, mais tout à fait trop délibéré dans ses actions. L'oncle Beamish, cependant, était très satisfait de lui.

" Ce que vous voulez quand vous partez en voyage à cheval, " dit-il, " c'est rester en puissance. Votre trotteur rapide est très bien pour un mile ou deux, mais si je dois aller à la campagne en hiver, donne-moi un cheval comme celui-ci.

Je n'étais pas d'accord avec lui, mais nous avons couru assez agréablement jusqu'à ce que l'après-midi s'assombrisse prématurément et qu'il se mette à neiger.

"Maintenant," dis-je en donnant un coup inutile au rouan, "ce que nous devrions avoir, c'est un cheval rapide, afin que nous puissions y arriver avant qu'il y ait une tempête."

"Non, docteur, vous avez tort", dit oncle Beamish. "Ce que nous voulons, c'est un cheval fort qui nous y emmènera, qu'il y ait tempête ou non, et nous l'avons. Et qui se soucie d'un peu de neige qui ne fera de mal à personne ?"

Je n'aimais pas la neige, et nous avons relevé nos cols et sommes allés aussi gaiement qu'on peut le faire au son des cloches de traîneau qui tintent lentement.

La neige commençait à tomber rapidement et, ce qui était pire, le vent soufflait directement sur nos visages, de sorte que parfois mes yeux étaient tellement couverts de flocons de neige que je voyais à peine comment conduire. Je n'ai jamais vu la neige tomber avec une telle violence. La route devant nous, aussi loin que je pouvais la voir, n'était bientôt plus qu'une étendue ininterrompue de blanc, d'une clôture à l'autre.

"C'est la grosse tempête de la saison", a déclaré l'oncle Beamish, "et c'est une bonne chose que nous ayons commencé à temps, car si le vent continue de souffler, cette route sera assez difficile à parcourir dans quelques heures."

Au bout d'une demi-heure environ, le vent s'est un peu calmé et j'ai pu avoir une meilleure vue de nos environs, même si je ne pouvais pas voir très loin à travers la neige qui descendait rapidement.

"Je pensais ", dit oncle Beamish, "que ce serait peut-être une bonne idée, quand nous arriverons chez Crocker, de nous arrêter un peu et de vous laisser vous réchauffer les doigts et le nez. Crocker's est à plus de la moitié du chemin . le brochet."

"Oh, je ne veux m'arrêter nulle part", répondis-je rapidement. "Je vais bien."

Rien ne fut dit pendant un certain temps, puis oncle Beamish remarqua :

"Je ne veux pas m'arrêter plus que toi, mais cela semble étrange que nous n'ayons pas dépassé le chemin de Crocker . Nous pourrions difficilement rater sa maison, elle est si proche de la route. Ce cheval est lent, mais je dites-vous une chose, docteur, il s'améliore . Il va mieux que lui. C'est comme ça avec ce genre-là. Il leur faut un bon moment pour s'échauffer, mais ils continuent à devenir plus frais au lieu de se fatiguer .

Le grand rouan allait mieux, mais nous n'arrivâmes toujours pas chez Crocker, ce qui déçut l'oncle Beamish, qui voulait être assuré que la plus grande partie de son voyage était terminée.

"Nous avons dû le dépasser", dit-il, "quand la neige était si aveuglante ."

Je ne voulais pas le décourager en lui disant que je ne pensais pas que nous soyons encore arrivés chez Crocker, mais je croyais avoir une bien meilleure appréciation que lui de la lenteur de notre cheval.

recommença à souffler sur nos visages et la neige tomba plus vite, mais la violence de la tempête parut encourager notre cheval, car son allure était maintenant considérablement accélérée.

"C'est le genre de bête qu'il faut avoir", s'exclama l'oncle Beamish, en bafouillant tandis que la neige lui soufflait dans la bouche. "Il remonte le moral au moment où ils sont le plus recherchés. Nous avons dû dépasser Crocker il y a un bon moment, et il ne faudra pas longtemps avant d'arriver au brochet. Et il est temps que nous y soyons, car c'est le moment . s'assombrit ."

Nous avons continué notre route sans jamais atteindre le brochet. Nous avions perdu beaucoup de temps durant la première partie du trajet, et même si le cheval voyageait beaucoup mieux désormais, son allure était inférieure à la moyenne des bons roadsters.

« Quand nous arriverons au brochet, dit l'oncle Beamish, vous ne pourrez pas le rater, car cette route ne le traverse pas. Il vous suffit de tourner à gauche et dans dix minutes vous y arriverez. " Je verrai les lumières dans la maison de ma sœur. Et je vous le dirai, docteur, si vous souhaitez vous y arrêter pour la nuit, elle serait très heureuse de vous avoir. "

"Bien obligé", répondis-je, "mais je vais continuer. Il n'est pas encore tard et je pourrai atteindre les Collingwoods " en temps utile.

Nous avons maintenant continué en silence, notre cheval cambrant son cou alors qu'il cognait dans la neige. Des congères avaient commencé à se former sur la route, mais il s'y enfonça courageusement.

"Rester au pouvoir, c'est ce que nous voulons, docteur !" s'exclama l'oncle Beamish. "Où serait ton trotteur rapide dans des dérives comme celles-ci, j'aimerais savoir ? Nous avons eu le bon cheval quand nous avons eu celui-ci, mais j'aurais aimé que nous allions aussi vite tout le temps . "

Il faisait de plus en plus sombre, mais enfin nous aperçûmes, non loin devant nous, une lumière.

"Cela me bat", a déclaré oncle Beamish. "Je ne me souviens d'aucune autre maison aussi proche de la route. Il est impossible que nous n'ayons pas dépassé celle de Crocker ! Si nous ne sommes pas allés plus loin que cela, je suis en faveur de l'arrêt . Je suis Je n'ai pas peur d'une tempête de neige , mais je ne suis pas idiot , et si nous ne sommes pas allés plus loin que Crocker, il serait téméraire d'essayer d'avancer dans l'obscurité et ces grosses congères, qui deviendront de plus en plus grosses. ".

Je ne l'ai pas abandonné si facilement. Je souhaitais grandement atteindre ma destination ce soir-là. Mais il y avait trois testaments dans le groupe, et l'un d'eux appartenait au cheval. Avant que j'aie eu la moindre idée d'une telle chose, l'animal fit un virage brusque, trop brusque pour être en sécurité, franchit une large porte, et après quelques bonds rapides que, à ma grande surprise, je ne pus retenir, il s'arrêta brusquement. .

"Bonjour!" s'exclama l'oncle Beamish en regardant devant lui, voici une porte de grange. Et il a immédiatement commencé à se débarrasser de la robe lointaine qui couvrait nos genoux.

"Qu'est-ce que tu vas faire?" J'ai demandé.

"Je vais ouvrir la porte de la grange et laisser entrer le cheval", dit-il. "Il semble le vouloir. Je ne sais pas si c'est la grange de Crocker ou non. Cela n'y ressemble pas, mais je peux me tromper. Quoi qu'il en soit, nous laisserons entrer le cheval, puis nous irons à la maison. Ce n'est pas une nuit pour voyager plus loin, docteur, et c'est tout ce qui compte. Si les gens ici ne sont pas des Crockers, je suppose qu'ils sont des chrétiens !"

Je n'eus pas beaucoup de temps pour réfléchir à la situation, car pendant qu'il parlait, oncle Beamish avait pataugé dans la neige et, trouvant la porte de la grange déverrouillée, l'avait glissée sur le côté. Instantanément, le cheval entra dans la grange sombre, ne trouvant heureusement rien sur son chemin.

"Maintenant," dit oncle Beamish, "si nous pouvons trouver quelque chose pour l'attacher, afin qu'il ne fasse aucun mal, nous pouvons le laisser ici et monter à la maison." J'avais une lanterne de poche et je l'allumai rapidement. « Par Georges ! dit l'oncle Beamish pendant que je levais la lanterne, ce n'est pas vraiment une grange, ce n'est rien de plus qu'un hangar à chariots. Ce n'est pas celui de Crocker, mais peu importe, nous monterons à la maison. est une corde à hitchin .

Nous attachâmes le cheval, lui enfilâmes une robe, fermâmes la porte de la grange derrière nous et nous dirigeâmes lentement vers l'arrière de la maison, dans laquelle se trouvait une fenêtre éclairée. Montant sur un petit portique, nous atteignîmes une porte, et nous étions sur le point de frapper, lorsqu'elle nous fut ouverte. Une femme, manifestement une servante, se tenait dans une cuisine, claire et chaleureuse.

"Entrez directement", dit-elle. "J'ai entendu vos cloches. Avez-vous mis votre cheval dans la grange ?"

"Oui," dit oncle Beamish, "et maintenant nous aimerions voir..."

"Très bien", interrompit la femme en se dirigeant vers une porte intérieure. "Attends ici une minute. Je vais lui dire."

"Je ne connais pas cet endroit", a déclaré l'oncle Beamish, alors que nous nous trouvions près de la cuisinière, "mais je suppose qu'il appartient à une veuve."

"Qu'est ce qui te fait penser ça?" J'ai demandé.

" Parce qu'elle a dit qu'elle allait le lui dire. S'il y avait eu un homme dans la maison, elle serait allée le lui dire."

Au bout de quelques instants, la femme revint.

" Elle dit que tu dois enlever tes affaires mouillées et ensuite aller au salon. Elle sera là dans une minute. "

J'ai regardé oncle Beamish, pensant que c'était son droit de donner des explications, mais, me faisant un petit clin d'œil, il a commencé à enlever son pardessus. Il était évident que l'oncle Beamish désirait supposer qu'un lieu de refuge nous serait offert.

"C'est une très mauvaise nuit", dit-il à la femme en s'asseyant pour enlever ses surchaussures arctiques.

"C'est tout ça", dit-elle. "Vous pouvez accrocher vos manteaux sur ces chaises. Cela n'aura pas d'importance s'ils gouttent sur ce sol nu. Maintenant, entrez directement dans le salon."

Malgré ma déception, j'étais heureux d'être dans une maison chaleureuse et j'espérais que nous pourrions y rester. J'entendais l'orage frapper furieusement contre les vitres derrière les stores tirés. Il y avait un poêle dans le salon et une grande lampe.

"Asseyez-vous", dit la femme. "Elle sera là dans une minute."

"Je suis frappé", a déclaré l'oncle Beamish, lorsque nous sommes restés seuls, "que quelqu'un est attendu dans cette maison, très probablement pour passer Noël, et que nous sommes pris pour lui, quel qu'il soit."

"J'ai la même idée", répondis-je, "et il faut s'expliquer au plus vite."

" Bien sûr que nous le ferons, " dit-il, " mais je peux vous dire une chose : celui qui est attendu ne l'est pas. je viens , car il ne peut pas venir ici. Mais nous devons rester ici ce soir, peu importe qui vient ou ne vient pas, et nous devons faire attention à parler à la femme de la maison. Si elle est d'un certain type de personne, nous pouvons lui proposer de payer le logement et la nourriture des chevaux ; mais si c'est une autre espèce, il faut éviter de parler de salaire, car cela la mettrait en colère. Tu ferais mieux de me laisser le soin de m'expliquer .

J'allais répondre que j'étais plus que disposé à le faire lorsque la porte s'ouvrit et qu'une personne entra, évidemment la maîtresse de maison. Elle était grande et mince, avait dépassé la cinquantaine et était simplement habillée. Son visage pâle avait un air de défi, et derrière ses lunettes brillaient une paire d'yeux sombres qui, après avoir observé un instant ses visiteurs, étaient fixés fermement sur moi. Elle fit seulement un pas dans la pièce et resta debout en tenant la porte. Nous nous levâmes tous les deux de nos chaises.

"Vous pouvez vous asseoir à nouveau", me dit-elle sèchement. "Je ne veux pas de vous. Maintenant, monsieur," continua-t-elle en se tournant vers oncle Beamish, "s'il vous plaît, venez avec moi."

Oncle Beamish m'a jeté un regard surpris, mais il a immédiatement suivi la vieille dame hors de la pièce et la porte s'est fermée derrière eux.

Pendant au moins dix minutes, je restai assis tranquillement à attendre de voir ce qui allait se passer ensuite, très surpris de la remarque qui m'avait été faite et m'étonnant de l' absence prolongée de l'oncle Beamish . Soudain, il entra dans la pièce et ferma la porte.

"C'est parti !" dit-il en se frappant la jambe, mais très doucement. "Nous sommes pris pour les pires espèces. Nous sommes pris pour des médecins." " Ce n'est qu'une demi-erreur ", dis-je. " Qu'y a-t-il et que puis-je faire ? "

" Rien ", dit-il rapidement, " c'est-à- dire rien de vous-même. Juste à l'instant où elle m'a fait franchir cette porte, elle a commencé à vous lancer des coups. " Je suppose que c'est le jeune docteur Glover ", a-t-elle dit . Je lui ai dit que c'était le cas, puis elle a continué en disant, sans me laisser la possibilité de rien expliquer , qu'elle ne voulait rien avoir à faire avec toi; qu'elle pensait que c'était une honte de transformer les maisons des gens en des hôpitaux pour pauvres dans le but d' enseigner aux étudiants en médecine ; qu'elle avait entendu parler de vous et que ce qu'elle avait entendu ne lui avait pas plu. Pendant tout ce temps, elle n'arrêtait pas de monter à l'étage, et je la suivais , et la première chose que je J'ai su qu'elle avait ouvert une porte et est entrée dans une chambre, et je suis entré après elle, et là, dans un lit, il y avait une sorte de patient. J'ai été ramené terriblement, car l'état de l'affaire m'est venu comme un éclair " Votre oncle avait été appelé et j'avais été pris pour lui. Maintenant, que dire était pour moi un casse-tête, et j'ai commencé à réfléchir assez vite. C'était une tâche embarrassante d'avoir à expliquer les choses à ce vieil homme pointu. femme. Le fait est que je ne savais pas par où commencer et que j'avais d'ailleurs beaucoup peur, mais elle ne m'a pas laissé le temps de réfléchir . « Je pense que c'est son cerveau, dit-elle, mais peut-être que vous le saurez mieux. Catherine, découvre ta tête ! Et là-dessus, la malade se retourna un peu et découvrit sa tête sur laquelle elle avait fait recouvrir le drap. C'était une jeune femme, et elle m'a bien regardé, mais elle n'a rien dit . Maintenant, j'étais dans un état d'esprit."

" Bien sûr que tu as dû l'être," répondis-je. "Pourquoi ne lui as-tu pas dit que tu n'étais pas médecin, mais que je l'étais. Cela aurait été assez facile de s'expliquer. Elle aurait pu penser que mon oncle ne pouvait pas venir et qu'il m'avait envoyé, et que tu étais venu. " pour compagnie. Le patient doit être soigné sans délai.

« Il faut qu'on s'occupe d'elle, » dit oncle Beamish, « sinon il y aura une dispute et nous devrons voyager — tempête ou pas tempête. Mais si vous aviez entendu ce que cette vieille femme a dit à propos des jeunes médecins, et toi en particulier, tu saurais que tu ne l'étais pas tu vas avoir quelque chose à voir avec cette affaire — au moins, tu n'y apparaîtras pas. Mais je n'ai plus le temps de parler . Je suis venu ici pour affaires. Quand la vieille dame a dit : « Catherine, tends la main ! et elle l'a tendu, je n'avais rien d'autre à faire que de me lever et de sentir son pouls. Je sais comment faire ça, car j'ai fait beaucoup de choses dans ma vie. Et puis il m'a semblé naturel de lui demander de tirer la langue, et quand elle l'a fait, j'ai jeté un coup d'œil et j'ai hoché la tête. « Pensez-vous que c'est son cerveau ? dit la vieille femme à moitié chuchotée . « Je ne peux rien dire à ce sujet , dis-je. Je dois descendre chercher la trousse à médicaments. La première chose à faire est de lui en donner une potion, et je la lui apporterai dès qu'elle sera mélangée. Vous avez une trousse à pharmacie de poche avec vous, n'est-ce pas ? »

"Oh, oui," dis-je. "Il est dans mon pardessus."

"Je le savais ", a déclaré oncle Beamish. "Un vieux médecin pourrait venir lui rendre visite sans sa trousse à médicaments, mais un jeune serait sûr de l'emporter avec lui, peu importe où il allait . Maintenant, prenez-la, s'il vous plaît, vite."

« Mon idée est, » dit-il, quand je revins de la cuisine avec l'affaire, « que vous mélangez quelque chose qui pourrait la calmer un peu, si elle a quelque chose qui ne va pas avec son cerveau, et qui ne lui fera pas de mal. si ce n'est pas le cas. Et puis, quand je lui en parlerai, vous me direz quels symptômes rechercher. Je peux le faire - j'ai passé des nuits à rechercher des symptômes. Ensuite, quand je descends et que je fais un rapport, vous pourrait lui envoyer quelque chose qui l'empêcherait de se faire des conneries jusqu'à ce que le médecin puisse venir demain matin , car il n'est pas là. je viens ici ce soir.

« Un très bon plan, dis-je. Maintenant, que puis-je lui donner ? Quel âge a la patiente ?

"Oh, son âge n'a pas beaucoup d'importance", dit oncle Beamish avec impatience. "Elle a peut-être vingt ans, plus ou moins, et n'importe quel truc doux fera l'affaire pour commencer."

"Je vais lui donner du doux esprit de nitre ", dis-je en sortant une petite fiole. "Voulez-vous demander au domestique un verre d'eau et une cuillère à café ?"

"Maintenant," dis-je, après avoir rapidement préparé le mélange, "elle peut en prendre une cuillère à café et une autre dans dix minutes, et nous verrons alors si nous continuerons ou non."

"Et que dois-je chercher ?" a-t-il dit.

"D'abord," dis-je en sortant un thermomètre clinique, "il faut que vous preniez sa température. Vous savez comment faire ça ?"

"Oh, oui", dit-il. "Je l'ai fait des centaines de fois. Elle doit le garder dans sa bouche cinq minutes."

"Oui, et en attendant," continuai-je, "vous devez d'abord essayer de savoir s'il y a ou s'il y a eu des signes de délire. Vous pourriez demander à la vieille dame, et d'ailleurs, vous tu pourras peut-être juger par toi-même."

"Je peux le faire", dit-il. "J'en ai vu beaucoup."

"Ensuite," dis-je, "vous devez observer si ses pupilles sont dilatées ou non. Vous pouvez également rechercher s'il y a eu une paralysie partielle ou un engourdissement dans une partie quelconque du corps. Ces choses doivent être recherchées dans les troubles cérébraux. ... Ensuite, vous pourrez descendre, apparemment pour préparer une autre ordonnance, et lorsque vous aurez fait votre rapport, je n'ai aucun doute que je peux vous donner quelque chose qui modifiera, ou devrais-je dire... "

"Tenez-la là où elle est jusqu'au matin ", a déclaré l'oncle Beamish. "C'est ce que tu veux dire. Fais vite. Donne-moi ce thermomètre et ce gobelet, et quand je redescendrai, je pense que tu pourras lui donner une ordonnance aussi bonne que n'importe qui."

Il s'est dépêché et je me suis assis pour réfléchir. J'étais plein d'ambition, plein d'enthousiasme pour l'exercice de mon métier. J'aurais été prêt à payer une grande partie du privilège d'entreprendre moi-même une affaire importante, dans laquelle il dépendrait de moi de faire ou non appel à un frère consultant. Jusqu'à présent, dans les cas que j'avais entrepris, un frère consultant s'était toujours présenté, c'est-à-dire que j'avais exercé dans les hôpitaux ou chez mon oncle. Peut-être serait-il nécessaire, malgré tout ce qu'on avait dit contre moi, que j'aille me charger de cette affaire. J'aurais aimé ne pas avoir oublié de demander au vieil homme comment il avait trouvé la langue et le pouls.

Moins d'un quart d'heure plus tard, oncle Beamish revint.

"Eh bien," dis-je rapidement, "quels sont les symptômes ?"

"Je vais vous les donner", dit-il en s'asseyant. "Je ne suis pas si pressé maintenant, parce que j'ai dit à la vieille femme que j'aimerais attendre un peu et voir comment ce premier médicament agissait. La patiente m'a parlé cette fois. Quand j'ai retiré le thermomètre de sa bouche, elle dit : « Vous revenez , docteur ? parlant bas et rapidement, comme si elle voulait que personne d'autre que moi ne l'entende.

"Mais qu'en est-il des symptômes ?" dis-je avec impatience.

"Eh bien," répondit-il, "en premier lieu, sa température est de quatre-vingt-dix-huit et demi, et c'est à peu près naturel , je suppose."

"Oui," dis-je, "mais tu ne m'as pas parlé de sa langue et de son pouls."

"Il n'y avait rien de remarquable chez eux", dit-il.

« Tout cela veut dire, remarquai-je, qu'il n'y a pas de fièvre. Mais ce n'est pas du tout un accompagnement nécessaire des dérangements cérébraux. Et la dilatation de ses pupilles ?

"Il n'y en a pas", a déclaré l'oncle Beamish; "Ils sont plutôt louches, au contraire. Et quant au délire, je n'en ai vu aucun signe, et quand j'ai interrogé la vieille dame sur l'engourdissement, elle a dit qu'elle ne croyait pas qu'il y en ait eu."

"Pas de tendance à frissonner, pas de disposition à s'étirer ?"

"Non", dit le vieil homme, "aucune chance pour la quinine".

« Le problème, dis-je, debout devant le poêle et fixant mon esprit sur l'affaire avec une intensité sérieuse, c'est qu'il y a si peu de symptômes de dérèglement cérébral. Si seulement je pouvais mettre la main sur quelque chose de tangible… »

"Si j'étais vous", interrompit l'oncle Beamish, "je n'essaierais de rien mettre la main sur rien . Je lui donnerais juste quelque chose pour la garder là où elle est jusqu'au matin . Si vous pouvez le faire, je le ferai. garantissez que tout bon médecin pourra la prendre en charge et continuer avec elle demain.

Sans remarquer l'implication contenue dans ces remarques, j'ai continué mon examen du cas.

"Si je pouvais obtenir une goutte de son sang", dis-je.

"Non non!" s'exclama l'oncle Beamish, je ne ferai rien de ce genre. Que feriez-vous, au nom du bon sens, de son sang ?

"Je l'examinerais au microscope", dis-je. "Je pourrais découvrir tout ce que je veux savoir."

L'oncle Beamish n'était pas d'accord avec cette méthode de diagnostic.

"Si vous découvriez qu'il y avait le mauvais type de germes, vous ne pourriez rien faire avec eux ce soir, et cela ne ferait que vous inquiéter", a déclaré le vieil homme. "Je crois que la nature se débrouillera très bien sans aucune aide, au moins jusqu'au matin . Mais il faut lui donner des médicaments, pas tant pour son bien que pour le nôtre. Si elle n'est pas soignée , nous sommes rebondi. Ne peux-tu pas lui donner quelque chose qui ferait du bien à tout le monde, peu importe ce qu'ils ont ? Si c'était le printemps de l' année , je dirais la salsepareille. Si tu pouvais lui mélanger quelque chose et y mettre certains de ces microbes bienveillants dont parlent les médecins, ce serait une bonne action à faire à n'importe qui. »

« Les bacilles bénins, dis-je. Malheureusement , je n'en ai pas avec moi.

" Et si vous l'aviez fait, " remarqua-t-il, " je serais en faveur de les donner à la vieille femme. Je suppose qu'ils feraient l'affaire, elle lui fait plus de bien qu'à n'importe qui d'autre. Allez maintenant, docteur ; il s'agit de Il est temps pour moi de monter et de voir comment les autres choses ont agi, non pas sur la patiente, je ne veux pas dire, mais sur la vieille femme. Le fait est que, vous savez, c'est elle que nous dosons .

"Pas du tout", dis-je en parlant un peu sévèrement. « J'essaie de faire de mon mieux pour la patiente, mais je crains de ne pouvoir le faire sans la voir. Ne pensez-vous pas que si vous disiez à la vieille dame à quel point c'est absolument nécessaire... »

"N'en dis rien de plus !" s'exclama l'oncle Beamish. "J'espérais ne pas avoir à le mentionner, mais elle m'a répété qu'elle n'accepterait jamais qu'un de ces étudiants en médecine à part entière, tout juste sorti de la coquille, fasse des expériences sur n'importe quel membre de sa famille, et à partir de quoi. elle a dit à propos de toi en particulier, je devrais dire qu'elle te considérait comme une nana médicale sans même te mépriser."

« Que peut-elle savoir de moi ? Ai-je demandé avec indignation.

"Abandonnez", dit-il. "Je ne peux pas le deviner. Mais ce n'est pas le problème . Le problème , c'est : qu'est-ce que tu vas lui donner ? Quand j'étais jeune, les médecins disaient : En cas de doute, donne du calomel. - comme si tu jouais de l'atout.

"C'est absurde, c'est absurde", dis-je, les yeux sérieusement fixés sur mon dossier médical ouvert.

"Je suppose qu'un pansement à la moutarde sur la nuque—"

"Ça ne ferait pas l'affaire du tout", l'interrompis-je. "Attends une minute, maintenant, oui, je sais ce que je vais faire : je vais lui donner du bromure de sodium, dix grains."

« Lequel frappera si c'est un cerf et ratera si c'est un veau », comme disait le chasseur ? » » demanda l'oncle Beamish.

"Cela ne lui fera certainement pas de mal", dis-je, "et je suis tout à fait sûr que ce sera un avantage positif. S'il y a eu des troubles cérébraux qui se sont temporairement atténués, cela l'aidera à surmonter l'intervalle avant qu'il ne se reproduise. "

"Très bien", dit oncle Beamish, "donne-le-moi et je m'en vais. Il est temps que je revienne . "

Cette fois, il ne resta pas très longtemps en haut.

" Aucun symptôme pour l'instant , mais la patiente m'a regardé comme si elle voulait dire quelque chose ; mais elle n'a eu aucune chance, car la vieille dame s'est assise comme si elle était plantée dans un lit de jardin et avait l'intention de rester. là. Mais le patient a pris le médicament aussi doux qu'un agneau.

"C'est très bien," dis-je. "Il se peut qu'elle apprécie mieux que nous le sérieux de sa brebis."

"Je devrais dire qu'elle veut aller mieux", répondit-il. "Elle me semble être ce genre de personne. La vieille femme a dit qu'elle pensait que nous devions rester un moment jusqu'à ce que la tempête se calme, et j'ai dit, oui, en effet, et il n'y avait aucune chance que cela se produise . Détendez -vous ce soir ; en plus, je voulais voir le patient avant de se coucher.

A ce moment, la porte s'ouvrit et la servante entra.

« Elle dit que vous devez souper, et qu'il sera prêt dans environ une demi-heure. L'un de vous ferait mieux de sortir et de s'occuper de son cheval, car l'homme ne reviendra pas ce soir.

"J'irai à la grange", dis-je en me levant. Oncle Beamish s'est également levé et a dit qu'il m'accompagnerait.

"Je suppose que vous pouvez trouver du foin et de l'avoine", dit la femme, tandis que nous enfilions nos manteaux et nos couvre-chaussures dans la cuisine, "et voici une lanterne. Nous n'avons plus de chevaux maintenant, mais il reste de la nourriture."

Alors que nous pénétrions dans la neige épaisse jusqu'à la grange, oncle Beamish a déclaré :

"J'ai fait de mon mieux pour réfléchir à où nous en sommes sans poser de questions, et je suis mort. Je ne me souviens pas d'une maison comme celle-ci sur la route."

"Peut-être avons-nous quitté la route", dis-je.

«C'est possible», dit-il lorsque nous entrâmes dans la grange. "C'est une route droite de Warburton jusqu'au brochet près de la maison de ma sœur, mais il y a deux autres routes qui bifurquent vers la droite et frappent le brochet plus loin à l'est. Peut-être que nous sommes tombés sur l'une d'elles dans toute cette obscurité et cette perplexité . blancheur, alors qu'il n'était pas facile de voir si nous gardions une route droite ou non.

Le cheval hennissait alors que nous approchions avec une lumière.

"Je ne serais pas du tout surpris", dis-je, "si ce cheval avait autrefois sa place ici et c'est la raison pour laquelle, dès qu'il en a eu l'occasion, il s'est retourné et s'est dirigé directement vers son ancienne maison."

"Ce n'est pas improbable", a déclaré l'oncle Beamish, "et c'est la raison pour laquelle nous n'avons pas dépassé Crocker's. Mais nous sommes ici, où que ce soit, et ici nous devons rester jusqu'au matin . "

Nous trouvâmes du foin, de l'avoine et une pompe dans un coin du wagon-remorque, et après avoir mis le cheval dans la stalle et l'ayant mis aussi à l'aise que possible avec de vieilles couvertures, nous retournâmes à la maison, emportant nos valises avec nous.

Notre souper fut servi dans le salon parce qu'il y avait là un bon feu, et la servante nous dit que nous devions manger seuls, car « elle » ne descendait pas.

"Nous allons l'excuser", dit l'oncle Beamish avec une expression empressée qui aurait pu éveiller les soupçons.

Nous dînâmes bien, puis on nous montra une chambre au premier étage, de l'autre côté du couloir, où le domestique nous dit que nous devions dormir.

Nous restâmes assis un moment près du poêle, attendant l'évolution de la situation, mais comme l'heure du coucher de l'oncle Beamish approchait rapidement, il fit savoir à la chambre des malades qu'il montait pour sa dernière visite.

Cette fois, il ne resta à l'étage que quelques minutes.

"Elle dort profondément", dit-il, "et la vieille femme dit qu'elle m'appellera si j'ai besoin de moi pendant la nuit, et que vous devrez vous lever brusquement et réviser cette trousse à médicaments si cela arrive."

Le lendemain matin, et très tôt le matin, j'ai été réveillé par l'oncle Beamish, qui se tenait à mes côtés.

" Écoutez, " dit-il, " je suis sorti dehors. Il ne neige plus et le ciel s'éclaircit . Je suis allé à la grange et j'ai nourri le cheval, et je vous dis ce que je suis en faveur. Il n'y a personne là- haut , et je ne veux pas rester ici et ne donner aucune explication à cette vieille femme. Je n'ai pas envie de me disputer le matin de Noël . Nous avons fait tout le bien que nous pouvions ici, et la meilleure chose que nous puissions faire maintenant est de partir avant que quiconque soit levé et de laisser un mot disant que nous devons continuer sans perdre de temps et que nous enverrons un autre médecin dès que possible. Le médecin de ma sœur n'habite pas très loin d'elle, et je sais qu'elle sera prête à l'envoyer chercher. Alors notre devoir sera accompli, et ce que la vieille femme pense de nous ne fera aucune différence pour personne. "

« Ce projet me convient », dis-je en me levant. "Je ne veux pas rester ici, et comme je ne suis pas autorisé à voir le patient, il n'y a aucune raison pour que je reste. Ce que nous avons fait fera plus que payer notre dîner et notre logement, afin que nos consciences sont clairs."

"Mais vous devez écrire une note", a déclaré l'oncle Beamish. « Vous avez du papier ? »

J'arrachai une feuille de mon cahier et me dirigeai vers la fenêtre, où il faisait à peine assez de lumière pour que je puisse voir comment écrire.

"Soyez bref", dit le vieil homme. "Je suis terriblement agité à l'idée de m'en sortir."

J'ai fait très court, puis, valises à la main, nous nous sommes dirigés tranquillement vers la cuisine.

"Comme ce sol grince !" dit oncle Beamish. "Enfilez votre pardessus et vos chaussures aussi vite que possible, et nous laisserons la note sur cette table."

Je venais juste d'enfiler mon pardessus lorsque l'oncle Beamish poussa une exclamation sourde, et me retournant rapidement, je vis entrer dans la cuisine une silhouette féminine en tenue d'hiver et portant un sac à main.

« Par Georges ! murmura le vieillard, c'est le malade !

La silhouette s'avança directement vers moi.

"Oh, Dr Glover !" murmura-t-elle, "Je suis si heureuse de descendre avant que tu partes!"

J'ai regardé avec étonnement l'oratrice, mais même dans la pénombre, je l'ai reconnue. C'était l'être humain dont la présence attendue au manoir de Collingwood m'emmenait là-bas pour passer Noël.

"Minou!" Je m'exclamai : « Miss Burroughs, je veux dire, qu'est- ce que cela signifie ?

"Ne me demandez pas de signification maintenant", dit-elle. "Je veux que vous et votre oncle m'emmeniez aux Collingwoods . Je suppose que vous êtes en route, car ils ont écrit que vous veniez. Et oh ! soyons rapides, car j'ai peur que Jane ne descende, et elle ne manquera pas de réveiller tante. J'ai vu l'un de vous sortir à la grange et je savais que vous aviez l'intention de partir, alors je me suis préparé aussi vite que possible. Mais je dois laisser un mot à tante.

« J'ai écrit un mot, dis-je. Mais êtes-vous assez bien pour voyager ?

"Laissez-moi juste y ajouter une ligne", dit-elle. "Je suis aussi bien que jamais."

Je lui ai donné un crayon et elle a écrit en toute hâte quelque chose sur le papier que j'avais laissé sur la table de la cuisine. Puis, jetant un rapide coup d'œil autour d'elle, elle prit une grande fourchette à découper et, l'enfonçant à travers le papier dans le bois tendre de la table, elle la laissa là.

"Maintenant, ça ne s'envolera pas quand nous ouvrirons la porte", murmura-t-elle. "Allez."

« Vous ne pouvez pas sortir à la grange », dis-je ; "nous monterons le traîneau."

"Oh, non, non, non," répondit-elle, "je ne dois pas attendre ici. Si je sors de la maison , je me sentirai en sécurité. Bien sûr , j'irai quand même, mais je ne veux pas de querelle à ce sujet. Matin de noël."

"Je suis avec vous là-bas", dit oncle Beamish avec approbation. " Docteur, nous pouvons l'emmener à la grange sans qu'elle touche la neige. Laissez-la s'asseoir dans ce fauteuil et nous la porterons entre nous. Elle ne pèse pas. "

Au bout d'une demi-minute, la porte de la cuisine se referma doucement derrière nous et nous transportâmes Miss Burroughs jusqu'à la grange. Mon âme était dans un tumulte sauvage. Des dizaines de questions étaient sur ma langue, mais je n'avais aucune chance d'en poser aucune.

Oncle Beamish et moi sommes retournés sous le porche pour récupérer les valises, puis, fermant la porte arrière, nous avons rapidement commencé à préparer notre départ.

« Je suppose, » dit l'oncle Beamish, alors que nous entrions dans l'écurie, laissant Miss Burroughs dans le wagon-remise, « que cette affaire est en ordre ? Vous semblez connaître la jeune femme, et elle est en âge d'agir pour elle-même. ".

Quoi qu'elle veuille faire, répondis-je, c'est parfaitement juste. Vous pouvez vous y fier. Je ne comprends pas plus que vous la question, mais je sais qu'elle est attendue chez les Collingwood et qu'elle veut y aller.

"Très bien", dit oncle Beamish. "Nous partirons tout de suite et demanderons des explications après."

« Docteur Glover, » dit Miss Burroughs, pendant que nous conduisions le cheval dans le wagon-remorque, « ne lui mettez pas les cloches. Mettez-les doucement sous le siège, aussi doucement que possible. Mais comment allons-nous tous le faire ? partir ? J'ai regardé ce traîneau, et il n'est destiné qu'à deux personnes.

"Il est un peu tard pour y penser, mademoiselle", dit oncle Beamish, "mais il y a une chose qui est sûre. Nous sommes tous les deux très polis avec les dames, mais aucun de nous ne veut être laissé pour compte lors de ce voyage. Mais c'est un traîneau de bonne taille, et nous allons tous nous emballer, assez bien. Vous et moi pouvons nous asseoir sur le siège, et le médecin peut se tenir devant nous et conduire. Dans les temps anciens, c'était considéré comme la bonne chose pour le conducteur du traîneau pour qu'il se lève et fasse sa conduite ."

Les bagages furent soigneusement rangés et, après avoir parcouru le wagon faiblement éclairé, Miss Burroughs et l'oncle Beamish montèrent dans le traîneau et j'enroulai autour d'eux la grande robe de fourrure.

"Je déteste faire un voyage avant le petit déjeuner", dit oncle Beamish, pendant que je faisais cela, "surtout le matin de Noël , mais d'une manière ou d'une autre, il semble y avoir quelque chose de joyeux dans cette affaire, et nous n'aurons pas à le faire. Attends si longtemps pour le petit-déjeuner, mon frère . Il ne peut pas être loin de chez ma sœur, et nous nous arrêterons tous là pour prendre le petit-déjeuner. Ensuite, vous pourrez me quitter tous les deux et continuer. Elle sera tout aussi heureuse de voir des amis de les miennes comme si c'étaient les siennes. Et elle sera presque sûre, un matin comme celui-ci, de manger des galettes de sarrasin et des saucisses.

Miss Burroughs regarda le vieil homme d'un air perplexe, mais elle ne lui posa aucune question.

"Comment allez-vous vous garder au chaud, Dr Glover ?" dit-elle.

"Oh, ce long ulster me suffira", répondis-je, "et comme je vais me lever, je ne pourrais pas utiliser de robe, si nous en avions une autre."

En fait, l'idée d'être avec Miss Burroughs et l'anticipation d'une promenade en traîneau seul avec elle après avoir laissé l'oncle Beamish avec sa sœur m'avaient tellement éclairé que j'avais à peine conscience qu'il faisait froid.

"Vous feriez mieux d'être prudent, docteur", a déclaré l'oncle Beamish. "Vous ne voulez pas avoir de rhumatismes dans vos journées en ce matin de Noël . Voici cette couverture pour cheval sur laquelle nous nous installons . Nous n'en avons pas besoin, et vous feriez mieux de l'enrouler autour de vous, après toi entre , pour garder tes jambes au chaud."

"Oh, fais-le!" dit Miss Burroughs. "Cela peut paraître drôle, mais nous ne rencontrerons personne si tôt."

"D'accord!" dis-je, "et maintenant nous sommes prêts à commencer."

J'ai fait coulisser la porte de la grange et j'ai ensuite conduit le cheval dehors. Fermant la porte et faisant le moins de bruit possible, je montai dans le traîneau, trouvant suffisamment d'espace pour me tenir debout devant mes compagnons. J'enroulai alors la couverture de cheval autour de la partie inférieure de mon corps, et comme je n'avais pas de ceinture pour la fixer, Miss Burroughs m'offrit gentiment de l'attacher autour de ma taille au moyen d'une longue épingle qu'elle tira de son chapeau. Il est impossible de décrire l'exaltation qui m'a envahi alors qu'elle accomplissait cette aimable fonction. Après l'avoir chaleureusement remerciée, j'ai pris les rênes et nous avons commencé.

"C'est une telle chance", murmura Miss Burroughs, "que j'aie pensé aux cloches. Nous ne faisons aucun bruit."

C'était vrai. Les sabots lentement levés du cheval descendaient doucement dans la neige molle, et les patins du traîneau glissaient sans bruit.

"Conduisez tout droit vers la porte, docteur", murmura l'oncle Beamish. "Cela n'a pas d' importance de franchir les parterres de fleurs et les pelouses par un temps pareil."

J'ai suivi son conseil, car aucune route n'était visible. Mais nous n'avions parcouru qu'une courte distance lorsque le cheval s'arrêta brusquement.

"Quel est le problème?" » demanda Miss Burroughs à voix basse. "Est-ce que c'est trop profond pour lui ?"

"Nous sommes dans une dérive", a déclaré l'oncle Beamish. "Mais ce n'est pas trop profond. Faites-le avancer, docteur."

J'ai cliqué doucement et j'ai tapoté le cheval avec le fouet, mais il n'a pas bougé.

"Quelle chose épouvantable", murmura Miss Burroughs en se penchant en avant, "qu'il s'arrête si près de la maison ! Docteur Glover, qu'est-ce que cela signifie ?" Et, tout en parlant, elle se levait à moitié derrière moi. « D'où vient Sir Rohan ?

"Qui est-il?" » demanda rapidement oncle Beamish.

"Ce cheval", répondit-elle. "C'est le cheval de ma tante. Elle l'a vendu il y a quelques jours."

« Par Georges ! s'écria l'oncle Beamish en élevant inconsciemment un peu la voix. "Wilson l'a acheté, et le fait qu'il nous amène ici est aussi simple que ABC. Et maintenant, il ne veut plus quitter la maison."

"Mais il doit le faire", dis-je en rejetant la tête du cheval de côté et en lui donnant un coup de fouet.

« Ne le fouettez pas », murmura Miss Burroughs ; " Cela le rend toujours plus têtu. Comme je suis content d'avoir pensé aux cloches ! La seule façon de le faire partir est de l'apaiser. "

"Mais comment faire?" Ai-je demandé avec anxiété.

"Tu dois lui donner du sucre et lui tapoter le cou. Si j'avais du sucre et que je pouvais sortir—"

"Mais vous ne l'avez pas et vous ne pouvez pas vous en sortir ", a déclaré l'oncle Beamish. "Essayez-le encore docteur !"

J'ai secoué les rênes avec impatience. "Aller le long de!" dis-je. Mais il ne suivit pas.

"N'as-tu pas quelque chose dans ta trousse à médicaments avec lequel tu pourrais l'apaiser ?" dit oncle Beamish. « Quelque chose de sucré qui pourrait lui plaire ?

Pendant un instant, j'ai saisi cette suggestion absurde et mon esprit a parcouru le contenu de mes petites bouteilles. Si j'avais connu son caractère, un peu de bromure de sodium dans son alimentation matinale aurait peut-être, à ce moment-là, apaisé son obstination.

« Si je pouvais me libérer de cette couverture, dis-je en fouillant l'épingle derrière moi, je sortirais et je le conduirais sur la route.

"Vous ne pourriez pas le faire", a déclaré Miss Burroughs. "Vous pourriez lui arracher la tête, mais il ne bougerait pas. Je l'ai vu essayer."

En ce moment, le châssis d'une fenêtre du deuxième étage de la maison était relevé, et là, à moins de trente pieds de nous, se tenait une vieille femme, enveloppée dans un châle gris, avec des yeux perçants brillant à travers de grandes lunettes.

"Vous semblez coincé", dit-elle sarcastiquement. "Tu es pire que la fourchette dans ma table de cuisine."

Nous n'avons fait aucune réponse. Je ne sais pas à quoi ressemblait Miss Burroughs ni quelle était l'apparence de l'oncle Beamish, mais je sais que j'ai dû avoir le visage très rouge. J'ai donné un puissant craquement au cheval et je lui ai crié de continuer. Il n'était désormais plus nécessaire de parler à voix basse.

"Il n'est pas nécessaire d'être cruel envers des animaux stupides", dit la vieille dame, "et vous ne pouvez pas le faire bouger. Il n'a jamais aimé la neige, surtout en s'éloignant de chez lui. Vous avez une silhouette puissante et bizarre, jeune homme, avec cette couverture de cheval autour de vous. Vous ne ressemblez pas beaucoup à un médecin en exercice .

"Miss Burroughs", m'exclamai-je, "s'il vous plaît, retirez cette épingle de cette couverture. Si je peux lui atteindre la tête , je sais que je peux le tirer et le faire partir."

Mais elle ne semblait pas m'entendre. "Tante", s'écria-t-elle, "c'est dommage de rester là et de se moquer de nous. Nous avons parfaitement le droit de partir si nous le voulons, et il ne faut pas se moquer de nous."

La vieille dame ne prêta aucune attention à cette remarque.

"Et il y a ce faux docteur", dit-elle. "Je me demande comment il se sent en ce moment."

"Faux docteur !" s'exclama Miss Burroughs. "Je ne comprends pas."

"Jeune dame", dit oncle Beamish, "je ne suis pas un faux docteur. J'avais l'intention de tout vous raconter dès que j'en aurais l'occasion, mais je n'en ai pas eu. Et, vieille dame, j'aimerais sachez que je ne dis pas que je suis médecin, mais je dis que je suis un idiot , et un bon idiot , et vous ne pouvez pas le nier.

À ce défi, la silhouette à la fenêtre ne répondit rien.

" Catherine, " dit-elle, " je ne peux pas rester ici et prendre froid, mais je veux juste savoir une chose : êtes-vous définitivement décidée à épouser ce jeune médecin dans la couverture de cheval ? "

Cette question tomba comme une bombe au milieu du traîneau immobile.

Je n'avais jamais demandé à Kitty de m'épouser. Je l'aimais de tout mon cœur et de toute mon âme, et j'espérais, je croyais presque qu'elle m'aimait. J'avais eu l'intention, lorsque nous serions laissés ensemble dans le traîneau ce matin, après avoir déposé oncle Beamish chez sa sœur, de lui demander de m'épouser.

La question de la vieille femme me transperça comme s'il s'agissait d'un éclair traversant l'air glacial d'un matin d'hiver. J'ai laissé tomber les rênes inutiles et je me suis retourné. Le visage de Kitty était en feu. Elle fit un mouvement comme si elle était sur le point de sauter du traîneau et de s'enfuir.

"Oh, Kitty !" dis-je en me penchant vers elle, dis-lui oui ! Je t'en supplie , je t'en supplie, je t'implore de lui dire oui ! Oh, Kitty ! si tu ne dis pas oui , je ne connaîtrai jamais d'autre jour heureux.

Pendant un instant, Kitty m'a regardé en face, puis a dit :

"C'est mon intention positive de l'épouser !"

Avec l'agilité d'un jeune homme, oncle Beamish jeta la robe et sauta dans la neige épaisse. Puis, se tournant vers nous, il ôta son chapeau.

« Par Georges ! dit-il, vous êtes une paire d'atouts. Je n'ai jamais vu aucun être humain se lever plus promptement. Madame, s'écria-t-il en s'adressant à la vieille dame, vous devriez être la femme la plus fière de ce comté à l'heure actuelle. voir «une chose pareille se produire sous votre fenêtre un matin de Noël ». Et maintenant, la meilleure chose que vous puissiez faire est de nous inviter tous à prendre le petit-déjeuner.

« Il faudra que tu entres, dit-elle, ou bien tu restes dehors et tu meurs de froid, car ce cheval ne va pas t'emmener. Et si ma nièce a vraiment l'intention d'épouser ce jeune homme et qu'elle a Je suis allé jusqu'à commencer à fuir avec lui, — et avec un faux médecin, — bien entendu, je n'ai plus rien à dire, et vous pouvez entrer et déjeuner. Et sur ce, elle ferma la fenêtre.

"Ça parle ", a déclaré l'oncle Beamish. "Asseyez-vous tranquillement, docteur, et je vais le conduire jusqu'à la porte arrière. Je suppose qu'il agira assez vite si vous voulez qu'il fasse demi-tour."

Sans la moindre objection, Sir Rohan se laissa faire demi-tour et conduit jusqu'au porche de la cuisine.

"Maintenant, vous deux anges scintillants , sortez", dit oncle Beamish, "et entrez. Je vais m'occuper du cheval."

Jane, avec un large sourire sur le visage, ouvrit la porte de la cuisine.

"Joyeux Noël à vous deux !" dit-elle.

"Joyeux noël!" nous avons pleuré et chacun de nous lui a serré la main.

"Va dans le salon et réchauffe-toi", dit Jane. "Elle va bientôt descendre."

Je ne sais pas combien de temps nous sommes restés ensemble dans ce salon. Nous avions des milliers de choses à dire, et nous en avons dit la plupart. Entre autres choses, nous avons réussi à obtenir quelques explications sur les événements de la nuit précédente. Kitty raconta brièvement son histoire. Elle et sa tante, à qui elle rendait visite et qui voulait qu'elle fasse de sa maison sa maison, s'étaient disputées l' avant-veille. Kitty était folle d'aller chez les Collingwood , et la vieille dame, qui, pour une raison quelconque, détestait la famille, était déterminée à ne pas y aller. Mais Kitty était inébranlable et n'abandonna jamais jusqu'à ce qu'elle découvre que sa tante était allée jusqu'à se débarrasser de son cheval, rendant ainsi impossible tout déplacement par un tel temps, aucun moyen de transport public ne passant devant la maison. Kitty était orpheline et avait un tuteur qui lui serait venu en aide, mais elle ne pouvait pas lui écrire à temps et, désespérée, elle se coucha. Elle ne voulait ni manger ni boire, elle ne parlait pas et elle se couvrait la tête.

"Après un jour et une nuit", a déclaré Kitty, "tantine a eu terriblement peur et a pensé que quelque chose n'allait pas avec mon cerveau. Sa famille est terriblement inquiète pour leur cerveau. Je savais qu'elle avait envoyé chercher le médecin et j'en étais content. , car je pensais qu'il m'aiderait. Je dois dire que j'ai été surpris quand j'ai vu pour la première fois M. Beamish, car je pensais qu'il était le Dr Morris. Maintenant, parlez-moi de votre venue ici.

"Et donc," dit-elle, quand j'eus fini, "tu ne savais pas que tu me prescrivais ! S'il te plaît, dis-moi quels étaient ces médicaments que tu m'as envoyés et que j'ai pris comme une très bonne fille."

« Je ne le savais pas alors, dis-je, mais je vous ai envoyé soixante gouttes de l'amour le plus profond et le plus fort dans un verre d'eau et dix grains d'adoration parfaite.

"Absurdité!" » dit Kitty en rougissant, et à ce moment oncle Beamish frappait à la porte.

« J'ai pensé que j'allais juste intervenir et vous dire, dit- il, que le petit-déjeuner allait arriver dans une minute. J'ai découvert qu'ils allaient manger des gâteaux au sarrasin, de toute façon, et j'ai persuadé Jane de mettre des saucisses. " dans l'affiche. Joyeux Noël à vous deux ! Je voudrais en dire plus, mais voici la vieille dame et Jane. "

Le petit déjeuner était un repas étrange, mais très joyeux. La vieille dame était très digne. Elle ne fit aucune allusion à Noël ou à ce qui s'était passé, mais parla à oncle Beamish des gens de Warburton.

J'ai l'esprit pratique et, malgré la joie présente, je ne pouvais m'empêcher d'éprouver un peu d'inquiétude quant à ce qu'il y aurait à faire une fois le petit déjeuner terminé. Mais au moment où nous allions nous lever de table , nous fûmes tous surpris par un grand tintement de grelots de traîneau dehors. La vieille dame se leva et s'arrêta près de la fenêtre.

"Là!" dit-elle en se tournant vers nous. "Voici une jolie marmite de poisson ! Il y a un traîneau à deux chevaux dehors, avec un homme au volant et un monsieur sur la banquette arrière qui, j'en suis sûr, est le Dr Morris, et il a fait tout le chemin par cette matinée glaciale pour " Voyez le patient que j'ai envoyé le chercher. Maintenant, qui va lui dire qu'il est venu pour une mission insensée ? "

"Une course d'imbécile !" J'ai pleuré. "Chacun d'entre vous attend ici et je vais sortir et lui dire."

Lorsque je me suis précipité dehors et que je me suis tenu à côté du traîneau de mon oncle, il était vraiment étonné.

"Je vais monter, mon oncle," dis-je, "et si vous laissez John conduire les chevaux lentement dans la cour, je vous dirai comment je me trouve ici."

L'histoire a été beaucoup plus longue que ce à quoi je m'attendais, et John a dû faire aller et venir ces chevaux pendant une demi-heure.

"Eh bien," dit enfin mon oncle, "je n'ai jamais vu votre Kitty, mais je connaissais son père et sa mère, et j'irai la voir. Si je l'aime bien, je vous emmènerai tous avec vous." chez les Collingwood et déposer oncle Beamish chez sa sœur.

"Je vais vous dire ce que c'est, jeune docteur," dit l'oncle Beamish en se séparant, "vous devriez acheter ce gros cheval rouan. Il a été pour nous un ange gardien régulier ce Noël."

"Oh, ça ne marcherait jamais du tout", s'écria Kitty. "Ses patients mourraient tous avant son arrivée."

— Du moins, s'ils avaient quelque chose qui ne tournait pas rond, ajouta mon oncle.

UN MORCEAU DE CALICO ROUGE

Avant de commencer le récit des incidents suivants, je tiens à préciser que je suis un jeune homme marié, faisant des affaires dans une grande ville, dans la banlieue de laquelle j'habite.

J'allais en ville l'autre matin, lorsque ma femme m'a tendu un petit morceau de calicot rouge et m'a demandé si j'aurais le temps, dans la journée, de lui acheter deux mètres et demi de calicot pareil. Je lui ai assuré que cela ne poserait aucun problème, et mettant le morceau de calicot dans ma poche, j'ai pris le train pour la ville.

À l'heure du déjeuner, je me suis arrêté dans un grand magasin de mercerie pour m'occuper de la commande de ma femme. J'ai vu un homme bien habillé marcher entre les comptoirs, où de longues files de filles attendaient sur des files de clients beaucoup plus longues, et je lui ai demandé où je pouvais voir du calicot rouge.

"Par ici, monsieur", et il m'a conduit jusqu'au magasin. "Miss Stone", dit-il à une jeune dame, "montrez à ce gentleman du calicot rouge."

"Quelle teinte veux-tu !" » demanda Miss Stone.

Je lui ai montré le petit morceau de calicot que ma femme m'avait offert. Elle l'a regardé et me l'a rendu. Puis elle prit un gros rouleau de calicot rouge et l'étala sur le comptoir.

"Eh bien, ce n'est pas l'ombre !" dis-je.

"Non, pas exactement", dit-elle. "Mais c'est plus joli que ton échantillon."

"C'est possible", dis-je. "Mais, voyez-vous, je veux faire correspondre cette pièce. Il y a déjà quelque chose dans ma maison, fait de cette sorte de calicot, qui a besoin d'être agrandi, ou réparé, ou quelque chose du genre. Je veux du calicot de la même teinte.

La jeune fille ne répondit rien, mais décrocha un autre jet.

"C'est l'ombre", dit-elle.

"Oui," répondis-je, "mais il est rayé."

"Les rayures sont plus portées que toute autre chose dans les calicos", a-t-elle déclaré.

Oui. Mais ce n'est pas à porter. C'est pour les meubles, je pense. En tout cas, je veux des choses parfaitement simples, qui correspondent à quelque chose déjà utilisé. »

"Eh bien, je ne pense pas que vous puissiez le trouver parfaitement clair, à moins d'obtenir du rouge de dinde."

"Qu'est-ce que la dinde rouge ?" J'ai demandé.

"Le rouge dinde est parfaitement clair dans les calicots", répondit-elle.

"Eh bien, laisse-moi en voir."

"Nous n'avons plus de calicot rouge dinde", dit-elle, "mais nous avons de très jolis calicots unis dans d'autres couleurs."

"Je ne veux pas d'autre couleur. Je veux des trucs qui correspondent à ça."

"C'est difficile d'égaler du calicot bon marché comme ça", a-t-elle dit, et je l'ai donc quittée.

Je suis ensuite allé dans un magasin quelques portes plus loin sur Broadway. Quand je suis entré, je me suis approché du « marcheur » et lui ai remis mon échantillon et lui ai dit :

"Avez-vous un calicot comme celui-ci ?"

"Oui, monsieur", dit-il. "Troisième compteur à droite." Je me suis rendu au troisième comptoir à droite et j'ai montré mon échantillon au vendeur présent. Il l'a regardé des deux côtés. Il a ensuite dit:

"Nous n'avons rien de tout cela."

"Le marcheur a dit que vous l'aviez fait", dis-je.

"Nous l'avions, mais nous n'en avons plus maintenant. Vous obtiendrez cette marchandise chez un tapissier."

J'ai traversé la rue chez un tapissier .

"Avez-vous des trucs comme ça ?" J'ai demandé.

"Non", a répondu le vendeur, "nous ne l'avons pas fait. Est-ce pour des meubles ?"

"Oui," répondis-je.

"Alors le rouge dinde est ce que tu veux."

"Est-ce que la Turquie est rouge comme ça ?" J'ai demandé.

« Non, dit-il, mais c'est beaucoup mieux.

"Cela ne fait aucune différence pour moi", répondis-je. "Je veux quelque chose comme ça."

"Mais ils ne l'utilisent pas pour fabriquer des meubles", a-t-il déclaré.

"Je devrais penser que les gens pourraient utiliser tout ce qu'ils voulaient comme meubles", remarquai-je d'un ton assez brusque.

"Ils le peuvent, mais ils ne le font pas", dit-il calmement. "Ils n'utilisent pas de rouge comme ça. Ils utilisent du rouge de Turquie."

Je n'en ai pas dit plus, mais je suis parti. L'endroit suivant que j'ai visité était un très grand magasin de marchandises sèches. Au premier vendeur que j'ai vu, je lui ai demandé s'il gardait du calicot rouge comme mon échantillon.

"Vous trouverez cela au deuxième étage", dit-il.

Je suis allé à l'étage. Là, j'ai demandé à un homme :

"Où puis-je trouver du calicot rouge ?"

"Dans la pièce la plus à gauche", et il désigna un coin éloigné.

J'ai traversé la foule d'acheteurs et de vendeurs, contourné les comptoirs et les tables remplis de marchandises, jusqu'à la pièce la plus à gauche. Quand je suis arrivé , j'ai demandé du calicot rouge.

"Le deuxième compteur de ce côté-ci", dit l'homme. J'y suis allé et j'ai produit mon échantillon. "Des calicots en bas", dit l'homme.

"Ils m'ont dit qu'ils étaient ici", dis-je.

"Pas ces produits ordinaires. Vous les trouverez en bas, à l'arrière du magasin, de ce côté-là."

Je suis descendu à l'arrière du magasin.

"Où puis-je trouver du calicot rouge comme celui-ci ?" J'ai demandé.

"L'avant-dernier comptoir", dit l'homme à qui je m'adressais en marchant avec moi dans la direction indiquée. "Dunn, montre des calicos rouges."

M. Dunn a pris mon échantillon et l'a examiné. "Nous n'avons pas cette nuance dans cette qualité de produits", a-t-il déclaré.

"Eh bien, l'avez-vous sous quelque forme que ce soit?" J'ai demandé.

"Oui. Nous l'avons mieux." Il décrocha un morceau de calicot et en déroula un mètre ou deux.

"Ce n'est pas cette teinte", dis-je.

"Non", dit-il. "Les marchandises sont plus fines et la couleur est meilleure."

"Je veux que ça corresponde à ça", dis-je.

"Je pensais que vous n'étiez pas particulièrement intéressé par le match", a déclaré le vendeur. " Vous avez dit que vous ne vous souciez pas de la qualité des produits, et vous savez que vous ne pouvez pas les assortir sans prendre en compte la qualité et la couleur. Si vous voulez cette qualité de produits en rouge, vous devriez acheter du rouge Turquie. "

Je n'ai pas cru nécessaire de répondre à cette remarque, mais j'ai dit :

"Alors tu n'as rien de comparable à ça ?"

"Non, monsieur. Mais peut-être qu'ils l'ont dans le département des tissus d'ameublement, au sixième étage."

Je suis monté dans l'ascenseur et suis monté au sommet de la maison.

"Avez-vous des trucs rouges comme ça ?" J'ai dit à un jeune homme.

« Des trucs rouges ? Le rayon tissus d'ameublement – à l'autre bout de cet étage. »

Je suis allé à l'autre bout de l'étage.

"Je veux du calicot rouge", ai-je dit à un homme.

« Des meubles ? Il a demandé.

"Oui", dis-je.

"Quatrième compteur à gauche."

Je me suis rendu au quatrième comptoir à gauche et j'ai montré mon échantillon à un vendeur. Il l'a regardé et a dit : « Vous déposerez ça au premier étage, au rayon calicot.

J'ai tourné les talons, je suis descendu dans l'ascenseur et je suis sorti sur Broadway. J'en avais vraiment marre du calicot rouge. Mais j'ai décidé de faire un essai supplémentaire. Ma femme avait acheté son calicot rouge peu de temps auparavant, et il doit y en avoir quelque part. J'aurais dû lui demander où elle l'avait acheté, mais je pensais qu'on pouvait se procurer une petite chose aussi simple que celle-là n'importe où.

Je suis entré dans un autre grand magasin de marchandises sèches. Alors que je franchissais la porte, un soudain tremblement me saisit. Je ne pouvais pas supporter de retirer ce morceau de calicot rouge. Si j'avais eu un autre type de chiffon sur moi – un essuie-stylo ou quelque chose du genre – je pense que je leur aurais demandé s'ils pouvaient correspondre à celui-là.

Mais je me suis approché d'une jeune femme et lui ai présenté mon échantillon, avec la question habituelle.

« Pièce du fond, comptoir à gauche », dit-elle.

Je suis allé ici.

"Avez-vous du calicot rouge comme celui-ci ?" J'ai demandé à la dame derrière le comptoir.

"Non, monsieur", dit-elle, "mais nous l'avons en rouge Turquie."

La dinde encore rouge ! Je me suis rendu.

"Très bien," dis-je. "Donnez-moi du rouge de dinde."

"Combien, monsieur ?" elle a demandé.

"Je ne sais pas, disons cinq mètres."

La dame m'a regardé assez étrangement, mais a mesuré cinq mètres de calicot rouge dinde. Puis elle a frappé sur le comptoir et a crié : « Cash ! Une petite fille, aux cheveux jaunes en deux longues tresses, s'approcha lentement. La dame a écrit le nombre de mètres ; le nom des marchandises ; son propre numéro ; le prix; le montant du billet de banque que je lui ai remis ; et quelques autres éléments – probablement la couleur de mes yeux et la direction et la vitesse du vent – sur un bout de papier. Elle copiait ensuite tout cela dans un petit livre qu'elle gardait près d'elle. Puis elle tendit le bout de papier, l'argent et le rouge de dinde à la jeune fille aux cheveux jaunes. Cette jeune fille a copié le bordereau dans un petit livre qu'elle portait, puis elle est repartie avec le calicot, le bordereau de papier et l'argent.

Après un temps très long — pendant lequel la petite fille apporta probablement la marchandise, l'argent et le bordereau à quelque bureau central, où fut reçue le billet, son montant et son numéro inscrits dans un livre ; la monnaie rendue à la jeune fille ; une copie du bordereau établi et inscrit ; l'entrée de la fille est examinée et approuvée ; marchandises emballées; fille inscrite; les tresses étaient comptées et inscrites sur un bout de papier et copiées par la jeune fille dans son livre ; une fille emmenée à une bouche d'incendie et lavée ; numéro de serviette inscrit sur un bout de papier et copié par la jeune fille dans son livre ; valeur de mon billet et montant de la monnaie marqué quelque part sur l'enfant, et ledit processus noté sur un bout de papier et copié dans son livre - la fille est venue vers moi, apportant ma monnaie et le paquet de calicot rouge de dinde.

Cet après-midi-là, je n'avais que très peu de temps pour travailler au bureau et, une fois rentré chez moi , j'ai remis le paquet de calicot à ma femme. Elle le déroula et s'écria :

"Eh bien, ça ne correspond pas à la pièce que je t'ai donnée !"

"Faites correspondre!" J'ai pleuré. "Oh non ! Cela ne correspond pas. Vous ne vouliez pas que cela corresponde. Vous vous êtes trompé. Ce que vous vouliez, c'était du rouge Turquie, le troisième pion à gauche. Je veux dire, le rouge Turquie est ce qu'ils utilisent !"

Ma femme m'a regardé avec étonnement, puis je lui ai détaillé mes ennuis.

"Eh bien," dit-elle, "ce rouge de dinde est beaucoup plus joli que celui que j'avais, et vous en avez acheté tellement que je n'ai pas besoin d'utiliser l'autre du tout. J'aurais aimé avoir pensé au rouge de dinde avant. ".

"J'aurais aimé que tu l'aies de tout mon cœur !" dis-je.

L'épave de Noël

"Eh bien, monsieur," dit le vieux Silas, en donnant une bouffée préliminaire à la pipe qu'il venait d'allumer, et en étant si convaincu que le tirage était bon, "le vent arrive, et c'est Noël aussi. Mais c'est ça ne sert à rien d'être pressé pour l'un ou l' autre , parfois ils arrivent avant que vous ne les vouliez , de toute façon.

Silas était assis à l'arrière d'un petit voilier qu'il possédait et dans lequel il emmenait parfois les visiteurs de Sandport faire un tour, et d'autres fois s'adonnait à son usage plus légitime mais moins rentable, celui de la pêche. Cet après-midi-là, il avait emmené le jeune M. Nugent pour une brève excursion sur cette partie de l'océan Atlantique qui envoie ses déferlantes sur la plage de Sandport . Mais il avait trouvé tout à l'heure difficile, voire impossible, de le ramener, car le vent s'était progressivement calmé jusqu'à ce qu'il n'en reste plus un souffle. M. Nugent, pour qui les expériences nautiques étaient aussi nouvelles que le très marin costume de flanelle bleue qu'il portait, aimait plutôt le calme. C'était un tel soulagement à la monotonie des vagues qui roulaient. Il sortit un cigare et l'alluma, puis il remarqua :

"Je peux facilement imaginer comment le vent pourrait arriver avant que vous, les marins, ne le vouliez, mais je ne vois pas comment Noël pourrait arriver trop tôt."

"Cela m'est arrivé quand les choses ne pouvaient pas paraître plus prêtes ", a déclaré Silas.

"Comment était-ce?" » demanda M. Nugent en s'installant un peu plus confortablement sur le banc dur. "Si c'est une histoire, faisons-la. C'est le bon moment pour raconter une histoire."

"Très bien", dit le vieux Silas. "Je vais la faire tourner."

Le garçon aux jambes nues, chargé de rester en avant et de surveiller le foc, s'avança aussitôt qu'il sentit une histoire, et prit une position nautique, dûment étudiée par M. Nugent, sur un sac de lest au fond du bateau. le bateau.

"Il y a presque quinze ans ," dit Silas, "j'étais sur la barque Mary Auguster , à destination de Sydney, en Nouvelle-Galles du Sud, avec une cargaison de conserves. Nous étions quelque part à environ cent soixante-dix ans, en latitude. rien , et c'était le 22 décembre, lorsque nous avons été frappés par un typhon ordinaire qui soufflait tout droit, jusqu'au bout, pendant quatre jours et demi. Cela a emporté les voiles tempêtes. Il a soufflé chaque vergue, espar, hauban, et « chaque brin de gréement », et a cassé les mâts près du pont. Cela a fait exploser tous les bateaux. Cela a emporté le fourgon du cuisinier et tout ce qui se trouvait sur le pont. Il a fait sauter les écoutilles et les a envoyés Tournant dans les airs à environ un mile sous le vent. Et avant de passer, il a emporté le capitaine et tout l'équipage, sauf moi et deux autres. Il s'agissait de Tom Simmons, le second, et d'Andy Boyle, un gars des Adirondack Mount'ins , qui n'était jamais allé en mer auparavant. Comme il était un terrien, il aurait dû, de droit, être emporté par le vent et l'eau, étant donné que le capitaine et seize bons matelots étaient partis . Mais il avait des mains de onze pouces de long, ce qui lui donnait une poigne qu'aucun typhon ne pourrait vaincre. Andy avait laissé entendre que son père était meunier là-bas dans l'État de York, et une rumeur s'était répandue parmi l'équipage selon laquelle son grand-père et son arrière-grand -père étaient également meuniers ; et la façon dont la famille a eu de si grosses mains vient de son habitude de ramasser un un litre ou deux d' extraits de farine ou de farine se mettaient eux-mêmes à niveau lorsqu'ils nivelaient les mesures de leurs clients. C'était pourtant un homme de bonne humeur , et il ne s'énervait jamais quand je lui disais de mettre ses cuillères à farine sur une drisse.

"Nous étions tous trempés, lavés, battus et battus. Nous avons tenu bon d'une manière ou d'une autre jusqu'à ce que le vent se soit levé , puis nous nous sommes levés et avons commencé à regarder autour de nous pour voir comment La mer était entrée dans les écoutilles ouvertes jusqu'à ce que le navire soit plus qu'à moitié plein d'eau, ce qui l'avait coulé si profondément qu'il devait ressembler à un bateau fluvial chargé de gravier. "Je n'ai rien eu à manger ni à boire pendant tout ce coup, et nous étions assez affamés. Nous avons trouvé un fût d'eau qui n'allait pas mal, et une boîte de biscuits qui était ce qu'on pourrait appeler du softtack , car ils étaient trempés. à travers un passage avec l'eau de mer. Nous en avons mangé beaucoup donc, nous ne pouvions pas attendre, et le reste nous l'avons étalé sur le pont pour le sécher, car le soleil brillait maintenant assez chaud pour faire du pain . Je ne pouvais pas descendre beaucoup plus bas, car il y avait une assez bonne houle sur la mer, et les choses flottaient , ce qui rendait cela dangereux. Mais nous avons repêché un morceau de toile que nous avons accroché contre la souche. du grand mât pour que nous puissions avoir quelque chose sous lequel nous pourrions nous asseoir et grogner. Ce qui nous a le plus frappé, c'est que la barque était chargée de toute une cargaison de bonnes choses à manger, qui étaient toujours aussi bonnes, car l'eau ne pouvait pas passer à travers les boîtes de conserve dans lesquelles elles étaient toutes rangées. , et nous étions ici avec rien pour vivre à part ces biscuits salés. Il n'y avait aucun moyen de se rendre dans les magasins du navire ou dans les programmes sophistiqués, car tout était rangé sous six ou sept pieds d'eau, et presque tout l'espace qui restait entre les ponts. était rempli d' espars d'extérieur , de bois de construction, de caisses et d'autres objets flottants . Tout bougeait , se cognait , se cognait à chaque fois que le navire roulait.

"Comme je l'ai déjà dit, Tom était son second, et j'étais le maître d'oeuvre. Je dis à Tom : "La chose que nous devons faire est de mettre en place une sorte de longeron avec un chiffon dessus pour être en détresse . drapeau, pour que nous ne perdions pas de temps à « décoller ». "Cela ne sert à rien d'être asservi à quelque chose comme ça", dit Tom, "car nous avons été balayés des traces des commerçants, et plus nous travaillons, plus nous aurons faim, et plus tôt ils le feront. le biscuit aura disparu.

" Maintenant, quand j'ai entendu Tom dire cela, je suis resté immobile et j'ai commencé à réfléchir. En tant que second, Tom était, de droit, aux commandes de ce vaisseau. Mais il était assez facile de voir que s'il commandait, il n'y aurait jamais Il n'y avait rien à faire entre Andy et moi. Tout le courage qu'il avait en lui, il l'avait utilisé pour tenir le coup pendant ce typhon. Ce qu'il voulait faire maintenant, c'était se mettre à l'aise jusqu'au moment où il partirait. au casier de Davy Jones – en pensant , très probablement, que Davy ne pourrait pas faire en sorte qu'il fasse plus chaud que sur ce pont, toujours en latitude . rien du tout, la fourrure nous avait été soufflée le long de la ligne presque plein ouest. Alors j'appelle Andy, qui était occupé à retourner les biscuits sur la terrasse. «Andy», dis-je, lorsqu'il fut sous la toile, « nous sommes je vais avoir une leçon sur le capitaine des fourrures. Tom, ici, est sur le point d'être joué. C'est un bonbon , et j'en suis un autre. Maintenant, pour qui votez-vous pour la fourrure ? Et fais attention , mon jeune, à ne pas te tromper. «Je vote pour vous», dit Andy. « Adopté à l'unanimité ! dis-je. « Et je veux que vous sachiez que je suis le capitaine de ce qui reste du Mary Auguster , et vous devez garder votre esprit là-dessus et obéir aux ordres. Si Davy Jones devait faire tout ce que Tom Simmons a dit en entendant cela , le vieux type serait plus occupé qu'il ne l'a jamais été . Mais je l'ai laissé grogner, sachant qu'il s'en sortirait bien, mais il n'y avait aucune aide pour le faire, étant donné qu'Andy et moi étions deux contre lui. Bientôt, nous nous sommes tous mis au travail et avons monté un espar par le bas, que nous avons fixé au moignon du mât de misaine, avec la chemise d'Andy au sommet.

en avons mangé tellement cet après-midi-là et avons bu tellement d'eau en même temps que j'ai été obligé de nous mettre tous au courant . "C'est la veille de Noël", dit Andy Boyle, "et ce soir ce sera la veille de Noël, et c'est assez difficile pour nous d'être assis ici sans même autant de matériel que nous le souhaitons " . , et je pense tout le temps que la cale de ce navire regorge de bonnes choses à manger des plus gaies. « Tais-toi à propos de Noël ! » dit Tom Simmons. " Mes deux jeunes, à Bangor, ont les orteils et le nez presque gelés, je le suppose , mais ils raccrocheront quand même leurs bas ce soir, sans jamais penser que leur papa est « cuit vivant avec l' estomac vide ». "Bien sûr, ils ne les raccrocheraient pas ", dis-je, s'ils savaient dans quelle situation vous vous trouvez , mais ils ne le savent pas, et "à quoi ça sert de grogner " quand ils sont un peu en train de se coucher . gai?' "Eh bien," dit Andy, "ils ne pourraient pas être plus joyeux que je ne le serais si je pouvais faire quelques réparations sophistiquées dans la cale. J'ai bien travaillé pendant une semaine à "Frisco puttin " dans ces boîtes, et les noms des choses étaient à l'extérieur de la plupart d'entre eux ; et je vous dis ce que c'est, les amis, ça m'a mis l'eau à la bouche, même à ce moment-là, de les lire , et je n'avais pas faim, Enfin , j'avais beaucoup à manger trois fois par jour. Il y avait du rosbif, du mouton rôti, du canard, du poulet, de la soupe, des pois, des haricots, des termaters et des prunes. puddin ', un' mince-pie—' `Tais-toi avec ton mince-pie !' chantait Tom Simmons. "N'est-ce pas suffisant de devoir ronger ces chips de sel sans entendre parler de mince-pie ?" "Et en plus ", dit Andy, "il y avait des pêches en conserve, des poires, des prunes et des cerises."

me semblaient si cool et 'bonnes' sur ce pont brillant que je ne pouvais pas le supporter, et je me penche vers Andy, et je dis : 'Maintenant, regarde ici ; si tu ne te tais pas en parlant de ces choses, de ce qui est rangé en dessous, et de ce que nous ne pouvons pas faire , tu vas par-dessus bord ! " Cela vous mettrait à court de personnel ", dit Andy avec un sourire. " Ce qui est plus que ce que vous pourriez dire ", dis-je, " si vous pouviez me jeter Tom et moi ", en faisant allusion à ses onze ans. " " _ _ _ _ _ _ _ dire encore « mon divin » dans la cale juste à l'arrière du mât de misaine, où il semble y avoir un peu d'eau assez claire, et « voir si je ne peux pas préparer quelque chose » ? "Vous pouvez le faire, si vous le souhaitez", dis-je, "mais c'est à vos risques et périls. Vous ne pouvez souscrire aucune assurance dans ce bureau." " Très bien, alors ", dit Andy ; " et si je fais entrer le poêle en flottant dans les boîtes , vous et " Tom devrez manger le reste de ces biscuits salés. " "Maintenant, mon garçon," dis- je, - et il n'en avait pas beaucoup plus, puisqu'il n'avait que dix-neuf ans, - "tu ferais mieux de rester à l'écart de cette cale. Tu vas juste te faire écraser. Et comme Pour y déplacer de lourdes caisses, qu'il faut gonfler aussi étroitement que si elles faisaient partie du navire, autant essayer d'arracher une des côtes du Mary Auguster . "Je vais essayer", dit Andy, "la fourrure demain, c'est Noël, et" si je peux m'en empêcher, je ne le ferai pas. je vais flotter au sommet d'un dîner de Noël sans rien manger dessus. Je l'ai laissé partir, car il était un bon nageur et un bon plongeur, et j'espérais qu'il pourrait déraciner quelque chose ou autre, car Noël est à peu près le pire jour de l'année pour lequel les hommes meurent de faim , et c'est ce vers quoi nous allions .

"Eh bien, pendant environ deux heures, Andy a nagé, a plongé, et est revenu en pleurant , et a esquivé toutes sortes de trucs de flottaison et de tangage , car la houle était toujours là. Mais il ne pouvait même pas l'être. autant dire qu'il avait trouvé les conserves de viande. Plonger par les écoutilles et parmi les cloisons brisées, pour chasser n'importe quel type particulier de boîtes sous sept pieds d'eau de mer, ce n'est pas une tâche facile. bien qu'Andy ait dit qu'il avait mis la main sur le bout d'une boîte qui lui ressemblait aux gros monstres qu'il avait remarqués contenant les pâtés à la viande, il ne pourrait plus la bouger si c'était le moignon de la boîte. Si nous avions pu pomper l'eau de la cale, nous aurions pu récupérer n'importe quelle partie de la cargaison que nous voulions, mais dans l'état actuel des choses, nous ne pouvions même pas atteindre les provisions du navire, qui, bien sûr, devaient être de toute façon, la plupart du temps , alors que les conserves de vin étaient comme neuves. Les pompes étaient toutes brisées ou bouchées, car nous les avons essayées , mais si elles ne l'avaient pas été, nous n'aurions jamais pu pomper tous les trois. ce navire avec trois biscuits par jour, et seulement environ deux jours de rations en plus.

" Alors Andy est arrivé, tellement épuisé qu'il faisait tout ce qu'il pouvait faire pour enfiler ses vêtements, même s'ils n'étaient pas grand-chose, et puis il s'est étendu sous la toile et s'est endormi, et" il n'a pas fallu longtemps avant qu'il ne parle de dinde rôtie, de sass aux canneberges, de punkin -pie, et d'autres trucs, dont nous savions que la plupart étaient sous nos pieds ce minnit actuel . Tom Simmons, il vient de s'effondrer . , et a chanté : " Roulez-le au soleil et laissez-le cuisiner ! Je n'en peux plus ! " Mais je n'allais pas laisser Andy traité d'une telle manière, même si cela n'avait pas été la femme et les jeunes enfants de Tom Simmons , Andy en valait deux pour quiconque y pensait . J'ai sauvé la vie. Mais j'ai donné au garçon un bon coup de poing dans les côtes pour arrêter ses rêves , car j'avais aussi faim que Tom et je ne supportais pas les bêtises concernant les dîners de Noël.

"Il était un peu plus de midi quand Andy s'est réveillé, et il est sorti dehors pour s'étirer. Au bout d'une minute environ, il a poussé un cri qui a fait sursauter Tom et moi. 'Une voile !' » cria-t-il. « Une voile ! Et tu peux parier ta vie, jeune homme, que ce n'était pas le cas. Plus d' une demi-seconde avant, nous étions tous les deux sortis de sous cette toile et nous étions à côté d' Andy. « La voilà ! » il a crié, "pas un mile à gagner ". Je jette un regard, puis je chante : « Ce n'est pas une voile ! C'est un drapeau de détresse ! Ne vois-tu pas, espèce de terrien, que c'est la bannière étoilée à l'envers ? "Eh bien, c'est vrai", dit Andy avec quelques récifs dans la joie de sa voix. Et Tom, il commença à grogner comme si quelqu'un lui avait escroqué six mois de salaire.

"Le drapeau que nous avons vu était sur la coque d'un bateau à vapeur qui dérivait sur nous pendant que nous étions en route. assis sous notre toile. Il était évident qu'elle avait également été prise dans le typhon, puisqu'il n'y avait ni mât ni cheminée sur elle. Mais sa coque était suffisamment haute hors de l'eau pour capter le vent, tandis que nous étions si bas coulés que nous n'avions aucun chemin à parcourir. Il y avait des gens à bord, et ils nous ont vu, et ont agité leurs chapeaux et leurs bras, et Andy et moi avons agité les nôtres ; mais tout ce que nous pouvions faire était d'attendre qu'ils se rapprochent, car nous n'avions pas de bateaux pour y aller si nous l'avions voulu.

"J'aimerais savoir à quoi nous sert ce vieux Hulk", dit Tom Simmons. "Elle ne peut pas nous faire partir." Cela m'a semblé un peu comme un aveugle conduisant un aveugle. Mais Andy chante : "Nous serions mieux à bord d'elle, car elle n'est pas gorgée d'eau, et, plus encore , je ne supposez pas que ses réserves soient toutes trempées dans l'eau salée. Cela avait du sens, et lorsque le paquebot fut arrivé à moins d'un demi-mille de nous, nous fûmes heureux de voir un bateau sortir de lui avec trois hommes à bord. C'était un bateau étrange, très bas et plat. , et ce n'est pas comme n'importe quel bateau que j'ai jamais vu. Mais les deux hommes aux rames tiraient doucement , et " très vite, le bateau était" à côté de nous, et "les trois hommes sur notre pont. L'un d' eux était le premier compagnon de l'autre épave, et "quand il a découvert ce qui n'allait pas avec nous, il a filé son fil, qui était plus long que le nôtre. Son navire était le Water Crescent, neuf cents tonnes, de "Frisco à Melbourne, un " Ils avaient navigué environ six semaines avant nous. Il y avait environ deux semaines quand une partie de leur machinerie est tombée en panne, et " quand ils l'ont réparée, elle s'est encore cassée , pire qu'avant, de sorte qu'ils ne pouvaient plus faire rien avec ça. Ils sont restés à la voile pendant environ un mois, faisant de très mauvais progrès jusqu'à ce que le typhon les frappe , et cela a nettoyé leurs ponts à peu près aussi lisses que les nôtres, mais leurs écoutilles ne l'étaient pas. a explosé , et ils n'ont pas expédié d'eau avec mentionnant , et l'équipage étant resté en dessous, aucun d' entre eux n'a été perdu. Mais maintenant, ils étaient à court de provisions et d'eau, car ils en étaient à court lorsque la panne s'est produite, et ils avaient vendu tous les magasins qu'ils pouvaient épargner à un brick français en détresse qu'ils ont révisé au bout d'une semaine environ. Lorsqu'ils nous aperçurent , ils furent presque sûrs qu'ils allaient nous soutirer quelques provisions. Mais quand j'ai dit au compagnon à quel point nous étions dans une situation difficile , sa mâchoire est tombée jusqu'à ce que son visage soit aussi long qu'une des mains d'Andy. Quoi qu'il en soit , il a dit qu'il renverrait le bateau avec autant d'hommes qu'il pourrait amener, et voir s'ils ne pourraient pas vider certains de nos magasins. Même s'ils étaient trempés dans de l'eau salée, ils valent mieux que rien . Une partie de la cargaison du Water Crescent était constituée d'outils et d'objets pour certains entrepreneurs ferroviaires en Australie , et le second a dit aux hommes d'apporter certains de ces fers qui pourraient être utilisés pour repêcher les magasins. Tous les bateaux de leur navire avaient été emportés par le vent, et celui qu'ils possédaient était une sorte de bateau côtier pour l'eau douce, qui avait été expédié avec la cargaison et arrimé en dessous. Il ne supportait aucune espèce de mer, mais il n'y avait rien d'autre qu'une houle, et quand il revint, il avait le capitaine à bord, cinq hommes, en plus un tas de chaînes et outils.

« Ces gars et nous avons travaillé presque tout le reste de la journée, et nous avons sorti quelques barils d'eau, ce qui était bien, après avoir été bien bouchés, et beaucoup de biscuits de mer, tout ça. trempés , mais nous n'avons eu qu'un demi- baril de viande, même si trois ou quatre hommes ont dépouillé et plongé leur fourrure pendant plus d' une heure. Nous avons découpé une partie de la viande et l'avons mangée crue, et le capitaine en a envoyé sur l'autre épave, qui avait dérivé devant nous sous le vent, et se serait éloignée de nous si le capitaine n'avait pas fait sortir une ligne et ne nous avait pas fait adhérer à elle pendant que nous travaillions dans les magasins .

« Cette nuit-là, le capitaine nous a emmenés trois, ainsi que les provisions que nous avions sorties, à bord de sa coque, où les commodités étaient bien meilleures qu'elles ne l' étaient sur le Mary Auguster à moitié coulé. Nous sommes arrivés, il m'a emmené à l'arrière et a eu une conversation avec moi en tant qu'officier commandant de mon navire. "Cette épave de votre navire ", dit-il, "a une cargaison vallyble à l'intérieur, qui n'est pas sp ' ilé en étant sous l'eau. Maintenant, si vous pouviez amener cette cargaison au port , cela mettrait beaucoup d'argent dans votre poche, car les propriétaires ne pourraient pas se passer de payer , vous en prendrez en charge et aurez " C'est arrivé . Maintenant, je vais vous dire ce que je vais faire. Je vais m'allonger à vos côtés, et j'ai des charpentiers à bord qui mettront vos pompes en ordre, et je mettrai mes hommes au travail. pour pomper votre navire. Et puis, quand il sera à flot, je retournerai travailler sur mon navire - ce que je ne pensais pas qu'il était utile de faire , mais pendant que j'étais En fouinant parmi notre cargaison aujourd'hui, j'ai découvert que certaines des machines que nous transportions pourraient être en état de marche pour remplacer ce qui est cassé dans notre moteur. Nous avons une forge à bord , et je crois que nous pouvons adapter ces pièces de machines, et ça recommence . Ensuite, je vous remorquerai jusqu'à Sydney et nous partagerons l'argent de récupération. Je ne ferai rien pour sauver la fourrure de mon vaisseau, parce que c'est mon affaire, mais tu ne l'étais pas. cap'n o' yourn , et 'a pris soin d'elle dans le but de la sauver, ce qui est une autre chose.'

"Je n'étais pas du tout sûr de ne pas avoir pris en charge le Mary Auguster pour me sauver , ni le navire, mais je n'en ai pas parlé et j'ai demandé au capitaine comment il comptait vivre tout cela. temps.

« Oh, nous aimerions aller dans vos magasins assez facilement », dit-il, lorsque l'eau est pompée. » "Ils seront pour la plupart gâtés ", dis-je. "Cela n'a pas d'importance", dit-il. " Les hommes mangeront n'importe quoi quand ils ne peuvent rien manger d'autre." Et sur ce, il m'a laissé réfléchir.

"Je dois dire, jeune homme, et vous me croirez si vous savez quelque chose à ce sujet, que l'idée d'un tas d'argent était très tentante pour un gars comme moi, qui avait une fille à la maison prête à le faire." l'épouser, et qui n'aimerait rien de mieux que d'avoir sa propre petite maison, et son propre petit vaisseau, et d'abandonner complètement l'autre bout du monde . Ceci dans mon esprit, et je me demande si le capitaine pourrait un jour nous amener au port, arrive Andy Boyle et s'assoit à côté de moi. Cela me rend presque fou, dit-il, de penser que - demain Noël, et nous devons nous nourrir de ces trucs bâclés que nous avons pêchés dans nos magasins, et pas grand-chose, maintenant , alors qu'il y a toute cette dinde rôtie, ce puddin aux prunes et cette tarte hachée. - flottant là-bas juste sous nos yeux, et "nous ne pouvons rien avoir de tout cela." "Tu n'aurais pas dû penser autant à manger , Andy", dis- je, " mais si je parlais de ces choses-là, je n'oublierais pas les pêches en conserve. Par George ! Par un Noël chaud comme celui-ci, ça se passe " En fait, je serais le Jack le plus joyeux de l'océan si je pouvais m'attaquer à ces fruits en conserve. "Eh bien, il y a un moyen", dit Andy, "pour que nous puissions en récupérer quelques-uns . Une partie de la cargaison de ce navire est constituée de trucs qui font exploser des roches, des cartouches , des appareils électriques ." des batteries , et ce genre de choses ; et il y a un homme à bord qui va s'en occuper . J'ai parlé à ce soldat , et j'ai décidé qu'il serait assez facile de descendre une petite cartouche au milieu de notre cargaison et d'en faire sauter une partie. « À quoi cela vous servirait-il, dis-je, d' être réduit en chips ? « Cela pourrait en briser quelques-uns, dit-il, mais d'autres seraient seulement desserrés, et ils flotteraient jusqu'au sommet, où nous pourrions les prendre, spécialement ceux qui étaient remplis de tartes, qui doivent être assez légères. ' « Sortez, Andy, dis-je, avec tout ça ! Et il est sorti.

"Mais les idées qu'il m'avait mises en tête ne se réalisaient pas , et alors que je m'allongeais sur le dos sur le pont, regardant les étoiles, elles semblaient parfois prendre la forme d'une petite maison, avec une petite femme qui cuisinait au feu de la cuisine , et une petite goélette ancrée juste au large. Et puis encore une fois, ils se courbaient jusqu'à ressembler à un tas de boîtes de conserve neuves sans le dessus. , et toutes sortes de bonnes choses à manger à l'intérieur, des pêches spécialement en conserve - les grosses pêches blanches, douces et fraîches, chacune divisée en deux, avec un cri au milieu rempli de jus. Par George, monsieur ! la pensée même d'une boîte de conserve comme celle-là m'a fait battre les talons contre le pont. J'avais eu très faim et j'avais mangé beaucoup de porc salé, mouillé et cru, et maintenant l'idée même, même cuite " J'ai tourné le ventre. J'ai de nouveau levé les yeux vers les étoiles , et " la petite maison et " la petite goélette avaient complètement disparu, et " le ciel tout entier n'était rempli que de boîtes de conserve neuves et brillantes.

« Le matin , Andy est revenu me voir . « As-tu pris ta décision, dit-il, à propos de préparer certaines de ces bonnes choses pour le dîner de Noël ? « Concertez-vous ! » dis-je, tu parles comme si tout ce que nous avions à faire était de leur faire un "git ' em ". « Et c'est ce que je crois que nous pouvons faire, dit-il, avec l'aide de cet homme -batterie . «Oui», dis-je, «et j'ai fait exploser une grande partie de la cargaison dans les flinders et j'ai endommagé le Mary Auguster , de sorte qu'il ne pouvait jamais être emmené au port.» Et puis je lui ai dit ce que le capitaine m'avait dit et ce que j'allais faire avec l'argent. "Une petite cartouche ", dit Andy, "ferait tout ce que nous voulons, et" Ça n'a pas fait de mal au navire, non plus . En plus de ça, je ne crois pas ce que dit ce capitaine à propos de bricoler son moteur. Il est peu probable qu'il le fasse un jour rouler à nouveau , ni pomper . C'est le Mary Auguster , mon Dieu . Si j'étais toi , je préférerais avoir un dîner de Noël à la main plutôt qu'une maison et une femme dans la brousse. `Je ne suis pas Je pensais épouser une fille en Australie , dis-je. Et Andy a souri et a dit que je n'épouserais personne si je devais vivre de vivres jusqu'à ce que je l'aie.

"Un peu plus tard , je suis allé voir le capitaine et je lui ai parlé de l'idée d'Andy, mais il était déprimé. "C'est votre navire, et pas le mien", dit-il, "et si vous voulez essayer Pour lui offrir un dîner, je ne vous gênerai pas. Mais je suis convaincu que vous allez simplement endommager le navire et ne rien faire . Quoi qu'il en soit , j'en ai parlé au responsable de la batterie , et il a pensé que cela pouvait être fait, sans endommager le navire, du moins . Les hommes étaient tous favorables, car aucun d'entre eux n'avait oublié que c'était Noël. Mais Tom Simmons était contre , il pensait qu'il obtiendrait une partie de l'argent si nous amenions le Mary Auguster au port. C'était un homme égoïste, Tom, mais c'était son père , et je suppose qu'il ne pouvait pas s'en empêcher.

"Eh bien, il n'a pas fallu longtemps avant que je commence à me sentir plutôt vide et méchant, et si j'avais voulu un des programmes que nous avions sortis la veille, je n'aurais pas pu trouver grand-chose, la fourrure que les hommes avaient mangée. ça s'est passé presque toute la nuit. Et alors j'ai pris ma décision sans plus faire de bêtises , et moi et Andy Boyle et l' homme de batterie , avec quelques cartouches et une bobine de fil, Nous sommes montés dans le petit bateau côtier et nous nous sommes arrêtés au Mary Auguster . Là, nous avons descendu une petite cartouche dans l'écoutille principale et l'avons laissée reposer parmi la cargaison. Ensuite, nous avons ramé jusqu'au bateau à vapeur, déroulant le fil pendant que nous avancions. Le bat'ryman est monté sur le pont et a fixé son fil à une machine électrique qu'il avait préparée avant de partir. Andy et moi ne sommes pas sortis du bateau. Nous avions trop de sens pour ça, avec tous ces types affamés qui attendaient de sauter en elle. Mais nous avons juste poussé un peu, et nous avons juste attendu, avec nos bouches en eau , qu'il la touche. Cela a pris du temps, mais finalement il l'a fait, et à cet instant il y a eu un bruit à bord du Mary Auguster qui a fait bondir mon cœur. Andy et moi l'avons tirée comme des fous, les autres ont crié après nous , et nous étions sur le pont en un rien de temps. Le pont était entièrement recouvert de l'eau qui avait été rejetée. Mais je vous dis, monsieur, que nous avons fouillé et pêché, qu'Andy s'est déshabillé, qu'il est descendu et a nagé partout, et que nous n'avons pas trouvé une seule boîte flottante de conserves. Il y avait beaucoup d'éclats, mais nous ne savions pas d'où ils venaient . À ce moment-là, mes squames étaient en place, et je me contentais de me balader sauvagement. Cette petite cartouche ne servait à rien, et « je n'avais pas l'intention de continuer à faire des bêtises ». Nous venons de ramer jusqu'à l'autre épave, et j'ai appelé le batteur pour qu'il descende et apporte de plus grosses cartouches avec lui, de la fourrure si nous étions si nous faisons n'importe quoi, autant le faire correctement. Alors il est descendu avec un paquet de plus gros et a sauté dans le bateau. Le capitaine nous a crié d'être prudents, et « Tom Simmons s'est penché par-dessus le bastingage et a juré ; mais je n'ai prêté aucune attention à aucun d'entre eux , et nous nous sommes éloignés.

"Quand je suis monté à bord du Mary Auguster , j'ai dit au bat'ryman : 'Nous ne voulons pas de bêtises cette fois, et' je veux que vous mettiez suffisamment de cartouches pour soulever quelque chose qui fera l'affaire. pour un dîner de Noël. Je ne sais pas comment la cargaison est stockée, mais vous pouvez mettre une grosse cartouche au milieu du navire, une autre à l'avant , une autre à l'arrière, et une ou plusieurs d' entre elles. Je devrais aller chercher quelque chose . Eh bien, nous avons mis les trois cartouches en place. Ils étaient bien plus gros que celui que nous avions utilisé la première fois, et nous les avons tous attachés à un seul câble, puis nous sommes revenus en ramant, emportant le long câble avec nous. Quand nous avons atteint le bateau à vapeur, Andy et moi étions sur le point de rester dans le bateau comme nous le faisions auparavant, mais le capitaine a chanté qu'il ne permettrait pas que la batterie soit déclenchée avant que nous arrivions à bord. . « Il faut que ce soit fair-play», dit-il. « Ce sont vos responsabilités, mais c'est mon équipe qui fait le travail. Après l'avoir détruit cette fois, vous pourrez monter tous les deux dans le bateau et voir ce qu'il y a à récupérer , mais deux de mes hommes doivent nous accompagner. Alors moi et Andy avons dû monter sur le pont, et deux gros gars ont été chargés de nous accompagner dans le petit bateau le moment venu, et ensuite le bat'ryman l'a enlevé.

"Eh bien, monsieur, le bruit qui a suivi cette technologie était quelque chose à retenir. Il a éjecté l'eau, il a éjecté l'air, et il a éjecté la coque sur laquelle nous étions. Un nuage de fumée régulier et des morceaux de débris volants. des choses sont sorties du Mary Auguster ; et quand cette fumée s'est dissipée, et que l'eau était toute bouillante avec les éclaboussures de mecs de différentes tailles qui tombaient du ciel, ce qui restait du Mary Auguster était répandu sur la mer comme un tapis de bois sur lequel les oiseaux aquatiques pouvaient marcher.

"Certains hommes chantaient une chose, d'autres une autre, et j'entendais Tom Simmons jurer; mais Andy et moi n'avons jamais dit un mot, mais nous nous sommes précipités dans le bateau, suivis de près par les deux hommes qui devaient venez avec nous. Ensuite, nous avons ramé comme des diables sur tout ce qui flottait sur l'eau, là où se trouvait le Mary Auguster . Nous sommes entrés parmi les espars flottants et les poutres du navire, je garde les choses à l'écart avec une rame, les deux hommes ramant , et Andy à la proue.

"Soudain, Andy a poussé un cri, puis il s'est penché vers l'avant avec un tel rebond que j'ai cru qu'il allait passer par-dessus bord. Mais il s'est levé en une minute , ses deux mains de 11 pouces agrippées autour d'une boîte. Il assis au fond du bateau avec la boîte sur ses genoux et ses yeux rivés sur des lettres tamponnées à une extrémité. " Pidjin -pies!" » il chante. « Ce n'est pas des dindes, ni des canneberges, mais, par le Seigneur Harry, ce sont quand même des tartes de Noël ! Après cela, Andy n'a plus fait de travail, mais il a tenu cette boîte comme si c'était son premier bébé. Mais nous avons continué à pousser pour voir ce qu'il y avait d'autre. Je pense que la plus grande partie de cela La cargaison de l'écorce a été transformée en viande hachée, et la majeure partie du reste était si lourde qu'elle a coulé. Mais elle n'a pas été entièrement brisée, et elle n'a pas entièrement coulé. Il y avait un gros morceau d'épave. avec beaucoup de boîtes cuites dans les poutres, et certaines d'entre elles contenaient du bœuf prêt à l'emploi et emballé dans des boîtes de conserve, et il y avait d'autres sortes de viande, différentes sortes de légumes, et une boîte de soupe aux tortues. J'ai regardé chacun d' entre eux pendant que nous les embarquions , et quand nous avons eu le petit bateau assez bien chargé , j'ai voulu continuer à chercher ; mais les hommes ont dit que ce bateau côtier était " tu ". Je coulerais si nous prenions plus de cargaison, et alors nous avons remis en place, je me sentais triste et j'aurais dû me sentir , car j'avais commencé à avoir peur que les fruits en conserve, comme les pêches, soient lourds, et li' capable de couler.

"Dès que nous avons embarqué nos cartons, quatre hommes frais sont montés dans le bateau, et au bout d'un moment ils reviennent avec un autre chargement. Et j'ai été très attentif à lire les noms sur tous les cartons. Certains étaient de la viande. -des tartes, et certaines étaient du saumon, d'autres étaient des herrins en pot , et d'autres étaient des homards. Mais je ne pouvais rien voir qui ait jamais poussé sur un arbre.

"Eh bien, monsieur, il y avait trois chargements en tout, et le dîner de Noël que nous avons eu sur le pont avant de la coque de ce paquebot était à peu près le plus joyeux qu'on ait jamais vu lors d'une journée chaude à bord d'une épave dans le Pacifique. Océan. Le capitaine gardait l'ordre, et quand tout était prêt, les couvercles étaient retirés des cartons, et chaque homme attrapait une boîte de conserve et l'ouvrait avec son couteau. Quand il l'avait

nettoyée, il en prenait une autre sans le faire . " Beaucoup de questions quant
à la facture. Si quelqu'un a eu du pidjin -pie " à l'exception d'Andy, je ne peux
pas le dire, mais la façon dont nous nous sommes empilés dans le programme
Delmoniker aurait " a " fait ouvrir les yeux aux gens comme c'était le cas pour
leur Noël . dîners à terre ce jour-là. Certaines choses auraient été mieux cuites
un peu plus ou réchauffées, mais nous avions trop peur de la faim pour
attendre cela, et ils étaient au top comme ils l'étaient.

"Le capitaine est sorti ensuite, et il a été remorqué avec quelques barils
de farine qui n'étaient qu'à moitié trempés, et il a obtenu un autre programme
simple qui servirait à une utilisation future. Mais aucun de nous n'y a prêté
attention. des trucs comme ça après le glorieux dîner de Noël que nous avions
concocté au Mary Auguster ... Tous les hommes qui n'étaient pas de service
sont descendus et ont fait une sieste en fourrure - tous sauf moi, et je ne me
sentais pas juste tout à fait satisfait. Bien sûr, j'avais eu un dîner A1 et, bien
qu'un peu mélangé, je n'en aurais jamais mangé un plus joyeux à aucun Noël
que je connais. Mais, pour tout cela, il y avait un Je n'avais pas tout ce que
j'avais prévu quand nous avons quitté le Mary Auguster . La journée était
brûlante et beaucoup de choses que je mangeais étaient plutôt poivrées.
Maintenant, je pense, s'il n'y avait eu qu'une seule boîte de pêches comme j'ai
vu briller dans les étoiles la nuit dernière ! Et à ce moment-là, alors que je
marchais tout seul vers l'arrière, j'ai vu, logée sur le moignon du mât
d'artimon, une boîte dont un coin était enfoncé parmi les éclats. Elle était à
moitié ouverte, et je pouvais voir les boîtes de conserve. Brillant à travers la
fissure. J'ai sauté dessus et j'ai arraché le côté. Sur le dessus de la première
boîte de conserve que j'ai semée se trouvait une photo d'une grosse pêche
blanche avec des feuilles vertes. Cette boîte avait explosé si haut que S'il était
tombé n'importe où, sauf parmi ces éclats, il se serait brisé en flèches ou
aurait tué quelqu'un . la fourrure, à ma connaissance, c'est la seule chose qui
est tombée près de nous, et par George, monsieur, je l'ai eu ! Quand j'en ai
fini une boîte, j'ai cherché Andy, puis nous sommes allés manger encore. « Eh
bien, dit Andy pendant que nous mangions , que pensez - vous maintenant
de faire exploser votre femme, votre maison et cette petite goélette que vous
alliez posséder ? »

« Andy, dis-je, c'est le Noël le plus joyeux que j'ai jamais eu , et si je
devais vivre jusqu'à vingt cents ans, je ne crois pas que je n'aurais pas de Noël
plus joyeux , avec les choses qui arrivent ainsi. tapotez, alors ne lancez pas de
shadders .

"` Shadders !' dit Andy. "Ce n'est pas moi. Je laisse ce genre de chose à
Tom Simmons."

"" Shadders est cool ", dis-je, " et je pourrais m'endormir sous tout ce
qu'il lance. "

"Eh bien, monsieur," continua le vieux Silas, posant sa main sur la barre et tournant son visage vers la mer, "si Tom Simmons avait gardé le commandement de cette épave, nous serions tous couchés là et attendrions et attendrions que certains des nous étions affamés, et les autres n'ont rien eu, le capitaine n'a jamais réparé son moteur, et il n'a pas fallu plus d' une semaine avant que nous décollions, et puis c'était par un voilier . navire, qui a laissé la coque du Water Crescent derrière lui, tout comme il aurait dû quitter le Mary Auguster si cette joyeuse vieille épave de Noël avait été là.

" Et maintenant, monsieur, " dit Silas, " voyez -vous cette étendue de petites ondulations au-dessus de là- bas , comme si c'était beaucoup de harengs qui se retournaient pour sécher leurs flancs ? Savez-vous ce que c'est ? C'est le vent du souper. Ça veut dire du café, des petits pains chauds, et un peu de poisson grillé , et des pertaters , et peut -être, si la vieille femme se sent d'une bonne humeur particulière , certains pêches en conserve – de grosses pêches blanches , coupées en deux, avec une place criante au milieu remplie de jus frais et sucré.

MON PUITS ET CE QUI EN RESORT

Au début de ma vie conjugale, j'ai acheté une petite propriété de campagne que ma femme et moi considérions comme un paradis. Après avoir profité de ses délices pendant un peu plus d'un an, nos âmes furent attristées par la découverte que notre Eden contenait un serpent. L'approvisionnement en eau était insuffisant.

C'était une saison des pluies lorsque nous y sommes allés pour la première fois, et pendant longtemps nos citernes nous ont donné pleine satisfaction en eau, mais au début de cette année une sécheresse s'était installée et nous avons été obligés de faire extrêmement attention à notre eau.

Il était tout naturel que la pénurie d'eau pour les usages domestiques affectât ma femme bien plus que moi, et voyant le mécontentement qui grandissait dans son esprit, je résolus de creuser un puits. Dès le lendemain, je me mis à la recherche d'un puisatier. Un tel individu n'était pas facile à trouver, car dans la région où je vivais, les puits étaient devenus démodés ; mais je résolus de persévérer dans mes recherches, et au bout d'une semaine environ, je trouvai un puisatier.

C'était un homme d'apparence quelque peu rude, mais d'une tournure d'esprit complaisante. Il était facile de voir qu'il désirait sincèrement me servir.

" Et maintenant, " dit-il, après que nous eussions eu une petite conversation sur les termes, " la première chose à faire est de découvrir où il y a de l'eau. Avez-vous un pêcher à cet endroit ? " Nous avons marché jusqu'à un tel arbre et il en a coupé une branche fourchue.

« Je pensais, dis-je, que les baguettes divinatoires étaient toujours en bois de noisetier.

"Une brindille de pêcher fera tout aussi bien l'affaire", dit-il, et j'ai depuis découvert qu'il avait raison. Les bâtonnets divinatoires du pêcher tourneront et trouveront de l'eau tout aussi bien que ceux du noisetier ou de toute autre espèce de bois.

Il prit un bout de brindille dans chaque main et, la pointe dépassant devant lui, il marcha lentement sur l'herbe de mon petit verger. Bientôt, la pointe de la brindille parut se courber vers le sol.

« Là, dit-il en s'arrêtant, vous trouverez ici de l'eau.

"Je ne veux pas de puits ici", dis-je. "C'est au bas d'une colline, et ma cour de grange est en haut. En plus, elle est trop loin de la maison."

"Très bien", dit-il. "Nous allons essayer ailleurs."

Sa verge tournait à plusieurs autres endroits, mais j'avais des objections à chacun d'eux. Un ingénieur sanitaire m'avait rendu visite une fois, et il m'avait donné de nombreux conseils en matière de drainage, et je savais ce qu'il fallait éviter.

Nous avons traversé la crête de la colline et pénétré dans les basses terres de l'autre côté. Ici, aucun bâtiment, rien qui puisse nuire à la pureté d'un puits. Mon puisatier marchait lentement sur le sol avec sa baguette magique. Très vite, il s'écria : « Voici de l'eau ! Et, prenant un bâton, il en aiguisa une extrémité et l'enfonça dans le sol. Puis il sortit une ficelle de sa poche et, faisant une boucle à une extrémité, il la passa sur le bâton.

"Qu'est-ce que tu vas faire?" J'ai demandé.

"Je vais faire un cercle de quatre pieds de diamètre", a-t-il déclaré. "Il faut creuser un puits aussi large que ça, tu sais."

"Mais je ne veux pas de puits ici", dis-je. "Il est trop près du mur. Je ne pourrais pas construire une maison dessus. Cela ne suffirait pas du tout."

Il s'est levé et m'a regardé. "Eh bien, monsieur," dit-il, "voulez-vous me dire où vous aimeriez avoir un puits ?"

"Oui," dis-je. "Je voudrais l'avoir là-bas, dans le coin de la haie. Ce serait assez près de la maison; il aurait une exposition chaude, ce qui sera désirable en hiver; et la petite maison sur lequel j'ai l'intention de construire serait plus beau là-bas que partout ailleurs.

Il prit sa baguette magique et se rendit à l'endroit que je lui avais indiqué. "Est-ce que c'est l'endroit ?" » a-t-il demandé, souhaitant être sûr de m'avoir compris.

"Oui," répondis-je.

Il mit sa brindille en place, et en quelques secondes elle tourna en direction du sol. Puis il a descendu un bâton, a tracé un cercle, et le lendemain il est venu avec deux hommes et un derrick et a commencé à creuser mon puits.

Lorsqu'ils furent descendus de vingt-cinq pieds, ils trouvèrent de l'eau, et lorsqu'ils furent descendus de quelques pieds plus profondément, ils commencèrent à avoir peur de se noyer. J'ai pensé qu'ils devraient aller plus profondément, mais le puisatier a dit qu'ils ne pouvaient pas creuser sans avoir d'abord retiré l'eau, et que l'eau entra aussi vite qu'ils l'avaient vidé, et il m'a demandé de la mettre à moi-même et dites-lui comment ils pourraient creuser plus profondément. Je me suis posé la question, mais je n'ai trouvé aucune réponse. J'ai également soumis la question à quelques spécialistes, et il a été généralement admis que si l'eau arrivait aussi vite qu'elle était retirée, on ne pouvait rien désirer de plus. Le puits était donc assez profond. Elle était bordée de grandes tuiles de près d'un mètre de diamètre, et mon puisatier, après m'avoir félicité de trouver de l'eau si facilement, me salua et partit avec ses hommes et son derrick.

De l'autre côté du mur qui délimitait mon terrain et près duquel mon puits avait été creusé, il y avait un chemin de campagne, sans issue particulière, qui semblait être là pour laisser passer les gens qui pourraient sinon je serai obligé de m'arrêter.

Dans cette ruelle passaient mes voisins, et souvent des étrangers passaient, et comme mon puits était facilement visible par-dessus le muret de pierre, sa construction avait suscité beaucoup d'intérêt. Certains des gens qui passaient par ici étaient des gens d'été de la ville, et je suis sûr, d'après les remarques que j'ai entendues, qu'il était considéré comme une chose très étrange de creuser pour trouver de l'eau. Bien sûr, ils devaient savoir que les gens faisaient cela dans les temps anciens, même à l'époque de Jacob et de Rébecca, mais les expressions de certains de leurs visages indiquaient qu'ils se souvenaient que nous étions au XIXe siècle.

Mes voisins, cependant, étaient tous des ruraux et beaucoup plus intelligents en matière d'approvisionnement en eau. L'un d'eux, nommé Phineas Colwell, s'intéressa plus vivement à mes opérations que quiconque . C'était un homme d'une cinquantaine d'années, qui avait été militaire. Ce fait restait vivant dans l'esprit de ses associés grâce à son costume vestimentaire, dont une partie était toujours militaire. S'il ne portait pas une vieille camisole à boutons de cuivre, il portait son pantalon bleu, ou peut-être un gilet qui appartenait à son uniforme, et s'il n'en portait aucun, son chapeau militaire apparaissait sur sa tête. Je pense qu'il devait aussi être marin, à en juger par les petits anneaux dorés à ses oreilles. Mais quand je l' ai connu pour la première fois , il était charpentier, qui effectuait des travaux de maçon chaque fois que l'un des voisins avait un travail de ce genre. Il travaillait également dans les jardins pendant la journée et m'avait dit qu'il comprenait le soin des chevaux et qu'il était un très bon conducteur. Il travaillait parfois dans les fermes, surtout au moment des récoltes, et je sais qu'il savait peindre, car il m'a montré un jour une clôture qu'il disait avoir peinte. Je le voyais souvent, car il semblait toujours soit aller à son travail, soit en revenir. En fait, il semblait considérer le travail réel à la lumière d'une mauvaise habitude qu'il voulait cacher et qu'il s'efforçait continuellement de réformer.

Phineas marchait dans notre allée au moins une fois par jour et chaque fois qu'il me voyait , il me parlait du puits. Il n'a pas approuvé le lieu que j'avais choisi pour cela. S'il avait creusé un puits, il l'aurait placé dans un endroit très différent. Quand je lui avais parlé quelque temps et lui avais expliqué pourquoi j'avais choisi cet endroit, il disait que j'avais peut-être raison et commençait à parler d'autre chose. Mais la prochaine fois que je le reverrais, il réaffirmerait que s'il avait creusé aussi bien, il ne l'aurait pas mis là.

À environ un quart de mile de ma maison, au détour d'une ruelle, vivait Mme Betty Perch. Elle était veuve et avait environ douze enfants. Quelques-uns d'entre eux étaient les siens, et les autres, elle avait hérité de deux sœurs qui s'étaient mariées et étaient décédées, et dont les maris, ayant prouvé leur déloyauté en se remariant, n'étaient pas autorisés par Mme Perch indignée à reprendre possession de leur progéniture . . L'observateur occasionnel aurait pu supposer que le nombre de ces enfants était très grand, quinze ou peut-être même vingt, car s'il en voyait un groupe sur le pas de la porte, il en verrait beaucoup plus s'il regardait de plus près. le petit jardin ; et sous quelques cèdres, au fond de la maison, il y en avait toujours aux beaux jours. Mais peut-être cherchaient-ils à augmenter leur nombre apparent et couraient-ils d'un endroit à un autre pour être prêts à rencontrer des regards, comme le célèbre clown Grimaldi, qui avait l'habitude de assister à ses représentations dans un théâtre de Londres, puis de s'élancer dans sa peinture et hétéroclite à l'autre, afin que les gens qui vont au théâtre puissent imaginer qu'il y a deux plus grands clowns au monde.

Lorsque Mme Perch avait le temps, elle cousait pour les voisines et, qu'elle en ait le temps ou non, elle était toujours prête à leur donner des nouvelles. Dès qu'elle a appris que j'allais creuser un puits, elle s'y est intéressée au plus haut point. Son propre approvisionnement en eau n'était pas satisfaisant, car elle dépendait d'une petite source qui tarissait parfois en été, et si mon puits s'avérait bon, elle savait que je ne m'opposerais pas à ce qu'elle envoie les enfants chercher des seaux d'eau sur place. occasions.

"Ce sera amusant pour eux", a-t-elle dit, "et si votre eau est vraiment bonne , elle me sera souvent très utile. M. Colwell me dit ", a-t-elle poursuivi, "que vous avez placé votre puits au mauvais endroit. ... C'est un homme pratique et il sait tout sur les puits, et j'espère que, pour votre bien, il peut se tromper.

Mes voisins étaient généralement pessimistes. Les gens de la campagne sont proverbialement prudents, et le pessimisme est de la prudence. Nous nous sentons en sécurité lorsque nous doutons du succès d'un autre, car s'il réussit, nous pouvons dire que nous sommes heureux de nous être trompés, et ainsi passer d'une position de bon jugement à une position de générosité sans avoir le sentiment d'avoir changé notre niveau de mérite. . Mais l'optimiste se retrouve souvent dans de terribles ennuis, car s'il se trompe , il ne peut pas dire qu'il s'en réjouit.

Mais quoi qu'il en soit, un pessimiste est déprimant, et c'était donc un grand plaisir pour moi d'avoir un ami qui était un optimiste pur et simple. En fait, on pourrait le qualifier d'optimiste au travail. Il vivait à environ six miles de chez moi et avait un passe-temps qui était les phénomènes naturels. Il était toujours à la recherche de ce genre de choses, et lorsqu'il les trouvait , il étudiait sa nature et ses effets. C'était un homme dans la maturité de la jeunesse, et si le domaine dans lequel il vivait n'avait pas appartenu à sa mère, il aurait consacré beaucoup de temps et d'argent à en étudier les phénomènes naturels. Il venait souvent me voir et me disait toujours combien il serait heureux s'il avait l'occasion de creuser un puits.

« J'ai le désir le plus fou, dit-il, de savoir ce qu'il y a sous notre terre et s'il arrive au cours du temps que les limites de l'existence terrestre soient atteintes, je veux dire si le domaine entre mes mains - je descendrais, descendrais, descendrais, jusqu'à ce que j'aie découvert tout ce qui pouvait être découvert. Posséder un morceau de terre de quatre mille milles de long et seulement savoir ce qu'il y a à la surface de l'extrémité supérieure de ce n'est pas viril. Nous pourrions tout aussi bien être des bêtes en train de paître.

Il regrettait que je ne creuse que pour obtenir de l'eau, car l'eau est une chose très courante, mais il était sûr que j'en obtiendrais, et quand mon puits fut terminé, il fut l'un des premiers à me féliciter.

« Mais si j'avais été à votre place, dit-il, avec le plein droit de faire ce que je voulais, je n'aurais pas laissé partir ces hommes. Je les aurais mis au travail dans un endroit où il n'y aurait aucun danger. de trouver de l'eau, du moins pendant longtemps, et alors vous auriez découvert quels sont les trésors les plus profonds de votre terre.

Ayant terminé mon puits, je me mis maintenant à amener l'eau dans ma résidence voisine . J'ai construit une maison au-dessus du puits et j'y ai installé un petit moteur, et au moyen d'un système de tuyaux, comme les artères et les veines du corps humain, j'ai proposé de distribuer l'eau aux divers points désirables de ma maison.

Le moteur, c'était le cœur, qui devait amorcer la circulation, qui devait la maintenir en marche, et qui devait envoyer palpiter par tous les tuyaux l'eau qui, si elle n'était pas notre vie, lui était bien nécessaire.

Quand tout fut prêt , nous démarrâmes le moteur et, en très peu de temps, nous découvrîmes que quelque chose n'allait pas. Pendant quinze ou vingt minutes , l'eau coula dans le réservoir au sommet de la maison, avec un bruit qui était plus grandiose aux oreilles de ma femme et de moi que le rugissement du Niagara, puis elle s'arrêta. L'enquête a prouvé que le débit s'était arrêté parce qu'il n'y avait plus d'eau dans le puits.

Il est inutile de détailler les examens, les investigations et la multitude de conseils et d'opinions dont notre esprit fut rempli pendant les jours suivants. Il était évident que, même si ce puits était tout à fait capable de répondre aux exigences d'une pompe manuelle ou d'un seau à écope, l'eau n'y coulait pas aussi vite qu'elle pourrait être pompée par un moteur. Ainsi, aux fins d'alimenter la circulation de mon système d'eau domestique, le puits a été déclaré en panne.

Mon échec a fait beaucoup parler de nous dans le quartier et nous avons reçu beaucoup de sympathie et de condoléances. Phineas Colwell n'a pas été surpris de l'issue de l'affaire. Il avait dit que le puits avait été placé au mauvais endroit. Mme Betty était non seulement surprise, mais dégoûtée.

"C'est très bien pour vous," dit-elle, "qui pourriez vous permettre d'acheter de l'eau si c'était nécessaire, mais c'est très différent avec la veuve et l'orphelin. Si je n'avais pas supposé que vous auriez un vrai puits , j'aurais fait nettoyer et approfondir ma source. J'aurais pu le faire au début de l'été, mais cela ne sert à rien maintenant. La source est asséchée."

Elle a dit à une voisine qu'elle croyait que le creusement de mon puits avait tari sa source, et que c'était ainsi que va le monde, où la veuve et l'orphelin sont sûrs de sortir par le petit bout.

Bien entendu, je n'ai pas cédé à la défaite – du moins, non sans lutte. J'avais un puits, et si quelque chose pouvait être fait pour que ce puits m'approvisionne en eau, j'allais le faire. J'ai consulté des spécialistes et, après un examen attentif de la question, ils ont convenu qu'il ne serait pas judicieux pour moi d'essayer d'approfondir mon puits actuel, car il y avait des raisons de supposer qu'il y avait très peu d'eau à l'endroit où je l'avais creusé. et que la meilleure chose que je puisse faire serait d'essayer un puits creusé. Comme j'avais déjà creusé environ trente pieds, cela me représentait un grand gain, et si je devais faire insérer un tuyau de six pouces dans mon puits actuel, puis le faire descendre et descendre jusqu'à ce qu'il arrive à un endroit où il y avait beaucoup d'eau. , j'aurais tout ce que je voulais.

Bien sûr, ils ne savaient pas jusqu'où il faudrait enfoncer le tuyau, mais ils étaient tous d'accord sur le fait que si j'enfonçais suffisamment profondément, j'obtiendrais toute l'eau que je voulais. C'était le seul genre de puits, disaient-ils, qu'on pouvait creuser aussi profondément qu'on voulait sans être gêné par l'eau du fond. Ma femme et moi avons alors réfléchi à la question et avons finalement décidé que ce serait un gaspillage de l'argent que nous avions déjà dépensé pour le moteur, les canalisations et la petite maison et, comme il n'y avait rien d'autre à faire que de conduire un puits, nous aurions un puits conduit.

Bien sûr, nous étions tous deux très désolés qu'il faille recommencer les travaux, mais j'étais particulièrement mécontent, car le temps devenait froid, il y avait déjà de la neige au sol, et on m'a dit que les travaux ne pourraient pas être poursuivis en hiver. . Je n'ai cependant pas perdu de temps pour conclure un contrat avec un chauffeur de puits, qui m'a assuré que dès que la saison de travail s'ouvrirait, ce qui serait probablement très tôt au printemps, il viendrait chez moi et commencerait à conduire. mon bien.

La saison s'est effectivement ouverte, tout comme les fleurs de pois, et les gousses ont commencé à se remplir avant que je revoie ce puits-pilote. Entre-temps, j'avais eu beaucoup de correspondance avec lui, le pressant d'agir rapidement, mais il avait toujours de bonnes raisons de tarder. (J'ai découvert par la suite qu'il était occupé à remplir un contrat conclu avant le mien, dans lequel il promettait de conduire un puits dès l'ouverture de la saison.)

Enfin, c'était au début de l'été, il arriva avec ses derricks, une machine à vapeur, un marteau-pilon et beaucoup d'hommes. Ils ont démonté le toit de ma maison, enlevé le moteur et se sont mis au travail.

Pendant de longues journées, et je suis désolé de le dire, pendant de nombreuses nuits plus longues, ce marteau-piqueur a martelé et cogné. Le lendemain du début du travail de nuit, un de mes voisins est venu me voir pour savoir pourquoi il faisait cela. Je lui ai dit qu'ils avaient hâte de s'en sortir.

« Traverser quoi ? a-t-il dit. "La terre ? S'ils font cela et que votre tuyau de six pouces sort dans le jardin d'un Chinois, il vous poursuivra en justice pour dommages et intérêts."

Lorsque le tuyau eut traversé la couche molle située sous l'ancien puits et commença à atteindre un sol plus ferme, le martèlement et les secousses de la terre devinrent de plus en plus graves. Ma femme a été obligée de quitter la maison avec notre enfant.

« S'il doit se passer à la fois d'eau et de sommeil, dit-elle, il ne pourra pas survivre longtemps. Et j'étais d'accord avec elle.

Elle partit pour une agréable station d'été où séjournait sa sœur mariée avec son enfant, et de semaine en semaine je recevais d'elle des lettres très agréables, me parlant des charmes de l'endroit et m'attardant particulièrement sur l'abondance de l'eau de source fraîche avec dont la maison a été approvisionnée.

Pendant que se déroulaient ces terribles coups, j'ai entendu divers rapports sur ses effets sur mes voisins. L'un d'eux, un agriculteur, avec qui j'avais toujours été en bons termes, arriva avec un front assombri.

"Quand j'ai ressenti ces secousses pour la première fois", dit-il, "je pensais qu'elles étaient les effets de perturbations sismiques, et cela ne me dérangeait pas, mais quand j'ai découvert que c'était votre puits, j'ai pensé que je devrais venir en parler . ne vous opposez pas aux secousses de ma grange, car mon homme me dit que les secousses continuelles sont le battage de l'avoine et du blé, mais je n'aime pas que toutes mes pommes et mes poires soient secouées de mes arbres. Et puis, dit-il, "J'ai une couvée tardive de poules, et elles ne peuvent pas marcher, parce que chaque fois qu'elles essaient de faire un pas, elles sont projetées dans les airs d'environ un pied. Et encore une fois, nous avons dû renoncer à manger de la soupe. Nous aimons la soupe, mais nous ne nous soucions pas de le voir jaillir comme une fontaine chaque fois que ce marteau tombe.

J'étais désolé de déranger cet ami et je lui ai demandé ce que je devais faire. "Voulez-vous que j'arrête les travaux sur le puits ?" dis-je.

"Oh non," dit-il chaleureusement. "Continuez le travail. Il vous faut de l'eau et nous essaierons de résister aux chocs. J'ose dire que c'est bon pour la dyspepsie, et les vaches s'habituent à avoir l'herbe collée contre leur nez. Allez-y, nous Je peux le supporter pendant la journée, mais si vous pouviez arrêter le travail de nuit, nous serions très heureux. Certaines personnes peuvent penser que c'est une source de plaisir que de rebondir hors du lit, mais ce n'est pas mon cas.

Mme Perch est venue vers moi avec un visage comme un citron pressé et m'a demandé si je pouvais lui prêter cinq ongles.

"Quel type?" dis-je.

"Le genre avec lequel on cloue des planches à clin", dit-elle. "Il y en a un qui a été entièrement secoué de ma maison près de votre puits. J'espère qu'avant que les autres ne soient tous secoués, je récupérerai l'argent qui me est dû et pourrai me permettre de m'acheter des clous."

J'ai arrêté le travail de nuit, mais c'était tout ce que je pouvais faire pour ces voisins.

Mon ami optimiste a été ravi lorsqu'il a entendu parler de ma bonne conduite. Il vivait si loin que lui et sa mère n'étaient pas dérangés par les secousses du sol. Maintenant, il était sûr que certains des secrets internes de la terre seraient dévoilés, et il venait chaque jour à cheval ou en voiture pour voir ce que nous sortions du puits. Je sais qu'il avait peur que nous ayons bientôt de l'eau, mais il était trop bon pour le dire.

Un jour, le tuyau refusa d'aller plus loin. Peu importe la force avec laquelle il a été frappé, il a rebondi. Lorsqu'une partie de la substance qu'il avait frappée fut soulevée, elle ressemblait à de la craie française, et mon optimiste l'examina avec impatience.

« Une mine de craie française, dit-il, ne serait pas une mauvaise chose, mais j'espérais que vous aviez trouvé un lit de gutta-percha minérale. Ce serait une grande trouvaille.

Mais le lit de craie fut enfin dépassé, et nous recommençâmes à n'élever que de la terre commune.

« Je suppose, me dit un matin mon optimiste, que tu devras bientôt venir chercher de l'eau, et si tu le fais, j'espère que ce sera de l'eau chaude.

"Eau chaude!" M'écriai-je. "Je ne veux pas ça."

"Oh, oui, tu le ferais, si tu y avais réfléchi autant que moi," répondit-il. "La nuit dernière, je suis resté éveillé pendant des heures, pensant à ce qui se passerait si vous tombiez sur de l'eau chaude. En premier lieu, elle serait absolument pure, car même s'il était possible aux germes et aux bacilles de pénétrer aussi profondément, ils seraient bouilli avant de les obtenir, et ensuite vous pourriez refroidir cette eau pour la boire. Une fois fraîche, elle serait déjà chauffée pour la cuisine et les bains chauds. Et puis, pensez-y ! vous pourriez introduire le système de chauffage à eau chaude dans votre maison, et il y aurait de l'eau chaude toujours prête. Mais ce qui serait génial serait votre jardin. Pensez à l'eau chaude qui circule dans les tuyaux de haut en bas et sous tous vos lits ! Ce jardin fleurirait en hiver comme d'autres le font dans l'été ; au moins, on pourrait commencer à avoir des haricots de Lima et des tomates dès que le gel serait passé.

J'ai ri. "Il faudrait beaucoup de pompage", dis-je, "pour faire tout cela avec l'eau chaude."

"Oh, j'ai oublié de dire", s'écria-t-il avec des yeux pétillants, "que je ne crois pas que tu auras jamais besoin de pomper davantage. Tu es maintenant descendu si loin que je suis sûr que tout ce que tu trouveras remontera de lui-même." ... Il jaillira haut dans les airs ou à travers tous vos tuyaux, et fonctionnera toujours.

Phineas Colwell était là lorsque cela a été dit, et il a dû se rendre chez Mme Betty Perch pour en discuter avec elle, car dans l'après-midi, elle est venue me voir.

« Je comprends, » dit-elle, « que vous essayez de tirer de l'eau chaude de votre puits, et qu'il y en aura probablement beaucoup plus que ce dont vous avez besoin, de sorte qu'elle s'écoulera au bord de la route. Je veux juste dire que si un jet d'eau chaude passe devant ma maison, certains enfants seront obligés d'y entrer et d'être échaudés à mort, et je suis venu dire que si ce puits doit jaillir de l' eau bouillante J'aimerais avoir un préavis pour pouvoir déménager, mais personne ne sait où une veuve avec tant d'orphelins va déménager. M. Colwell dit que si vous lui aviez demandé de vous dire où mettre ce puits, il aurait il n'y a eu aucun danger de ce genre de chose.

Le lendemain, l'optimiste est venu me voir, le visage flamboyant d'une idée nouvelle. « Je suis venu exprès pour vous exhorter, s'écria-t-il, si vous deviez trouver de l'eau chaude, à ne pas vous arrêter là. Continuez, et, par George ! vous pouvez faire du feu.

"Cieux!" J'ai pleuré.

"Oh, bien au contraire", dit-il. "Mais ne plaisantons pas. Je pense que ce serait la chose la plus grandiose de cet âge. Pensez bien à un feu, avec des flammes qui s'élèvent peut-être à une centaine de pieds de haut !"

J'aurais aimé que Phineas Colwell ne soit pas là. En l'occurrence, il pâlit et s'assit contre le mur.

"Vous avez l'air étonné !" s'écria l'optimiste, mais écoutez-moi. Vous n'avez pas pensé à cette chose comme moi. Si vous allumiez le feu, votre fortune serait faite. Par un système de réflecteurs, vous pourriez éclairer tout le pays. Au moyen de tuiles et de Cette région pourrait devenir tropicale. Vous pourriez chauffer toutes les maisons du quartier avec de l'air chaud. Et puis l'électricité que vous pourriez produire - pensez-y ! La chaleur, c'est l'électricité ; le coût de l'électricité est le combustible. Vous pourriez fournir de l'électricité. " à tous ceux qui le voulaient. Vous pourriez remplir cette région d'industries. Mon cher monsieur, vous devez excuser mon agitation, mais si vous devez allumer le feu, il n'y a aucune limite aux possibilités de réalisation. "

"Mais je veux de l'eau", dis-je. "Le feu ne remplacerait pas cela."

"Oh, l'eau, c'est une bagatelle", dit-il. "Vous pourriez faire poser des canalisations depuis la ville ; ce n'est qu'à environ trois kilomètres. Mais le feu ! Personne n'est encore descendu assez profondément pour cela. Vous avez votre avenir entre vos mains."

Comme je ne me souciais pas de lier mon avenir au feu, cette idée ne m'a pas frappé très fortement, mais elle a frappé Phineas Colwell. Il ne m'a rien dit, mais après mon départ , il est allé chez les puisatiers.

« Si vous sentez les tuyaux chauffer, leur dit-il, je vous préviens d'arrêter. J'ai été dans des pays où il y a des volcans et je sais ce que c'est. Il y en a assez dans ce monde, et il n'y en a pas. besoin d'en faire de nouveaux.

Dans l'après-midi, un routier qui passait par hasard m'apporta un mot de Mme Perch, très mal orthographié, me demandant si je pouvais laisser un de mes hommes lui apporter un seau d'eau, car elle ne pouvait pas penser à venir elle-même ou laisser l'un des enfants s'approcher de chez moi si des incendies étaient attendus.

Le forage s'était prolongé, avec des intermittences pour cause de maladie dans les familles des divers ouvriers, jusqu'à atteindre la limite que j'avais fixée, et nous n'avions pas trouvé d'eau en quantité suffisante, chaude ou froide, ni si nous avions mis le feu, ou quoi que ce soit d'autre qui en vaille la peine.

Les puisatiers et certains spécialistes étaient d'avis que si j'allais creuser dix, vingt ou peut-être cent pieds de profondeur, j'aurais très probablement toutes les chances d'obtenir toute l'eau que je désirais. Mais, bien sûr, ils ne pouvaient pas dire à quelle profondeur ils devaient aller, car certains puits mesuraient plus de mille pieds de profondeur. Je secouai la tête à cela. Il semblait n'y avoir qu'une seule chose certaine à propos de cette entreprise de forage : c'était la dépense. J'ai refusé d'aller plus loin.

« Je pense, me dit un voisin facétieux, qu'il vous reviendrait moins cher d'acheter beaucoup d' eau Apollinaris — au prix de gros, bien sûr — et de laisser vos hommes ouvrir autant de bouteilles par jour et les vider dans votre réservoir. Vous constaterez que cela rapportera mieux à long terme.

Phineas Colwell m'a dit que lorsqu'il avait informé Mme Perch que j'allais arrêter les opérations, elle était dans un état d'esprit épouvantable. Après tout ce qu'elle avait enduré, disait-elle, c'était tout simplement cruel de penser que je m'arrêtais avant d'avoir de l'eau, et cela après avoir tari sa source !

C'est ce que Phineas a dit, mais quand je l'ai rencontrée ensuite, elle m'a dit qu'il avait déclaré que si j'avais mis le puits là où il pensait qu'il devrait être, j'aurais eu toute l'eau que je voulais auparavant.

Mon optimiste a été terriblement abattu lorsqu'il a appris que je n'irais pas plus loin.

"J'ai eu peur de cela", a-t-il déclaré. " J'en ai eu peur. Et si les circonstances s'étaient arrangées de telle sorte que j'avais eu de l'argent, j'aurais été heureux d'assumer les dépenses d'explorations plus approfondies. J'ai beaucoup réfléchi à la question, et j'ai soyez sûr que même si vous n'aviez pas d'eau ou quoi que ce soit d'autre qui pourrait s'avérer utile pour vous, ce serait un grand avantage d'avoir un tuyau enfoncé dans la terre à une profondeur de, disons, mille pieds.

"Quel avantage cela pourrait-il être?" J'ai demandé.

"Je vais vous le dire " , dit-il. "Vous auriez alors l'une des plus grandes opportunités jamais offertes à l'homme de construire un moteur à gravité. Ce serait un moteur dont le fonctionnement ne coûterait rien du tout. Il n'aurait pas besoin de carburant. La gravité serait la puissance. ferait fonctionner une pompe à merveille. Vous pourriez la démarrer quand vous le souhaitez et l'arrêter quand vous le souhaitez.

"Pompe!" dis-je. "A quoi sert une pompe sans eau ?"

"Oh, bien sûr, tu devrais avoir de l'eau," répondit-il. "Mais, peu importe comment vous l'obtiendrez, vous devrez le pomper jusqu'à votre réservoir afin de le faire circuler dans votre maison. Maintenant, ma pompe à gravité ferait cela à merveille. Vous voyez, la pompe serait disposée avec des roues dentées et tout ce genre de choses, et la puissance serait fournie par un poids, qui serait un cylindre de plomb ou de fer, attaché à une corde et descendu à l'intérieur de votre tuyau. Pensez-y ! mille pieds, et où y a-t-il quelque chose travaillé par le poids qui fasse une telle chute ? »

J'ai ri. "C'est très bien," dis-je. "Mais qu'en est-il de la puissance nécessaire pour remonter ce poids lorsqu'il atteint le fond ? Il me faudrait un moteur pour faire cela."

"Oh non," dit-il. "J'ai mieux planifié la chose que cela. Vous voyez, plus le poids est grand, plus la puissance et la vitesse sont grandes. Maintenant, si vous prenez un cylindre solide de plomb d'environ quatre pouces de diamètre, de sorte qu'il glisse facilement dans votre tuyau ,— vous pourriez le graisser, d'ailleurs, — et vingt pieds de long, ce serait un poids énorme, et en descendant lentement pendant environ une heure par jour — car ce serait assez long pour votre pompage — et en descendant un mille pieds, cela ferait tourner votre moteur pendant un an. Or, à la fin de l'année, vous ne pourriez pas espérer soulever ce poids à nouveau. Vous auriez un dispositif de déclenchement qui le détacherait de la corde lorsqu'il arriverait à Ensuite, vous enrouleriez votre corde — un homme pourrait le faire en peu de temps — et vous attacheriez un autre cylindre de plomb, et cela ferait fonctionner votre moteur pendant encore un an, moins quelques jours, car il descendre seulement neuf cent quatre-vingts pieds. L'année suivante, vous mettriez un autre cylindre, et ainsi de suite. Je n'ai pas calculé les chiffres exactement, mais je pense que de cette façon, votre moteur fonctionnerait pendant trente ans avant que le tuyau ne devienne entièrement rempli de cylindres. Ce serait probablement aussi longtemps que vous voudriez que l'eau pénètre de force dans la maison. »

"Oui", dis-je, "je pense que c'est probable."

Il vit que son projet ne me parut pas favorable. Soudain, une lumière éclaira son visage.

"Je vous dis ce que vous pouvez faire avec votre pipe," dit-il, "telle qu'elle est. Vous pouvez y installer une horloge qui fonctionnerait pendant quarante ans sans se remonter."

Je souris, et il se tourna tristement vers son cheval ; mais il n'avait pas parcouru dix mètres avant de revenir et de m'appeler par-dessus le mur.

"Si la terre au fond de votre tuyau devait un jour céder à la pression et céder, et si de l'eau ou du gaz, ou... quoi que ce soit, devait en sortir, je vous prie de me le faire savoir le plus tôt possible."

J'ai promis de le faire.

Une fois les coups terminés, ma femme et mon enfant sont rentrés à la maison. Mais la saison restait sèche, et même leur présence ne pouvait contrecarrer le sentiment d'aridité qui semblait imprégner tout ce qui nous appartenait, matériel ou immatériel. Nous avons eu beaucoup de commisération de la part de nos voisins. Je pense que même Mme Betty Perch a commencé à nous plaindre un peu, car sa source avait recommencé à couler un peu, et elle m'a fait dire que si nous avions vraiment besoin d'eau, elle serait prête à partager avec nous . . Phineas Colwell était évidemment désolé pour nous, mais il ne pouvait s'empêcher de penser et de dire que si je l'avais consulté, le malheur aurait été évité.

C'était à la fin de l'été que ma femme revint et lorsqu'elle fit sa première visite d'inspection du terrain et des jardins, ses yeux, bien sûr, tombèrent sur le puits inachevé. Elle était choquée.

"Je n'ai jamais vu une telle scène de naufrage", a-t-elle déclaré. "Cela ressemble à une ville occidentale après un cyclone. Je pense que la meilleure chose que vous puissiez faire est de nettoyer ces effroyables détritus, de lisser et de ratisser le sol, de réparer les murs et de remettre le toit de cette petite maison, et ensuite Si nous pouvons faire croire à quelqu'un que c'est une glacière, tant mieux."

C'était un bon conseil, et j'envoyai chercher un homme pour mettre de l'ordre aux abords du puits et lui donner l'air de propreté qui caractérise le reste de notre maison.

L'homme qui est venu s'appelait M. Barnet. C'était un homme contemplatif avec une pipe à la bouche. Après avoir travaillé sur place une demi-journée, il m'a fait venir et m'a dit :

"Je vais vous dire ce que je ferais si j'étais à votre place. Je mettrais cette station de pompage en ordre, j'installerais le moteur et je placerais la pompe dans ce puits de trente pieds. je creusais et je pompais de l'eau dans ma maison. »

Je l'ai regardé avec étonnement.

"Il y a beaucoup d'eau dans ce puits", a-t-il poursuivi, "et s'il y en a autant maintenant pendant cette sécheresse, vous en aurez sûrement encore beaucoup plus lorsque le temps ne sera pas si sec. J'ai mesuré l'eau et je sais ".

Je ne pouvais pas le comprendre. Il me semblait qu'il parlait d'une manière extravagante. Il remplit sa pipe, l'alluma et s'assit sur le mur.

"Maintenant," dit-il après avoir pris quelques bouffées, "je vais vous dire d'où vient le problème avec votre puits. Les gens sont toujours trop pressés dans ce monde pour toutes sortes de choses ainsi que pour les puits. Je suis puisatier et je les connais tous. Nous savons que s'il y a de l'eau dans le sol, elle se dirigera toujours vers le trou le plus profond qui soit, et nous creusons un puits pour lui donner un trou profond pour aller à l'endroit où nous le voulons. Mais vous ne pouvez pas vous attendre à ce que l'eau arrive à ce trou le jour même où il est terminé. Bien sûr, vous en aurez, car c'est juste là, dans le quartier, mais il y a toujours un Il y aura beaucoup plus de choses à venir si vous lui donnez du temps. Il doit se créer de petits canaux et des passages, et bien sûr, cela prend du temps. C'est comme fonder un nouveau pays. Seuls quelques pionniers viennent au début, et vous il faut attendre que la population afflue. Comme c'était une saison sèche, et que l'eau dans le sol était un peu lente de ce fait, c'était bien de savoir où était ton puits. Si je m'étais trouvé au moment où vous parliez d'un puits, je pense que j'aurais dû vous dire que je connaissais un proverbe qui conviendrait à peu près à votre cas, et c'est : "Laissez bien tranquille."

J'avais envie de prendre ce brave homme par la main, mais je ne l'ai pas fait. Je lui ai seulement dit d'aller de l'avant et de faire tout ce qui était approprié.

Le lendemain matin, alors que j'allais au puits, j'ai vu Phineas Colwell descendre l'allée et Mme Betty Perch la remonter. Je ne voulais pas qu'ils m'interrogent, alors je me suis caché derrière des buissons. Quand ils se sont rencontrés, ils se sont arrêtés.

"Sur ma parole!" s'exclama Mme Betty, s'il ne va pas travailler à nouveau sur ce puits éternel ! S'il a tellement d'argent qu'il ne sait pas quoi en faire, je pourrais lui dire qu'il y a des gens dans ce monde, et non " C'est un péché, une honte et une abomination. Croyez-vous, M. Colwell, qu'il y ait la moindre chance au monde d'en tirer suffisamment d'eau ? " bien pour se raser ?"

"Madame Perch," dit Phineas, "cela ne sert à rien d'en parler bien. Cela ne sert à rien, et cela ne pourra jamais être inutile, car il est au mauvais endroit. S'il pompe de l'eau hors de bien dans sa maison, je ferai... "

"Que ferez-vous?" » demanda M. Barnet, qui surgissait alors des recoins de la salle des machines.

"Je ferai sur cette terre tout ce que vous choisirez de nommer", a déclaré Phineas. "Je suis en sécurité, quoi qu'il arrive."

"Eh bien," dit M. Barnet, faisant tomber les cendres de sa pipe avant de la remplir à nouveau, "voulez-vous épouser Mme Perch ?"

Phinéas rit. "Oui," dit-il. "J'ai promis que je ferais n'importe quoi, et je le promets."

"Une mince chance pour moi", dit Mme Betty, "même si je vous avais." Et elle marchait le nez en l'air.

Lorsque M. Barnet s'est mis au travail avec son derrick, ses hommes et ses godets, il s'est rendu compte qu'il y avait bien plus à faire que ce à quoi il s'était attendu. Les foreurs avaient endommagé le puits original en brisant certaines des tuiles qui le bordaient, et il fallut les enlever et en remettre d'autres, et au cours de ces travaux d'autres améliorations se suggérèrent et furent apportées. Plusieurs fois, les opérations furent retardées par la maladie dans la famille de M. Barnet, ainsi que dans les familles de ses ouvriers, mais le travail se poursuivit néanmoins d'une manière très équitable, bien que beaucoup plus lentement qu'on ne l'avait supposé . Mais au fil du temps, je ne dirai pas combien de temps, le travail était terminé, le moteur était en place, et il pompait de l'eau dans ma maison, et chaque jour depuis, il pompe toute l'eau dont nous avons besoin, pure. , froid et délicieux.

Connaissant la promesse que Phineas Colwell avait faite, et désireux que tout ce qui concernait mon bien soit réglé et terminé, j'allai le chercher pour lui rappeler son devoir envers Mme Perch, mais je ne trouvai pas cet agriculteur mécanique naval et militaire. . Il était parti pour prendre un emploi ou un contrat, — je n'ai pu savoir lequel, — et il n'est plus revenu depuis dans notre quartier. Mme Perch est très sévère avec moi à ce sujet.

"Il y a beaucoup de mauvaises choses qui en sortent", a-t-elle déclaré, "mais je n'ai jamais pensé que quelque chose d'assez grave en sortirait pour que M. Colwell s'en aille et me laisse continuer à être veuve avec tous ces orphelins. "

M. TOLMAN

M. Tolman était un gentleman dont l'âge apparent était variable. Parfois, lorsqu'on était plongé dans ses réflexions sur des affaires ou d'autres affaires, on aurait pu penser qu'il avait cinquante-cinq ou cinquante-sept ans, ou même soixante. Mais d'ordinaire, lorsque les choses se déroulaient d'une manière satisfaisante et banale, il paraissait avoir environ cinquante ans, tandis que dans certaines occasions extraordinaires, lorsque le monde prenait un aspect inhabituellement attrayant, son âge semblait descendre à quarante-cinq ans. ou moins.

Il était à la tête d'une entreprise commerciale. En fait, il en était le seul membre. L'entreprise était connue sous le nom de Pusey and Co. Mais Pusey était morte depuis longtemps et la « Co. », dont M. Tolman avait été membre, a été dissoute. Notre héros âgé, après avoir racheté l'entreprise, le nom de la société et tout, l'avait exploitée avec succès et profit pendant de nombreuses années. Son comptoir était un endroit petit et tranquille, mais on y avait gagné beaucoup d'argent. M. Tolman était riche – très riche en fait.

Et pourtant, alors qu'il était assis dans sa salle de comptage, un soir d'hiver, il paraissait son aîné. Il avait son chapeau et son pardessus, ses gants et son col de fourrure. Tous les autres membres de l'établissement étaient rentrés chez eux et lui, les clés à la main, était prêt à fermer la clé et à partir également. Il restait souvent plus tard que quiconque et laissait les clés à M. Canterfield, le chef de bureau, alors qu'il passait devant sa maison pour rentrer chez lui.

M. Tolman ne semblait pas pressé de partir. Il s'est simplement assis et a réfléchi, et a augmenté son âge apparent. La vérité était qu'il ne voulait pas rentrer chez lui. Il en avait marre de rentrer chez lui. Ce n'était pas parce que sa maison n'était pas agréable. Aucun gentleman de la ville ne possédait de chambres plus belles et plus confortables. Ce n'était pas parce qu'il se sentait seul ou regrettait qu'une femme et des enfants n'égayent pas et n'animent pas sa maison. Il se contentait parfaitement d'être célibataire. Les conditions lui convenaient parfaitement. Mais malgré tout cela, il était fatigué de rentrer chez lui.

« J'aimerais, se dit M. Tolman, ressentir un certain intérêt à rentrer chez moi. Puis il se leva et fit un ou deux tours dans la pièce. Mais comme cela ne parut plus l'intéresser à l'affaire, il se rassit. « J'aurais aimé qu'il soit nécessaire que je rentre chez moi, dit-il, mais ce n'est pas le cas. Alors il se remit à réfléchir. « Ce dont j'ai besoin, dit-il au bout d'un moment, c'est de dépendre davantage de moi-même, de sentir que je suis nécessaire à moi-même. Pour l'instant, je ne le suis pas. Je vais arrêter de rentrer chez moi, du moins de cette façon. " À quoi bon envier les autres hommes, alors que je peux aussi bien avoir tout ce qu'ils ont ? Et je l'aurai aussi ", a déclaré M. Tolman en sortant et en verrouillant les portes. Une fois dans les rues, et en marchant rapidement, ses idées se formèrent facilement et facilement en un plan qui, au moment où il atteignit la maison de son chef de bureau , était déjà assez mûr. M. Canterfield était sur le point de descendre dîner lorsque son employeur a sonné, alors il a ouvert la porte lui-même. "Je ne vous retiendrai qu'une minute ou deux", a déclaré M. Tolman en remettant les clés à M. Canterfield. "Devrions-nous entrer dans le salon ?"

Lorsque son employeur fut parti et que M. Canterfield eut rejoint sa famille à table, sa femme lui demanda immédiatement ce que voulait M. Tolman.

"Seulement pour dire qu'il part demain, que je dois m'occuper de ses affaires et envoyer ses lettres personnelles à...", en nommant une ville à moins de cent milles de distance.

"Combien de temps va-t-il rester ?"

"Il ne l'a pas dit", a répondu M. Canterfield.

"Je vais vous dire ce qu'il doit faire", dit la dame. "Il devrait faire de vous un associé dans l'entreprise, et ensuite il pourrait partir et rester aussi longtemps qu'il le voudrait."

"Il peut le faire maintenant", répondit son mari. "Il a fait bien des voyages depuis que je suis avec lui, et les choses se sont passées à peu près de la même manière que lorsqu'il est ici. Il le sait."

"Mais tu aimerais quand même être partenaire ?"

"Oh, oui", a déclaré M. Canterfield.

"Et une commune gratitude devrait l'inciter à vous en faire un", dit sa femme.

M. Tolman est rentré chez lui et a rédigé un testament. Il a légué tous ses biens, à l'exception de quelques legs, à l'organisation caritative la plus riche et la plus puissante du pays.

"Les gens me prendront pour un fou", se disait-il, "et si je devais mourir pendant que j'exécute mon plan, je laisserai le soin de défendre ma raison à ceux qui sauront se battre pour moi. " Et avant de se coucher, son testament a été signé et attesté.

Le lendemain, il fit sa malle et partit pour la ville voisine. Ses appartements devaient être tenus prêts pour son retour à tout moment. Si vous l'aviez vu se diriger vers le dépôt ferroviaire, vous l'auriez pris pour un homme de quarante-cinq ans.

Lorsqu'il arriva à destination, M. Tolman s'établit temporairement dans un hôtel et passa les trois ou quatre jours suivants à se promener dans la ville à la recherche de ce qu'il cherchait. Ce qu'il voulait était assez difficile à définir, mais la manière dont il se posait la question ressemblait à ceci :

"J'aimerais trouver un petit endroit confortable où je puisse vivre et faire quelques affaires dont je pourrais m'occuper moi-même et qui me mettrait en contact avec des gens de toutes sortes, des gens qui m'intéresseraient. Ce doit être une petite entreprise, parce que je ne veux pas avoir à travailler très dur, et elle doit être confortable, parce que je veux en profiter. Je voudrais une sorte de magasin, parce que cela met un homme face à face avec ses semblables. »

La ville dans laquelle il se promenait était un des meilleurs endroits du pays pour trouver l'établissement qu'il désirait. C'était plein de petites boutiques indépendantes. Mais M. Tolman ne parvenait pas à en trouver un qui ressemblait à son idéal. Un petit commerce de mercerie semblait présupposer une femme propriétaire. Une épicerie lui donnerait de nombreux clients intéressants ; mais il ne connaissait pas grand-chose en épicerie, et le commerce ne lui paraissait posséder aucun caractère esthétique.

Il était très content d'une petite boutique appartenant à un taxidermiste. C'était extrêmement confortable, et les affaires n'étaient probablement pas assez importantes pour surcharger qui que ce soit . Il pourrait envoyer les oiseaux et les bêtes amenés à être empaillés à quelque opérateur pratique, et lui demander de les mettre en bon état pour les clients. Il pourrait… Mais non. Ce serait très insatisfaisant de se lancer dans une affaire dont il ne savait absolument rien. Un taxidermiste ne devrait pas rougir d'ignorance lorsqu'on lui pose une simple question sur un petit oiseau mort ou un poisson défunt. C'est ainsi qu'il s'arracha à la fenêtre de cet endroit fascinant où, imaginait-il, si son éducation avait été gérée différemment, il aurait pu, avec le temps, montrer au monde le spectacle d'un M. Vénus joyeux et intact.

Le magasin qui parut enfin lui convenir le mieux était celui qu'il avait croisé et regardé plusieurs fois avant de lui paraître favorable. C'était dans une petite maison en brique dans une petite rue, mais non loin de l'une des principales avenues commerçantes de la ville. La boutique semblait consacrée à des articles de papeterie et à des petites bibelots de toutes sortes pas faciles à classer. Il s'était arrêté pour regarder trois canifs attachés à une carte, calée dans la petite vitrine, soutenue d'un côté par un échiquier avec au dos « Histoire de l'Asie » en lettres dorées, et de l'autre par un petit violon étiqueté « 1 dollar ». Et alors qu'il regardait au-delà de ces articles vers l'intérieur du magasin, qui était désormais éclairé, il se rendit peu à peu compte que c'était quelque chose comme son idéal d'un lieu d'affaires attrayant et intéressant. Quoi qu'il en soit, il entrerait et l'examinerait. Il n'aimait pas un violon, même au bas prix indiqué sur celui de la vitrine, mais un nouveau canif pourrait lui être utile. Alors il est entré et a demandé à examiner les couteaux de poche.

La boutique était tenue par une très aimable vieille dame d'une soixantaine d'années, assise en train de coudre derrière le petit comptoir. Pendant qu'elle se dirigeait vers la fenêtre et cherchait très soigneusement les articles qui y étaient exposés pour récupérer la carte des canifs, M. Tolman regardait autour de lui. Le magasin était assez petit, mais il semblait y avoir de bonnes affaires. Il y avait des étagères derrière le comptoir, et il y avait des étagères sur le mur opposé, et elles semblaient toutes bien remplies de quelque chose ou autre. Dans le coin, près du fauteuil de la vieille dame, il y avait un petit poêle à charbon avec un feu vif, et au fond de la boutique, en haut de deux marches, il y avait une porte vitrée entrouverte, par laquelle il voyait une petite pièce. avec un tapis rouge au sol et une petite table apparemment dressée pour un repas.

M. Tolman regarda les couteaux lorsque la vieille dame les lui montra et, après mûre réflexion, il en choisit un qui, selon lui, serait un bon couteau à offrir à un garçon. Puis il examina quelques objets, comme des coupe-papier, des marqueurs de whist et d'autres petits objets, qui se trouvaient dans une vitrine sur le comptoir. Et pendant qu'il les regardait, il parlait à la vieille dame.

C'était un corps amical et sociable, très heureux d'avoir quelqu'un à qui parler, et il n'était donc pas du tout difficile à M. Tolman, par quelques remarques générales, de tirer d'elle un grand nombre de points sur elle-même et sur sa boutique. Elle était veuve, avec un fils qui, d'après ses propos, devait avoir quarante ans. Il était lié à un établissement marchand et ils vivaient ici depuis longtemps. Alors que son fils était vendeur et rentrait à la maison tous les soirs, c'était très agréable. Mais après qu'il soit devenu voyageur de commerce et qu'il ait été loin de la ville pendant des mois, elle n'a pas aimé ça du tout. C'était très solitaire pour elle.

Le cœur de M. Tolman se souleva en lui, mais il ne l'interrompit pas.

« Si je pouvais le faire, » dit-elle, « j'abandonnerais cet endroit et j'irais vivre avec ma sœur à la campagne. Ce serait mieux pour nous deux, et Henry pourrait venir là-bas aussi bien qu'ici quand il revient de ses voyages."

"Pourquoi ne vendez-vous pas?" » demanda M. Tolman, un peu craintif, car il commençait à penser que tout cela était une navigation trop facile pour être entièrement en sécurité.

"Ce ne serait pas facile", dit-elle en souriant. "Il faudra peut-être beaucoup de temps avant que nous trouvions quelqu'un qui veuille prendre la place. Nous avons un commerce équitable dans le magasin, mais ce n'est plus ce qu'il était lorsque les temps étaient meilleurs. Et la bibliothèque est en train de tomber. " La plupart des livres deviennent assez vieux, et cela ne vaut pas la peine de dépenser beaucoup d'argent pour de nouveaux maintenant. "

"La bibliothèque!" dit M. Tolman. "Avez-vous une bibliothèque ?"

"Oh, oui," répondit la vieille dame. " J'ai une bibliothèque en circulation ici depuis près de quinze ans. Elle est là sur ces deux étagères supérieures derrière vous. "

M. Tolman se tourna et vit deux longues rangées de livres recouverts de papier brun, avec un petit escabeau, debout près de la porte de la pièce intérieure , par laquelle on pouvait atteindre ces étagères. Cela lui plaisait beaucoup. Il ne savait pas qu'il y avait une bibliothèque ici.

"Je déclare!" a-t-il dit. "Ça doit être très agréable de gérer une bibliothèque circulante, une petite comme celle-ci, je veux dire. Cela ne me dérangerait pas de me lancer moi-même dans une entreprise de ce genre."

La vieille dame leva les yeux, surprise. Avait-il envie de se lancer en affaires ? Elle ne l'avait pas imaginé, rien qu'en le regardant.

M. Tolman lui a expliqué son point de vue. Il n'a pas dit ce qu'il avait fait en matière d'affaires, ni ce que M. Canterfield faisait pour lui maintenant. Il se contenta de lui exposer ses vœux du moment et lui avoua que c'était l'attrait de son établissement qui l'avait poussé à venir.

"Alors tu ne veux pas du canif ?" dit-elle rapidement.

"Oh, oui, je le fais", dit-il. "Et je crois vraiment que, si nous parvenons à un accord, j'aimerais les deux autres couteaux, ainsi que le reste de votre stock en échange."

La vieille dame rit un peu nerveusement. Elle espérait vraiment qu'ils parviendraient à s'entendre. Elle a apporté une chaise de la pièce du fond et M. Tolman s'est assis avec elle près du poêle pour en discuter. Peu de clients venaient les interrompre, et ils discutaient très longuement. Ils sont tous deux parvenus à la conclusion qu'il n'y aurait aucune difficulté quant aux conditions ni quant à la capacité de M. Tolman à exploiter l'entreprise après avoir reçu très peu d'instructions de la propriétaire actuelle. Lorsque M. Tolman est parti, il était entendu qu'il rappellerait dans quelques jours, lorsque le fils Henry serait à la maison et que les choses pourraient être définitivement arrangées.

Lorsque les trois se sont rencontrés, le marché a été rapidement conclu. Comme chaque parti était si désireux d'y parvenir, peu de difficultés se présentèrent. La vieille dame, en effet, était favorable à un certain retard dans le transfert de l'établissement, car elle aimerait nettoyer et épousseter chaque étagère, chaque coin et chaque article de l'endroit. Mais M. Tolman était pressé d'en prendre possession ; et comme le fils Henry devait bientôt repartir pour un autre voyage, il voulait que sa mère déménage et s'installe avant son départ. Il n'y avait pas grand-chose à déplacer, à part des malles et des cartons à musique, ainsi que quelques meubles anciens d'une valeur particulière pour la vieille dame, car M. Tolman insistait pour tout acheter dans la maison, telle qu'elle était. Tout cela ne lui coûtait pas, se disait-il, autant que certaines de ses connaissances paieraient un cheval. Le fils méthodique Henry fit le compte des stocks, et M. Tolman prit plusieurs leçons de la vieille dame, dans lesquelles elle lui expliqua comment connaître les prix de vente des différents articles à partir des marques sur les petites étiquettes qui y étaient attachées. Et elle l'instruisit particulièrement dans la gestion de la bibliothèque circulante. Elle l'informa du caractère des livres et, autant que possible, du caractère des clients réguliers. Elle lui dit à qui il pourrait faire confiance de sortir un livre sans payer celui qu'on lui apporterait, s'ils n'avaient pas la monnaie avec eux, et elle indiqua par des petites croix en face de leurs noms les personnes qui seraient tenues de payer. encaisser ce qu'ils avaient eu, avant de recevoir d'autres prestations.

C'était étonnant de voir l'intérêt que M. Tolman prenait à tout cela. Il avait vraiment hâte de rencontrer quelques-unes des personnes dont parlait la vieille dame. Il essaya aussi de se souvenir de quelques-unes des nombreuses choses qu'elle lui disait sur ses méthodes d'achat et de vente et sur la gestion générale de sa boutique ; et il n'a probablement pas oublié plus des trois quarts de ce qu'elle lui a dit.

Finalement, tout fut réglé à la satisfaction des deux parties masculines au marché, bien que la vieille dame pensait à cent choses qu'elle aimerait encore faire, et par un bel après-midi glacial, une charrette pleine de meubles et de bagages quitta la porte. , la vieille dame et son fils prirent congé de l'ancien endroit, et M. Tolman resta assis derrière le petit comptoir, l'unique gérant et propriétaire d'une bibliothèque circulante et d'une papeterie et d'une boutique d'articles de papeterie. Il rit en y pensant, mais il se frotta les mains et se sentit très satisfait.

"Il n'y a rien de vraiment fou là-dedans", se dit-il. " S'il y a une chose que je pense que j'aimerais, et que je peux me permettre de l'avoir, et qu'il n'y a aucun mal à cela, pourquoi ne pas l'avoir ? "

Il n'y avait personne pour s'opposer à cela, alors M. Tolman s'est de nouveau frotté les mains devant le feu et s'est levé pour parcourir sa boutique et se demander qui serait son premier client.

Au bout de vingt minutes, un petit garçon ouvrit la porte et entra. M. Tolman se précipita derrière le comptoir pour recevoir ses ordres. Le petit garçon voulait deux feuilles de papier à lettres et une enveloppe.

"N'importe quel genre particulier !" » a demandé M. Tolman.

Le garçon ne savait pas qu'une variété particulière était souhaitée. Il pensait que le même genre qu'elle avait toujours ferait l'affaire. Et il regarda très attentivement M. Tolman, visiblement étonné du changement de commerçant, mais ne posant aucune question.

"Vous êtes un client régulier, je suppose", a déclaré M. Tolman en ouvrant plusieurs boîtes de papier qu'il avait retirées des étagères. "Je viens juste de commencer mes affaires ici et je ne sais pas quel genre de papier vous avez l'habitude d'acheter. Mais je suppose que celui-ci fera l'affaire." Et il en sortit quelques feuilles des meilleures, avec une enveloppe assortie. Il les attacha soigneusement dans un morceau de papier brun fin et les remit au garçon, qui lui tendit trois cents. M. Tolman les prit, sourit, puis, après avoir fait un calcul rapide, il appela le garçon qui venait d'ouvrir la porte et lui rendit un sou.

"Vous m'avez trop payé", dit-il.

Le garçon a pris le centime, a regardé M. Tolman, puis est sorti du magasin aussi vite qu'il a pu.

"De tels profits sont énormes", a déclaré M. Tolman, "mais je suppose que les petites ventes les équilibrent." C'est ce que M. Tolman a découvert par la suite.

Un ou deux autres clients arrivèrent dans le courant de l'après-midi, et vers la nuit tombée, les gens qui sortaient des livres commencèrent à arriver. Cela a tenu M. Tolman très occupé. Non seulement il dut faire beaucoup d'inscriptions et d'annulations, mais il dut répondre à un grand nombre de questions sur le changement de propriétaire et la probabilité qu'il obtienne de nouveaux livres, avec des suggestions quant à la quantité et au caractère de ces livres. , mêlés à quelques remarques mécontentes à l'égard des volumes déjà disponibles.

Tout le monde semblait regretter le départ de la vieille dame. Mais M. Tolman était si agréable et si désireux de plaire, et s'intéressait tellement à leur sélection de livres, qu'un seul des abonnés parut prendre ce changement très à cœur. Il s'agissait d'un jeune homme qui avait quarante-trois cents de retard. Il mit longtemps à choisir un livre, et quand enfin il l'apporta à M. Tolman pour qu'il l'inscrive, il lui dit à voix basse qu'il espérait qu'il n'y aurait aucune objection à laisser son compte fonctionner encore un peu. . Le premier du mois, il le réglerait, puis il espérait pouvoir payer comptant chaque fois qu'il rapporterait un livre.

M. Tolman chercha son nom sur la liste de la vieille dame et, ne trouvant aucune croix, lui dit que tout allait bien et que le premier du mois ferait très bien l'affaire. Le jeune homme repart parfaitement satisfait de la nouvelle bibliothécaire. C'est ainsi que M. Tolman commença à bâtir sa popularité. À mesure que la soirée avançait, il se sentit très affamé. Mais il n'aimait pas fermer la boutique, car de temps à autre quelqu'un venait, tantôt pour demander quelle heure il était, tantôt pour faire un petit achat, tandis qu'il y avait encore quelques usagers de la bibliothèque qui entraient de temps en temps.

Cependant, prenant courage pendant un court repos auprès des clients, il remonta les volets, ferma la porte et se précipita vers un hôtel, où il prit un repas tel que peu de commerçants de petites boutiques songent à se livrer.

Le lendemain matin, M. Tolman prit son propre petit-déjeuner. C'était délicieux. Il avait vu avec quelle convivialité la vieille dame avait dressé sa table dans la petite pièce du fond, où se trouvait un poêle adapté à toutes les cuisines qu'il souhaitait s'adonner, et il avait envie d'un repas aussi convivial. Il y avait beaucoup de provisions dans la maison, qu'il avait achetées avec le reste des marchandises, et il sortit et s'acheta une miche de pain frais. Puis il fit griller un morceau de jambon, prépara du bon thé fort, fit bouillir des œufs et prit un petit-déjeuner sur la petite table ronde qui, bien qu'assez simple, il apprécia plus que n'importe quel petit-déjeuner dans son club dont il se souvenait. Il avait ouvert le magasin et s'était assis face à la porte vitrée, espérant presque que son repas serait interrompu. Cela semblerait tellement plus approprié dans ce genre d'affaires s'il devait se lever et aller s'occuper d'un client.

Avant le soir de ce jour-là, M. Tolman fut convaincu qu'il serait bientôt obligé d'employer un garçon ou quelqu'un pour s'occuper de l'établissement pendant son absence. Après le petit-déjeuner, une femme recommandée par la vieille dame est venue faire son lit et faire le ménage en général, mais après son départ, il s'est retrouvé seul avec sa boutique. Il était déterminé à ne pas laisser cette responsabilité nuire à sa santé et c'est pourquoi, à une heure, il ferma hardiment la porte du magasin et sortit déjeuner. Il espérait que personne ne l'appellerait pendant son absence, mais à son retour , il trouva une petite fille avec une cruche debout devant la porte. Elle est venue emprunter une demi-pinte de lait.

"Lait!" s'écria M. Tolman surpris. "Eh bien, mon enfant, je n'ai pas de lait. Je n'en mets même pas dans mon thé."

La petite fille avait l'air très déçue. "Est-ce que Mme Walker est partie pour de bon ?" dit-elle.

"Oui", a répondu M. Tolman. "Mais je serais tout aussi disposé à vous prêter le lait qu'elle le serait, si j'en avais. Y a-t-il un endroit près d'ici où vous pouvez acheter du lait ?"

"Oh, oui," dit la jeune fille. "Vous pouvez vous en procurer au marché."

"Combien coûterait une demi-pinte ?" Il a demandé.

"Trois cents", répondit la jeune fille.

"Eh bien," dit M. Tolman, "voici trois cents. Vous pouvez aller m'acheter le lait, et ensuite vous pourrez l'emprunter. Est-ce que cela vous conviendra ?"

La jeune fille pensa que cela lui irait très bien et elle s'en alla.

Même ce petit incident a plu à M. Tolman. C'était tellement nouveau. Le soir, en revenant de son dîner, il trouva deux abonnés de la bibliothèque en circulation qui trépignaient du pied sur le seuil de la porte, et il apprit ensuite que plusieurs autres avaient appelé et étaient partis. Cela nuirait certainement à la bibliothèque s'il suspendait ses activités à l'heure des repas. Il pourrait facilement avoir le choix entre une centaine de garçons s'il choisissait de faire de la publicité pour un seul, mais il hésitait à avoir un jeune à la place. Cela gênerait grandement son confort et ses expériences. Il trouverait peut-être un garçon qui irait à l'école et qui serait prêt à venir midi et soir s'il était suffisamment payé. Mais il faudrait que ce soit un garçon très stable et responsable. Il y réfléchirait avant de prendre des mesures.

Il y réfléchit pendant un jour ou deux, mais il n'y passa pas tout son temps. Quand il n'avait pas de clients, il flânait dans le petit salon au-dessus de la boutique, avec ses vieux meubles bizarres, ses gravures pittoresques sur les murs et ses ornements absurdes sur la cheminée. Les autres petites pièces lui semblaient presque aussi drôles, et il fut désolé lorsque la cloche de la porte du magasin le fit sortir de leur contemplation. C'était agréable pour lui de penser qu'il possédait toutes ces choses étranges. La possession des divers articles du magasin lui procurait également un sentiment agréable qu'aucun de ses autres biens ne lui avait jamais procuré. Tout cela était si étrange et nouveau.

Il aimait beaucoup parcourir les livres de la bibliothèque. Beaucoup d'entre eux étaient de vieux romans dont les titres lui étaient assez familiers, mais qu'il n'avait jamais lus. Il résolut d'en lire quelques-uns dès qu'il se sentirait fixé et installé.

En parcourant le livre dans lequel étaient inscrits les noms et les comptes des abonnés, il s'amusait à se demander quelle sorte de personnes étaient ceux qui possédaient certains livres. Qui, par exemple, aurait envie de lire « Le Livre des Chats » et qui pourrait s'intéresser aux « Mystères d' Udolpho » ? Mais l'inconnu pour lequel M. Tolman éprouvait la plus grande curiosité était l'abonné qui avait maintenant en sa possession un volume intitulé « Logarithmes du diapason de Dormstock ».

"Comment diable", s'est exclamé M. Tolman, "un tel livre a-t-il pu entrer dans cette bibliothèque ? Et d'où vient donc la personne qui voudrait le sortir ? Et ne voudrait pas seulement le prendre", a-t-il poursuivi : » tandis qu'il examinait l'entrée concernant le volume, « mais venez le faire renouveler une, deux, trois, quatre... neuf fois ! Il a ce livre depuis dix-huit semaines !

Sans vraiment se décider à le faire, M. Tolman a différé ses démarches pour trouver un assistant jusqu'à ce que P. Glascow , la personne en question, fasse son apparition, et il était presque temps de rapporter le livre.

"Si j'ai un garçon maintenant", pensa M. Tolman, " Glascow ne manquera pas de venir apporter le livre pendant mon absence."

Presque exactement deux semaines après la date du dernier renouvellement du livre, P. Glascow arriva. C'était le milieu de l'après-midi et M. Tolman était seul. Ce chercheur en philosophie musicale était un jeune homme tranquille, d'une trentaine d'années, vêtu d'un manteau brun clair et portant sous le bras un gros livre.

P. Glascow fut surpris lorsqu'il apprit le changement de propriétaire de la bibliothèque. Il espérait néanmoins qu'il n'y aurait aucune objection à ce qu'il renouvelle le livre qu'il avait avec lui et qu'il avait sorti il y a quelque temps.

"Oh, non", a déclaré M. Tolman, "aucun au monde. En fait, je ne pense pas qu'il y ait d'autres abonnés qui le voudraient. J'ai eu la curiosité de voir si il avait déjà été pris. auparavant, et je trouve que ce n'est pas le cas."

Le jeune homme sourit doucement. "Non", dit-il, "je suppose que non. Tout le monde ne se soucie pas d'étudier les mathématiques supérieures de la musique, surtout lorsqu'elles sont traitées comme Dormstock traite le sujet."

"Il semble y aller assez profondément", a remarqué M. Tolman, qui avait repris le livre. "C'est du moins ce que je devrais penser, à en juger par tous ces calculs, ces problèmes, ces carrés et ces cubes."

" En effet , il le fait", a déclaré Glasgow . " Et bien que je possède le livre depuis quelques mois et que je dispose de plus de temps de lecture que la plupart des personnes, je n'ai atteint que la cinquante-sixième page, et je doute que je n'aurai pas à en relire une partie avant de pouvoir sentir que Je le comprends parfaitement."

"Et il y a trois cent quarante pages en tout !" dit M. Tolman avec compassion.

"Oui", répondit l'autre. "Mais je suis sûr que les choses deviendront plus faciles à mesure que j'avance. J'ai découvert cela grâce à ce que j'ai déjà fait."

"Vous dites que vous avez beaucoup de loisirs ?" fit remarquer M. Tolman. "Est-ce que le business musical est ennuyeux à l'heure actuelle ?"

"Oh, je ne suis pas dans le secteur musical", a déclaré Glasgow . "J'aime beaucoup la musique et je souhaite la comprendre à fond. Mais mon métier est tout autre. Je suis pharmacien de nuit, et c'est la raison pour laquelle j'ai tant de temps pour lire."

"Un pharmacien de nuit ?" répéta M. Tolman d'un ton interrogateur.

"Oui, monsieur", dit l'autre. "Je suis dans une grande pharmacie du centre-ville qui reste ouverte toute la nuit et je prends mon service après le départ des employés de jour."

"Et est-ce que ça te donne plus de loisirs ?" » a demandé M. Tolman.

"Il semble que oui", répondit Glasgow . "Je dors jusqu'à midi environ, puis je reste seul le reste de la journée, jusqu'à sept heures. Je pense que les personnes qui travaillent la nuit peuvent utiliser leur temps de manière plus satisfaisante que celles qui travaillent au travail de nuit. "

"La lumière du jour est plus disponible pour beaucoup de choses, c'est vrai", a déclaré M. Tolman. "Mais n'est-ce pas terriblement solitaire de rester toute la nuit dans une pharmacie ? Il ne peut pas y avoir beaucoup de monde pour venir acheter des médicaments la nuit. Je pensais qu'il y avait généralement une cloche de nuit dans les pharmacies, grâce à laquelle un employé pouvait être réveillé. si quelqu'un voulait quelque chose."

"On ne se sent pas très seul la nuit dans notre magasin", a déclaré Glascow . " En fait, c'est souvent plus animé que pendant la journée. Voyez-vous, nous sommes juste au milieu des bureaux des journaux, et il y a toujours quelqu'un qui vient chercher de l'eau gazeuse, ou des cigares, ou quelque chose comme ça. Le magasin est un endroit lumineux. , un endroit chaleureux où les rédacteurs et les journalistes du soir se réunissent, discutent et boivent des sodas chauds, et il y en a toujours un groupe autour de la cuisinière au moment où les journaux commencent à être imprimés. Et ils sont animés, je Je peux vous le dire, monsieur. J'ai entendu certaines des meilleures histoires que j'ai jamais entendues de ma vie, racontées chez nous après trois heures du matin.

"Une vie étrange !" dit M. Tolman. "Sais-tu, je n'aurais jamais pensé que les gens s'amusaient de cette façon, et nuit après nuit, je suppose."

"Oui, monsieur, nuit après nuit, dimanche et tout."

Le pharmacien de nuit reprit alors son livre.

"Tu rentres à la maison pour lire ?" » a demandé M. Tolman.

"Eh bien, non", dit l'autre. "Il fait plutôt froid cet après-midi pour lire. Je pense que je vais faire une marche rapide."

"Tu ne peux pas laisser ton livre jusqu'à ton retour !" » a demandé M. Tolman. "Enfin, si vous revenez par ici. C'est un livre difficile à transporter."

"Merci, je le ferai", a déclaré Glasgow . "Je reviendrai par ici."

Une fois parti, M. Tolman reprit le livre et commença à le parcourir avec plus d'attention qu'il ne l'avait fait auparavant. Mais son examen n'a pas duré longtemps.

"Comment une personne sensée peut-elle s'intéresser à ce genre de choses dépasse ma compréhension", a déclaré M. Tolman en fermant le livre et en le plaçant sur une petite étagère derrière le comptoir.

Lorsque Glasgow revint, M. Tolman lui demanda de rester et de se réchauffer. Et puis, après avoir parlé pendant un court moment, M. Tolman a commencé à avoir faim. Il avait son appétit hivernal et avait déjeuné tôt. Ainsi dit-il au pharmacien de nuit qui avait ouvert son « Dormstock » : « Aimeriez-vous rester assis ici et lire un moment, pendant que je vais dîner ? J'allumerai le gaz, et vous pourrez être très à l'aise ici, si tu n'es pas pressé."

P. Glascow n'était pas pressé du tout et était très heureux de pouvoir lire tranquillement près d'un feu chaud ; et ainsi M. Tolman le quitta, parfaitement sûr qu'un homme à qui la vieille dame avait permis de renouveler neuf fois un livre devait être parfaitement digne de confiance.

Lorsque M. Tolman revint, les deux hommes eurent une nouvelle conversation dans le coin près du petit poêle.

" Cela doit être assez ennuyeux, " dit le pharmacien de nuit, " de ne pas pouvoir sortir pour manger sans fermer votre boutique. Si vous voulez, " dit-il avec un peu d'hésitation, " je viendrai à cette heure-là dans " L'après-midi, et restez ici pendant que vous allez dîner. Je serai heureux de le faire jusqu'à ce que vous ayez un assistant. Je peux facilement m'occuper de la plupart des gens qui entrent, et d'autres peuvent attendre. "

M. Tolman a sauté sur cette proposition. C'était exactement ce qu'il voulait.

Ainsi P. Glascow venait chaque après-midi et lisait « Dormstock » pendant que M. Tolman allait dîner ; et peu de temps après, il vint aussi à l'heure du déjeuner. C'était aussi pratique que non, dit-il. Il avait fini son petit-déjeuner et aimerait lire un moment. M. Tolman pensait que le logement du pharmacien de nuit n'était peut-être pas très bien chauffé, ce qui expliquait le désir de marcher plutôt que de lire par un après-midi froid. Le nom de Glasgow était inscrit sur la liste des personnes libres, et il emportait toujours le « Dormstock » la nuit, parce qu'il aurait peut-être l'occasion de le vérifier au magasin, lorsque la coutume commençait à se relâcher vers la fin du petit matin.

Un après-midi, entra dans la boutique une jeune dame qui rapporta deux livres qu'elle possédait depuis plus d'un mois. Elle n'a trouvé aucune excuse pour conserver les livres au-delà du délai prescrit, mais les a simplement rendus et a payé l'amende. M. Tolman n'aimait pas accepter cet argent, car c'était le premier du genre qu'il recevait ; mais la jeune femme avait l'air de pouvoir s'offrir le luxe de tenir des livres pendant son temps, et les affaires étaient les affaires. Alors il lui rendit gravement sa monnaie. Puis elle a dit qu'elle aimerait sortir " Les Logarithmes du Diapason de Dormstock ".

M. Tolman la regarda. C'était une belle et brillante jeune femme, et elle avait l'air d'avoir beaucoup de bon sens. Il ne pouvait pas le comprendre. Mais il lui a dit que le livre était sorti.

"Dehors!" dit-elle. "Eh bien, il est toujours sorti. Cela me semble étrange qu'il y ait une telle demande pour ce livre. J'essaie de l'obtenir depuis très longtemps."

"C'est étrange", a déclaré M. Tolman, "mais c'est certainement très demandé. Mme Walker vous a-t-elle déjà fait des promesses à ce sujet ?"

"Non", dit-elle, "mais je pensais que mon tour viendrait un jour. Et je veux particulièrement le livre en ce moment."

M. Tolman se sentait quelque peu troublé. Il savait que le pharmacien de nuit ne devait pas monopoliser le volume, et pourtant il ne voulait pas désobliger celui qui lui était si utile et qui prenait un si sérieux intérêt à ce livre. Et il ne pouvait pas temporiser avec la jeune femme et dire qu'il pensait que le livre serait bientôt disponible. Il savait que ce ne serait pas le cas. Il y avait trois cent quarante pages. Alors il a simplement fait remarquer qu'il était désolé.

" Moi aussi, " dit la jeune dame, " je suis vraiment désolée. Il se trouve que j'ai en ce moment une occasion particulière d'étudier ce livre qui ne se reproduira peut-être plus. "

Il y avait quelque chose dans le visage sympathique de M. Tolman qui semblait inviter sa confiance, et elle continua.

" Je suis enseignante ", dit-elle, " et en raison de certaines circonstances, j'ai un mois de vacances que j'avais l'intention de consacrer presque entièrement à l'étude de la musique, et je voulais particulièrement " Dormstock ". Pensez - vous il y a une chance qu'il revienne bientôt, et me le réserverez-vous ?

"Réservez-le!" dit M. Tolman. "Je le ferai très certainement." Et puis il réfléchit une seconde ou deux. "Si vous venez ici après-demain, je pourrai vous dire quelque chose de précis."

Elle a dit qu'elle viendrait.

M. Tolman est resté longtemps dehors à l'heure du déjeuner le lendemain. Il se rendit dans toutes les grandes librairies pour voir s'il pouvait acheter un exemplaire du grand ouvrage de Dormstock . Mais il n'a pas réussi. Les libraires lui dirent qu'il n'y avait aucune probabilité qu'il puisse s'en procurer un exemplaire dans le pays, à moins qu'il ne le trouve dans le stock de quelque brocanteur, et que même s'il l'envoyait le chercher en Angleterre, où il était publié, il était peu probable qu'il puisse l'obtenir, car il était épuisé depuis longtemps. Il n'y avait aucune demande pour cela. Le lendemain, il se rendit dans plusieurs magasins d'occasion, mais il ne trouva aucun « Dormstock ».

À son retour, il en parla à Glasgow . Il en était désolé, mais pensait que la simple justice l'obligeait à en parler. Le pharmacien de nuit fut plongé dans un état d'esprit perturbé par l'information selon laquelle quelqu'un voulait son livre bien-aimé.

"Une femme!" il s'est excalmé. "Eh bien, elle ne comprendrait pas deux pages de tout cela. C'est dommage. Je ne pensais pas que quiconque voudrait de ce livre."

"Ne vous dérangez pas trop", a déclaré M. Tolman. "Je ne suis pas sûr que tu doives y renoncer."

"Je suis très heureux de vous entendre le dire", a déclaré Glasgow . "Je n'ai aucun doute que ce n'est qu'une fantaisie passagère chez elle. J'ose dire qu'elle préférerait vraiment avoir un bon nouveau roman." Et puis, ayant appris que la dame était attendue dans l'après-midi, il sortit se promener, le « Dormstock » sous le bras.

Lorsque la jeune femme arriva, une heure plus tard environ, elle ne se contenta pas du tout de sortir un nouveau roman, et fut même bien désolée de ne pas trouver les Logarithmes du Diapason qui l'attendaient. M. Tolman lui a dit qu'il avait essayé d'acheter un autre exemplaire de l'ouvrage et elle lui en a exprimé sa gratitude. Il se vit également obligé de dire que le livre était en possession d'un monsieur qui le possédait depuis un certain temps — depuis tout le temps qu'il était sorti, en fait — et qui ne l'avait pas encore terminé.

A cela, la jeune femme parut quelque peu agacée.

"N'est-il pas interdit à quiconque de garder un livre aussi longtemps ?" elle a demandé.

"Non", a déclaré M. Tolman. "J'ai étudié cela. Nos règles sont très simples et disent simplement qu'un livre peut être renouvelé moyennant le paiement d'une certaine somme."

"Alors je ne dois jamais l' avoir ?" remarqua la jeune dame.

"Oh, je ne désespérerais pas", a déclaré M. Tolman. "Il n'a pas eu le temps d'y réfléchir. C'est un jeune homme raisonnable, et je crois qu'il sera prêt à abandonner son étude du livre pendant un certain temps et à vous laisser le prendre."

"Non," dit-elle, "je ne souhaite pas cela. S'il étudie, comme vous le dites, jour et nuit, je ne veux pas l'interrompre. Je voudrais le livre au moins pendant un mois, et cela , je suppose, bouleverserait complètement son programme d'études. Mais je ne pense pas que quiconque devrait commencer dans une bibliothèque circulante pour étudier un livre qui lui prendra un an pour le terminer; car, d'après ce que vous dites, il faudra à ce monsieur au moins ce temps pour terminer le livre de Dormstock . Alors elle a suivi son chemin.

Lorsque P. Glascow apprit tout cela le soir, il fut très grave. Il avait visiblement réfléchi.

"Ce n'est pas juste", dit-il. "Je ne devrais pas garder le livre aussi longtemps. Maintenant, j'y renonce pour un moment. Vous pourrez le lui laisser quand elle viendra." Et il posa le « Dormstock » sur le comptoir et alla s'asseoir près du poêle.

M. Tolman était attristé. Il savait que le pharmacien de nuit avait bien agi, mais il était quand même désolé pour lui. "Que ferez-vous?" Il a demandé. "Vas-tu arrêter tes études ?"

"Oh, non", dit Glasgow en regardant solennellement le poêle. "Je vais reprendre quelques autres livres sur le diapason que j'ai, et ainsi garder mes idées fraîches sur le sujet jusqu'à ce que cette dame en ait fini avec le livre. Je ne crois pas vraiment qu'elle l'étudiera très longtemps. " Puis il ajouta : « Si cela ne vous dérange pas, je viendrai ici et je lirai, comme je le fais, jusqu'à ce que vous trouviez un assistant régulier.

M. Tolman serait ravi de l'accueillir, a-t-il déclaré. Il avait complètement renoncé à se procurer un assistant, mais il ne le dit pas.

Il fallut un certain temps avant que la dame ne revienne, et M. Tolman craignait qu'elle ne vienne pas du tout. Mais elle est venue et a demandé «

Evelina » de Mme Burney. Elle a souri lorsqu'elle a nommé le livre et a dit qu'elle pensait qu'elle devrait prendre un roman, après tout, et qu'elle avait toujours voulu lire celui-là.

"Je n'accepterais pas un roman si j'étais vous", a déclaré M. Tolman ; et il démonta triomphalement le « Dormstock » et le déposa devant elle.

Elle était évidemment très contente, mais quand il lui parla de la conduite courtoise de M. Glascow dans cette affaire, son visage changea instantanément.

"Pas du tout", dit-elle en posant le livre. "Je ne vais pas interrompre son bureau. Je prendrai l'Evelina s'il vous plaît."

Et comme aucune persuasion de M. Tolman n'avait aucun effet sur elle, elle repartit avec le roman de Mme Burney dans son manchon.

"Maintenant," dit M. Tolman à Glasgow , le soir, "vous pouvez aussi bien emporter le livre avec vous. Elle ne l'aura pas."

Mais Glasgow ne ferait rien de tel. "Non", remarqua-t-il en regardant le poêle. "Quand j'ai dit que je lui laisserais l'avoir, je le pensais vraiment. Elle le prendra quand elle verra qu'il reste dans la bibliothèque."

Glasgow se trompait : elle ne le prit pas, pensant qu'il en conclurait bientôt qu'il serait plus sage pour lui de le lire plutôt que de le laisser sans rien faire sur l'étagère.

« Cela leur servirait tous les deux, » se dit M. Tolman, « si quelqu'un d'autre venait le prendre. » Mais parmi ses abonnés, personne d'autre n'aurait pensé à une telle chose.

Mais un jour, la jeune femme entra et demanda à regarder le livre. "Ne pensez pas que je vais le retirer", dit-elle, remarquant le regard satisfait de M. Tolman alors qu'il lui tendait le volume. "Je souhaite seulement voir ce qu'il dit sur un certain sujet que j'étudie actuellement." Elle s'assit donc près du poêle sur la chaise que M. Tolman lui avait placée et ouvrit « Dormstock » .

Elle resta assise sérieusement à étudier le livre pendant une demi-heure ou plus, puis elle leva les yeux et dit : « Je n'arrive vraiment pas à comprendre ce que signifie cette partie. Excusez-moi de vous déranger, mais je serais très heureuse si vous pouviez expliquer cette dernière partie. partie de ce passage."

"Moi!" s'exclama M. Tolman. "Eh bien, ma bonne madame, mademoiselle, je veux dire, je ne pourrais pas vous l'expliquer si c'était pour me sauver la vie. Mais de quelle page s'agit-il ?" dit-il en regardant sa montre.

"Page vingt-quatre", répondit la jeune femme.

"Oh, bien, alors," dit-il, "si vous pouvez attendre dix ou quinze minutes, le monsieur qui a eu le livre sera là, et je pense qu'il peut tout expliquer dans la première partie de l'ouvrage."

La jeune femme semblait hésiter si elle devait attendre ou non ; mais comme elle avait une certaine curiosité de voir quel genre de personne était celui qui avait été si absorbé par le livre, elle décida de s'asseoir un peu plus longtemps et d'examiner d'autres parties du volume.

Le pharmacien de nuit entra bientôt et lorsque M. Tolman le présenta à la dame, il accepta volontiers de lui expliquer le passage s'il le pouvait. Alors M. Tolman lui a acheté une chaise dans la pièce intérieure et il s'est également assis près du poêle.

L'explication était difficile, mais elle fut finalement obtenue, et alors la jeune femme aborda le sujet du fait de laisser le livre inutilisé. Cela a été discuté pendant un certain temps, mais n'a abouti à rien, bien que M. Tolman ait laissé tomber son journal de l'après-midi et se soit joint à l'argumentation, insistant, entre autres, sur le fait qu'en l'état actuel des choses, il était privé de tout revenu en raison de l' impasse . Du livre. Mais même cet argument fort s'est avéré inutile.

"Alors je vais vous dire ce que j'aimerais que vous fassiez," dit M. Tolman, alors que la jeune femme se levait pour partir : "venez ici et regardez le livre chaque fois que vous le souhaitez. J'aimerais en faire davantage." une salle de lecture, en tout cas. Cela me donnerait plus de compagnie.

Après cela, la jeune dame regarda dans « Dormstock » lorsqu'elle entra ; et comme ses vacances avaient été prolongées par l'absence persistante de la famille dans laquelle elle enseignait, elle avait tout le temps d'étudier et venait assez fréquemment. Elle rencontrait souvent Glasgow dans le magasin et, à de telles occasions , ils consultaient généralement « Dormstock » et avaient parfois de très longues discussions sur des questions musicales. Un après-midi, ils arrivèrent ensemble, s'étant rencontrés en se rendant à la bibliothèque, et entamèrent une conversation sur les logarithmes diapasoniques, qui se poursuivit pendant le séjour de la dame dans la boutique.

« Ce qui serait approprié, pensa M. Tolman, serait que ces deux personnes se marient. Ensuite, ils pourraient prendre le livre et l'étudier à leur guise. Et ils se conviendraient certainement, car ils sont tous deux très attachés . aux mathématiques musicales et à la philosophie, et aucun d'eux ne joue ni ne chante, comme ils me l'ont dit. Ce serait un match admirable.

M. Tolman a beaucoup réfléchi à cette question et a finalement décidé d'en parler à Glasgow . Ce faisant, le jeune homme rougit et exprima l'opinion qu'il ne servirait à rien d'y penser. Mais il était évident, d'après ses manières et ses propos ultérieurs, qu'il y avait pensé.

M. Tolman devint peu à peu très inquiet à ce sujet, d'autant plus que le pharmacien de nuit ne semblait pas enclin à prendre des mesures à ce sujet. Le temps commençait maintenant à se réchauffer, et M. Tolman se dit que la petite maison et le petit magasin étaient probablement beaucoup plus douillets et confortables en hiver qu'en été. Il y avait des bâtiments plus élevés tout autour de la maison, et déjà maintenant il commençait à penser que la circulation de l'air serait tout aussi agréable que celle des livres. Il pensait beaucoup à ses chambres spacieuses dans la ville voisine.

"M. Glascow ", dit-il un après-midi, "j'ai décidé de vendre cette affaire sous peu."

"Quoi!" s'exclama l'autre. "Voulez-vous dire que vous allez y renoncer et partir – quitter complètement les lieux ?"

"Oui", répondit M. Tolman, "je vais abandonner entièrement la place et quitter la ville."

Le pharmacien de nuit était sous le choc. Il avait passé de nombreuses heures heureuses dans ce magasin, et ses heures y devenaient maintenant plus agréables que jamais. Si M. Tolman s'en va, tout cela doit cesser. On ne pouvait rien attendre de tel d'un nouveau propriétaire.

"Et compte tenu de cela", a poursuivi M. Tolman, "je pense qu'il serait bien que vous mettiez fin à vos affaires d'amour pendant que je suis là pour vous aider."

"Mon amour compte !" s'écria M. Glascow en rougissant.

"Oui, certainement", a déclaré M. Tolman. "J'ai des yeux et je sais tout. Maintenant, laissez-moi vous dire ce que je pense. Lorsqu'une chose doit être faite, elle doit être faite dès la première fois qu'il y a de bonnes chances. C'est ainsi que je fais des affaires. Maintenant, vous pourriez tout aussi bien venir ici demain après-midi, prêt à proposer à Miss Edwards. Elle doit arriver demain, car elle est absente depuis deux jours. Si elle ne vient pas, nous reporterons l'affaire au lendemain. Je ne crois pas que vous puissiez la voir beaucoup si vous ne la rencontrez pas ici, car cette famille devrait revenir très bientôt, et d'après ce que je déduis de son récit de ses employeurs, vous n'aurez pas envie de lui rendre visite chez eux.

Le pharmacien de nuit voulait y réfléchir.

"Il n'y a rien à penser", a déclaré M. Tolman. "Nous savons tout sur cette dame." (Il parlait vrai, car il s'était renseigné sur les deux parties à l'affaire.) « Suivez mon conseil, et soyez ici demain après-midi, et venez assez tôt.

Le lendemain matin, M. Tolman monta dans son salon au deuxième étage, descendit deux chaises rembourrées bleues, les meilleures qu'il possédait, et les posa dans la petite pièce au fond du magasin. Il descendit aussi un ou deux bibelots et les posa sur la cheminée, et il épousseta et égaya la pièce du mieux qu'il put. Il a même recouvert la table d'un tissu rouge du salon.

Lorsque la jeune femme arriva, il l'invita à entrer dans l'arrière-boutique pour feuilleter quelques nouveaux livres qu'il venait de se procurer. Si elle avait su qu'il se proposait de renoncer à l'entreprise, elle aurait trouvé assez étrange qu'il le fasse. acheter de nouveaux livres. Mais elle ne savait rien de ses intentions. Lorsqu'elle fut assise à la table sur laquelle étaient étalés les nouveaux livres, M. Tolman sortit de la porte du magasin pour guetter l' approche de Glascow . Il est bientôt apparu.

"Entrez directement", a déclaré M. Tolman. "Elle est dans l'arrière-boutique en train de feuilleter des livres. J'attendrai ici et j'éloignerai les clients autant que possible. C'est agréable et j'ai besoin d'un peu d'air frais. Je te donne vingt minutes."

Glasgow était pâle, mais il entra sans un mot, et M. Tolman, les mains sous la queue de son manteau et les pieds assez écartés, établit un blocus sur le seuil de la porte. Il resta là un moment, regardant les gens à l'extérieur et se demandant ce que faisaient ceux à l'intérieur. La petite fille qui lui avait emprunté le lait, et qui ne l'avait jamais rendu, allait passer la porte ; mais le voyant debout, elle traversa la rue de l'autre côté. Mais il ne la remarqua pas. Il se demandait s'il était temps d'entrer. Un garçon s'approcha de la porte et voulut savoir s'il gardait des œufs de Pâques. M. Tolman était heureux de dire que non. Après avoir accordé au pharmacien de nuit vingt minutes très libérales, il entra. Alors qu'il franchissait la porte du magasin, en sonnant très décidément la cloche, P. Glascow descendit les deux marches qui menaient de la pièce intérieure . . Son visage montrait que tout allait bien pour lui.

Quelques jours après, M. Tolman a vendu son stock, son fonds de commerce et ses agencements, ainsi que les meubles et le bail de la maison. Et à qui devrait-il se vendre sinon à M. Glascow ! Cette affaire fut un des points les plus heureux de toute l'affaire. Il n'y avait aucune raison pour que l'heureux couple ne se marie pas très prochainement, et la demoiselle fut charmée de renoncer à sa position d'institutrice et de gouvernante dans une famille, et de venir s'occuper de ce délicieux petit magasin et de cette rusée petite maison , avec presque tout ce qu'ils voulaient.

M. Tolman a refusé de vendre une chose dans l'établissement. C'était l'excellent travail de Dormstock . Il fit cadeau du volume au couple et, entre deux des pages précédentes, il plaça un billet de banque dont la valeur était bien supérieure à celle d'un cadeau de mariage ordinaire.

"Qu'est-ce que tu vas faire?" lui demandèrent-ils lorsque toutes ces choses furent réglées. Et puis il leur raconta comment il retournait à ses affaires dans la ville voisine, et il leur raconta de quoi il s'agissait et comment il en était arrivé à gérer une bibliothèque circulante. Ils ne le pensaient pas fou. Les gens qui étudient les logarithmes du diapason ne seraient pas portés à penser qu'un homme est fou pour une si petite chose.

Lorsque M. Tolman est revenu à l'établissement de Pusey & Co., il a trouvé que tout se passait de manière très satisfaisante.

"Vous paraissez dix ans plus jeune, monsieur", a déclaré M. Canterfield. "Vous avez dû passer un moment très agréable. Je ne pensais pas qu'il y en avait assez pour vous intéresser... pendant si longtemps."

"M'intéresse!" s'exclama M. Tolman. "Eh bien, les objets d'intérêt se pressaient autour de moi. Je n'ai jamais eu de vacances plus agréables de ma vie."

Lorsqu'il rentra chez lui ce soir-là (et il se sentit tout à fait disposé à y aller), il déchira le testament qu'il avait fait. Il estimait désormais qu'il n'était pas nécessaire de prouver sa santé mentale.

MON VOISIN CONTRE LE gré

J'avais environ vingt-cinq ans lorsque j'ai commencé ma vie en tant que propriétaire d'un vignoble en Virginie occidentale. J'ai acheté une grande étendue de terre, dont la plus grande partie était située sur le versant d'un des contreforts du Blue Ridge, l'exposition étant la plus favorable à la croissance de la vigne. Je suis un amoureux enthousiaste de la campagne et de la vie à la campagne, et je pensais que je devrais tirer plus de plaisir et de profit de la culture de mon vaste vignoble que je n'en tirerais d'exploitations agricoles ordinaires.

Je me suis construit une bonne maison de taille moyenne sur un petit plateau sur la partie supérieure de mon domaine. Assis sous mon porche, fumant ma pipe après les travaux de la journée, je pouvais contempler mon vignoble dans une belle vallée, avec ici et là une petite fumée ondulante s'élevant de certaines des rares habitations dispersées parmi les bosquets et des champs étendus, et au-dessus de cette beauté, je pouvais imaginer tout mon flanc de colline vêtu de vert et de pourpre.

Ma famille était composée de moi seul. Il est vrai que je m'attendais un jour à ce qu'il y ait d'autres personnes que moi dans ma maison, mais je n'étais pas encore prêt pour cela.

Durant l'été, je trouvais très agréable de vivre seule. C'était une nouveauté et je pouvais tout arranger et gérer à ma manière, ce qui était un plaisir que je n'avais pas apprécié lorsque j'habitais la maison de mon père. Mais quand l'hiver est arrivé, je l'ai trouvé très seul. Même mes domestiques vivaient dans une cabane à peu de distance, et il y avait de nombreuses soirées sombres et orageuses où la compagnie même d'un ennuyeux m'aurait été la bienvenue. Parfois, je me rendais en ville à pied et y rendais visite à mes amis, mais cela n'était pas possible les nuits d'orage et l'hiver me paraissait très long.

Mais le printemps arriva, les opérations extérieures commencèrent et, pendant quelques semaines, je me sentis à nouveau suffisant pour mon plaisir et mon confort. Puis vint un changement. Une de ces saisons de temps mauvais et orageux qui suivent si souvent un printemps précoce s'est installée sur mon esprit et sur mes collines. Il pleuvait, il faisait froid, des vents violents soufflaient et j'étais plus impatient d'avoir quelqu'un à qui parler que je ne l'avais été à aucun moment de l'hiver.

Une nuit, alors qu'une très violente tempête faisait rage, je me couchai de bonne heure et, tout en restant éveillé, je réfléchis à un projet auquel j'avais souvent pensé auparavant. Je construirais une jolie petite maison sur mon terrain, pas très loin de chez moi, mais pas trop près, et je demanderais à Jack Brandiger de venir y vivre. Jack était un de mes amis qui lisait le droit en ville, et il me semblait qu'il serait beaucoup plus agréable, et même plus rentable, de lire le droit sur une jolie colline surplombant une charmante vallée, avec des bois et des montagnes derrière et au-dessus de lui, où il pouvait se promener à sa guise.

J'avais pensé demander à Jack de venir vivre avec moi, mais j'ai vite écarté cette idée. Je suis une personne très particulière, et Jack ne l'était pas. Il laissait ses pipes partout, parfois même quand elles étaient encore allumées. Lorsqu'il venait me voir, il mettait aussi bien son chapeau sur l'encrier que ailleurs. Mais si Jack habitait à une petite distance et que nous pouvions aller et venir pour nous voir quand bon nous semble, ce serait tout autre chose. Il pourrait faire ce qu'il voulait dans sa propre maison, et je pourrais faire ce que je voulais dans la mienne, et nous pourrions passer de nombreuses soirées agréables ensemble. C'était une idée réjouissante, et je réfléchissais à la manière dont nous pourrions nous arranger avec la femme noire qui gérait mes affaires domestiques pour qu'elle s'occupe également de celles de Jack lorsque je m'endormais.

Je n'ai pas dormi longtemps avant d'être réveillé par la violence accrue de la tempête. Ma maison a tremblé sous la fureur du vent.

La pluie semblait tomber sur le toit et sur le côté nord comme s'il y avait une cascade au-dessus de nous, et de temps en temps j'entendais une pluie de grêles claquer contre les volets. Ma chambre était une des pièces de l'étage inférieur et, même là, j'entendais le martèlement du déluge et les grêlons sur le toit.

Tout cela était très triste et avait tendance à déprimer le moral d'un homme éveillé et seul dans une maison de bonne taille. Mais je me suis débarrassé de cette dépression. Ce n'était pas agréable d'être ici seul dans une tempête aussi terrible, mais il n'y avait rien à craindre, car ma maison était neuve et très solidement construite, construite en rondins, avec des bardeaux à l'extérieur et un plafond à l'intérieur. Il faudrait un ouragan pour arracher le toit, et je pensais que mes volets étaient à l'épreuve de la grêle. Alors, comme il n'y avait aucune raison de rester éveillé, je me suis retourné et je me suis endormi.

Je ne sais combien de temps il me fallut pour être de nouveau réveillé, cette fois non pas par le bruit de la tempête, mais par un curieux mouvement de mon lit. J'avais ressenti un jour le léger choc d'un tremblement de terre, et il me semblait que ce devait être quelque chose de ce genre. Certes, mon lit bougeait sous moi. Je me suis assis. La pièce était plongée dans l'obscurité totale. En un instant, j'ai ressenti un autre mouvement, mais cette fois il ne m'a pas semblé ressembler à un tremblement de terre. Un tel mouvement, je pense, s'effectue généralement dans des directions horizontales, tandis que celui que j'ai ressenti ressemblait davantage au mouvement d'un navire sur l'eau. La tempête était à son comble ; le vent faisait rage et rugissait, et la pluie semblait tomber toujours aussi fort.

J'étais sur le point de me lever et d'allumer la lampe, car la moindre flamme de bougie serait une sorte de compagnie à un moment si intense, lorsque mon lit fit un autre mouvement, plus semblable à celui d'un navire qu'auparavant . En fait, il fit une embardée comme s'il descendait dans le creux de la mer, mais, contrairement à un navire, il ne se releva pas, mais resta dans une position si inclinée que je commençai à glisser vers le pied. Je crois que s'il n'y avait pas eu un lit muni d'un pied de lit, j'aurais glissé par terre.

Je n'ai pas sauté du lit. Je n'ai rien fait. J'essayais de réfléchir, de comprendre la situation, de savoir si j'étais endormi ou éveillé, quand j'ai pris conscience de bruits dans la chambre et dans toute la maison qui, même à travers le vacarme de la tempête, se faisaient remarquer par leur particularité. Les tables, tout ce qui se trouvait dans la pièce semblait grincer et grincer sur le sol, et en un instant il y eut un fracas. Je savais ce que cela signifiait ; ma lampe avait glissé de la table. Tout doute à ce sujet aurait été dissipé par l'odeur de kérosène qui envahit bientôt l'air de la pièce.

Le mouvement du lit, qui, je crois maintenant, devait être le mouvement de toute la maison, continuait toujours ; mais les bruits de grincement dans la pièce cessèrent peu à peu, d'où je déduis que les meubles s'étaient heurtés au mur de devant de la pièce.

Il m'était désormais impossible de me lever et d'allumer une lumière, car le faire avec du kérosène partout sur le sol et ses vapeurs diffusées dans la pièce aurait probablement pour résultat de mettre le feu à la maison. Je dois donc rester dans l'obscurité et attendre. Je ne pense pas avoir eu très peur ; j'étais tellement étonné qu'il n'y avait plus de place pour la peur dans mon esprit. En fait, toutes mes énergies mentales étaient occupées à essayer de découvrir ce qui s'était passé. Il ne fallut cependant que quelques minutes de réflexion supplémentaires, et quelques minutes supplémentaires de grincements, de secousses, de tremblements de ma maison, pour me permettre de décider de ce qui se passait. Ma maison glissait en pente !

Le vent a dû souffler le bâtiment de ses fondations, et sur la surface glissante de la colline, probablement transformé en boue liquide par la pluie battante, il descendait vers la vallée ! En un éclair, mon esprit parcourut toute la surface du pays sous mes pieds, aussi loin que je le connaissais. J'étais presque certain qu'il n'y avait aucun précipice, aucun gouffre terrible dans lequel ma maison pourrait tomber. Il n'y avait rien d'autre qu'un flanc de colline, et en dessous une vaste étendue de champs.

Maintenant, il y eut un nouveau et soudain bruit d'objets lourds tombant sur le toit, et je savais ce que cela signifiait : ma cheminée avait été arrachée de ses fondations, et la partie supérieure de celle-ci était maintenant renversée. J'entendais, à travers la tempête, les briques claquer et glisser sur le toit incliné. Des bruits continus de craquements et de claquements me parvenaient par les fenêtres fermées de la façade, et ceux-ci étaient causés, je suppose, par la destruction des tuteurs de mes vignes lorsque la lourde maison se déplaçait dessus.

Bien entendu, lorsque j'ai bien compris l'état de l'affaire, mon premier réflexe a été de sauter du lit et, le plus rapidement possible, de sortir de cette maison battante et glissante. Mais je me suis retenu. Le sol pourrait être couvert de verre brisé, je ne pourrais peut-être pas retrouver mes vêtements dans l'obscurité et dans le fouillis de meubles au fond de la pièce, et même si je pouvais m'habiller, ce serait une folie de sauter dedans. au milieu de cette violente tempête en une probable masse d'épaves que je ne pouvais pas voir. Il vaudrait bien mieux rester au sec et au chaud sous mon toit. Il n'y avait aucune raison de supposer que la maison s'effondrerait ou qu'elle se renverserait. Il faudra que cela s'arrête un jour ou l'autre, et, en attendant, je serais plus en sécurité dans mon lit que partout ailleurs. C'est pourquoi je suis resté dans mon lit.

Assis bien droit, les pieds appuyés contre le marchepied, j'écoutais et ressentais. Les bruits de la tempête, ainsi que les craquements, les claquements et les grincements devant et sous moi, continuaient, même si je pensais parfois que le vent se modérait un peu et que l'étrange mouvement devenait plus régulier. Je croyais que la maison bougeait plus vite qu'au début de son étrange carrière, mais qu'elle glissait sur une surface lisse. Maintenant, j'ai remarqué une succession de craquements et de claquements bruyants à l'avant de la maison et, d'après la nature des sons, j'ai conclu que mon petit porche, qui servait de coupe-eau à la proue de ma maison semblable à un bateau , avait cède enfin au contact brutal du sol et sera probablement bientôt arraché. Cela ne m'a pas dérangé, car la maison doit encore être solide.

Je ne tardai pas à m'apercevoir que l'inclinaison de mon lit devenait de moins en moins grande, et aussi j'étais bien sûr que la maison bougeait plus lentement. Puis les fissures et les claquements devant mon mur avant ont complètement cessé. Le lit reprit sa position horizontale ordinaire, et bien que je ne sache pas à quel moment la maison avait cessé de glisser et s'était arrêtée, j'étais sûr qu'elle s'était arrêtée. Il reposait désormais sur une surface plane. La pièce était encore parfaitement sombre et l'orage continuait. Il était inutile pour moi de me lever avant que le jour ne vienne, je ne pouvais pas voir ce qui s'était passé, alors je m'allongeai sur mon oreiller et essayai d'imaginer sur quelle partie plane de ma ferme j'avais échoué. En faisant cela, je me suis endormi.

À mon réveil, un peu de lumière pénétrait dans la pièce à travers les stores de mes volets. Je me suis rapidement glissé hors du lit, j'ai ouvert une fenêtre et j'ai regardé dehors. Le jour venait à peine de se lever, la pluie et le vent avaient cessé et je pouvais distinguer des objets. Mais il me semblait que j'avais besoin d'un peu de lumière dans mon cerveau pour me permettre de comprendre ce que je voyais. Mes yeux ne tombèrent sur rien de familier.

Je ne me suis cependant pas arrêté pour enquêter depuis ma fenêtre. J'ai trouvé mes vêtements entassés avec les meubles à l'avant de la pièce, et dès que j'ai été habillé , je suis entré dans le couloir puis devant ma porte d'entrée. Je l'ai rapidement ouvert et j'étais sur le point de sortir quand, soudainement, je me suis arrêté. J'étais certain que mon porche avait été détruit. Mais là, je vis un porche un peu plus bas que le mien et beaucoup plus large, et de l'autre côté, à huit pieds à peine de moi, il y avait une fenêtre, la fenêtre d'une maison, et de l'autre côté du porche. la fenêtre était un visage, un visage de jeune fille ! Alors que je regardais avec un étonnement vide la maison qui se présentait à ma porte d'entrée, le visage à la fenêtre a disparu et j'ai dû contempler la scène par moi-même. J'ai couru vers ma porte arrière et je l'ai ouverte. Là, je vis, s'étendant à travers les champs et très haut à flanc de colline, le large chemin que ma maison avait tracé en descendant de sa position élevée jusqu'à la vallée en contrebas, où elle avait terminé sa carrière en s'arrêtant contre une autre maison. En regardant depuis le porche arrière, je vis que le terrain continuait à s'incliner, de sorte que si ma maison n'avait pas trouvé sur son passage un autre bâtiment, elle aurait probablement avancé un peu plus loin dans son parcours. Il faisait plus clair et j'ai vu des buissons, des clôtures et des dépendances – j'étais dans une cour arrière.

Presque essoufflé d'étonnement et de consternation, j'ai couru de nouveau vers la porte d'entrée. Quand j'y suis arrivé, j'ai trouvé une jeune femme debout sur le porche de la maison devant moi. J'étais sur le point de dire quelque chose – je ne sais quoi – lorsqu'elle posa le doigt sur ses lèvres et s'avança.

"S'il vous plaît, ne parlez pas fort", dit-elle. "J'ai peur que cela effraie maman. Elle dort encore. Je suppose que vous et votre maison avez glissé vers le bas ?"

"C'est ce qui s'est passé", dis-je. "Mais je ne peux pas le comprendre. Cela me semble la chose la plus étonnante qui se soit jamais produite sur la surface de la terre."

« C'est très étrange, dit-elle, mais les ouragans emportent effectivement les maisons, et celui-ci a dû être celui que nous avons eu la nuit dernière, car le vent était assez fort pour desserrer n'importe quelle maison. Je me suis souvent demandé si cette maison allait un jour. glisser vers le bas."

"Ma maison?"

"Oui," dit-elle. "Peu de temps après sa construction , j'ai commencé à penser à quel beau balayage il pourrait faire depuis l'endroit où il semblait être collé au flanc de la montagne, jusqu'ici dans la vallée."

Je ne pouvais pas parler avec une fille comme ça ; du moins, je ne pouvais pas la rencontrer sur son propre terrain de conversation. J'étais moi-même si agité qu'il ne semblait pas naturel que quiconque à qui je devais parler ne soit pas également agité.

"Qui es-tu?" Ai-je demandé assez brusquement. "Au moins, à qui appartient cette maison ?"

"C'est la maison de ma mère", dit-elle. "Ma mère est Mme Carson. Nous vivons ici seuls, donc je ne peux faire appel à aucun homme pour vous aider à faire quoi que ce soit. Mon frère a toujours vécu avec nous, mais la semaine dernière, il est parti."

"Vous ne semblez pas du tout étonné de ce qui s'est passé", dis-je.

C'était plutôt une jolie fille, d'un caractère enjoué, devrais-je dire, car plusieurs fois elle avait souri en parlant.

"Oh, je suis étonnée", répondit-elle; "Ou, du moins, je l'étais. Mais j'ai eu suffisamment de temps pour m'en remettre en partie. Il y a au moins une heure, j'ai été réveillé par un bruit de craquement dans la cour. Je me suis dirigé vers une fenêtre et j'ai regardé dehors , et je pouvais à peine voir que quelque chose qui ressemblait à un grand bâtiment s'était développé pendant la nuit. Puis je l'ai observé, et je l'ai observé, jusqu'à ce que je comprenne que c'était une maison entière; et après cela, je n'ai pas tardé à deviner ce qui s'était passé. ... Cela m'a semblé plus simple, vous savez, qu'à vous, parce que j'y avais souvent pensé, et probablement vous n'y avez jamais fait.

"Vous êtes là", dis-je avec sérieux. "Il m'aurait été impossible d'imaginer une telle chose."

"Au début, je pensais qu'il n'y avait personne dans la maison", dit-elle, "mais quand j'ai entendu quelqu'un bouger, je suis descendue pour dire à celui qui était arrivé de ne pas faire de bruit. Je vois", a-t-elle ajouté avec un autre elle sourit, "que tu penses que je suis une personne très étrange pour ne pas être plus bouleversée par ce qui s'est passé. Mais en réalité , je ne peux penser à rien d'autre pour le moment, à part ce que ma mère dira et fera lorsqu'elle descendra et te trouvera toi et ton maison ici, à la porte arrière. Je suis sûr qu'elle n'aimera pas ça.

"J'aime ça!" M'écriai-je. "Qui diable pourrait aimer ça?"

"S'il vous plaît, parlez plus doucement", dit-elle. « Mère est toujours un peu irritable lorsque son sommeil est interrompu, et je n'aimerais pas qu'elle se réveille soudainement maintenant. Mais en réalité, M. Warren, je n'ai pas la moindre idée au monde de la façon dont elle va prendre cela. Je dois entrer et être avec elle quand elle se réveillera, afin de pouvoir lui expliquer exactement ce qui s'est passé.

"Un instant," dis-je. "Vous savez mon nom."

" Bien sûr que je connais ton nom," répondit-elle. "Cette maison pourrait-elle rester là-haut, à flanc de colline, pendant plus d'un an sans que je sache qui y vivait ?" Sur ce, elle rentra à l'intérieur.

Je n'ai pas pu m'empêcher de sourire en pensant à la jeune femme regrettant qu'il n'y ait aucun homme dans la maison qui puisse m'aider à faire quelque chose. Que pourrait-on faire dans un cas comme celui-ci ? Je me suis retourné et je suis entré dans ma maison. Je suis entré dans les différentes pièces de l'étage inférieur et n'ai vu aucun signe de dommage particulier, si ce n'est que tout ce qui était mobile dans chaque pièce était entassé contre le mur de devant. Mais quand j'ai regardé par la porte arrière , j'ai découvert que le porche était en grande partie détruit, ce que je n'avais pas remarqué auparavant.

Je montai à l'étage et trouvai tout à peu près comme en bas. Rien ne semblait avoir été endommagé sauf la cheminée et les porches. J'ai remercié mes étoiles d'avoir utilisé du bois dur au lieu du mortier pour les plafonds de mes chambres.

J'étais sur le point d'entrer dans ma chambre lorsque j'ai entendu une femme crier et, bien sûr, je me suis précipité vers l'avant. Là, sur le porche arrière de sa maison, se tenait Mme Carson. C'était une femme d'âge moyen et, en la regardant, j'ai vu d'où sa fille tenait sa beauté. Mais la placidité et la gaieté du jeune visage manquaient totalement à la mère. Ses yeux pétillaient, ses joues étaient rouges, sa bouche était entrouverte et il me semblait que je pouvais presque voir que son souffle était chaud.

"Est-ce ta maison?" s'écria-t-elle au moment où ses yeux tombèrent sur moi. "Et qu'est-ce qu'il fait ici ?" Je n'ai pas répondu immédiatement, j'ai regardé la femme en colère, et derrière elle j'ai vu, à travers la porte ouverte, la fille traverser le couloir. Il était clair qu'elle avait décidé de me laisser m'en sortir avec sa mère sans interférence. Aussi brièvement et clairement que possible, j'ai expliqué ce qui s'était passé.

"Qu'est-ce que ça me fait?" Elle a crié. "Peu m'importe comment votre maison est arrivée ici. Il y a eu des tempêtes depuis le début du monde, et je n'ai jamais entendu parler d'une seule d'entre elles emportant une maison dans le jardin d'une personne. Vous n'auriez pas dû construire votre maison où une telle chose pourrait arriver. Mais tout cela n'est rien pour moi. Je ne comprends pas maintenant comment votre maison est arrivée ici, et je ne veux pas le comprendre. Tout ce que je veux, c'est que vous l'enleviez. "

"Je le ferai, madame, dès que je pourrai. Vous pouvez être sûre que je le ferai. Mais..."

"Peux-tu le faire maintenant?" elle a demandé. "Pouvez-vous le faire aujourd'hui ? Je ne veux pas perdre une minute. Je ne suis pas sorti dehors pour voir les dégâts qui ont été causés, mais la première chose à faire est de prendre votre maison."

"Je vais maintenant en ville, Madame, pour demander de l'aide."

Mme Carson ne répondit pas, mais elle se tourna et se dirigea vers le bout de son porche. Là, elle poussa soudain un cri qui fit rapidement sortir sa fille de la maison. « Minou ! Minou ! » s'écria sa mère. "Savez-vous ce qu'il a fait ? Il a traversé mon jardin fleuri rond. Sa maison est assise dessus en ce moment !"

"Mais il ne pouvait pas s'en empêcher, maman", dit Kitty.

"Aide le!" s'exclama Mme Carson. « Je ne m'attendais pas à ce qu'il m'aide. Ce que je veux… » Soudain, elle s'arrêta. Ses yeux brillaient de plus en plus, sa bouche s'ouvrait plus largement, et elle devenait de plus en plus excitée à mesure qu'elle remarquait l'absence des hangars, des clôtures ou des potagers qui s'étaient trouvés au cours de mon habitation destructrice.

Il était maintenant largement le matin et certains voisins avaient pris conscience de l'étrange désastre qui m'était arrivé, même si s'ils avaient entendu la nouvelle de Mme Carson , ils auraient pu supposer qu'il s'agissait d'un désastre qui s'était produit. seulement à elle. Tandis qu'ils regardaient les deux maisons si étroitement serrées l'une contre l'autre, ils s'étonnaient tous, certains riaient même, mais aucun n'offrait une suggestion qui satisfasse Mme Carson ou moi-même. L'opinion générale était que, maintenant que ma maison était là, elle devrait y rester, car il n'y avait pas assez de chevaux dans l'État pour la remonter sur ce flanc de montagne. Certes, il pourrait éventuellement être retiré latéralement. Mais qu'il soit déplacé dans un sens ou dans l'autre, de nombreux arbres de Mme Carson devraient être abattus pour le laisser passer.

"Ce qui n'arrivera jamais !" s'écria cette bonne dame. "Si rien d'autre ne peut être fait, il faut le démonter et le transporter dans des charrettes. Mais quelle que soit la manière dont il est géré, il doit être déplacé, et cela immédiatement." Miss Carson persuada alors sa mère d'entrer dans la maison, et je restai et parlai aux hommes et à quelques femmes qui s'étaient rassemblés à l'extérieur.

Quand ils eurent dit tout ce qu'ils avaient à dire et vu tout ce qu'il y avait à voir, ces gens rentrèrent chez eux pour prendre leur petit déjeuner. Je suis entré dans ma maison, mais pas par la porte d'entrée, car pour ce faire, j'aurais été obligé de pénétrer dans le porche arrière de Mme Carson. J'ai pris mon chapeau et j'étais sur le point de partir pour la ville, quand j'ai entendu mon nom appelé. En entrant dans le couloir, j'ai vu Miss Carson, qui se tenait devant ma porte d'entrée.

"M. Warren," dit-elle, "vous n'avez aucun moyen de prendre votre petit-déjeuner, n'est-ce pas ?"

"Oh, non," dis-je. "Mes domestiques sont là-haut dans leur cabane, et je suppose qu'ils ont trop peur pour descendre. Mais je vais en ville pour voir ce qu'on peut faire pour ma maison, et j'obtiendrai." mon petit-déjeuner là-bas.

"C'est un long chemin à parcourir sans rien manger," dit-elle, "et nous pouvons vous donner un petit déjeuner. Mais je veux vous demander quelque chose. Je suis dans une grande perplexité. Nos deux domestiques sont devant. de la maison, mais ils refusent catégoriquement d'entrer, ils ont peur que votre maison ne recommence à glisser et à les écraser tous, alors je vais devoir prendre le petit déjeuner. Mais ce qui me dérange, c'est de chercher notre puits. J'ai été dehors, et je n'en vois aucun signe. »

"Où était ton puits ?" J'ai haleté.

"Il devrait être quelque part près de l'arrière de votre maison", dit-elle. "Puis-je traverser votre couloir et faire attention ?"

" Bien sûr que tu peux", criai-je, et je la précédai jusqu'à ma porte arrière.

« Maintenant, il me semble, » dit-elle, après avoir examiné la scène de désolation immédiatement auparavant et avoir regardé de côté et d'autre les objets restés intacts, « que votre maison est passée directement au-dessus de notre puits et a dû emporter " Le petit hangar et la pompe et tout ce qui est au-dessus du sol. Je ne devrais pas me demander du tout, " continua-t-elle lentement, " si c'est sous votre porche. "

J'ai sauté à terre, car les marches étaient brisées, et j'ai commencé à chercher le puits, et je n'ai pas tardé à découvrir son ouverture ronde et sombre, qui se trouvait, comme Miss Carson l'avait imaginé, sous une extrémité de mon porche.

"Que pouvons-nous faire?" elle a demandé. "Nous ne pouvons pas prendre de petit-déjeuner ni nous débrouiller sans eau." C'était pour moi une chose terriblement déprimante de penser que moi, ou plutôt ma maison, avais causé tant de problèmes à ces gens. Mais j'ai rapidement assuré à Miss

Carson que si elle pouvait trouver un seau et une corde que je pourrais abaisser dans le puits, je lui fournirais de l'eau.

Elle est entrée dans sa maison pour voir ce qu'elle pouvait trouver, et j'ai arraché les planches cassées du porche pour pouvoir accéder au puits. Et puis, quand elle est arrivée avec un seau en fer blanc et une corde à linge, je me suis mis au travail pour puiser de l'eau et la porter jusqu'à sa porte arrière.

"Je ne veux pas que maman découvre ce qui est arrivé au puits", dit-elle, "car elle a déjà assez de soucis en tête."

Mme Carson était une femme avec quelques bons points dans son caractère. Au bout d'un moment , elle m'appela elle-même et me dit de venir déjeuner. Mais pendant le repas, elle me parla très sérieusement de l'effroyable intrusion que j'avais commise et des moyens qu'il fallait prendre pour réparer les dommages que ma maison avait causés à sa propriété. J'étais aussi optimiste que possible, et la jeune dame parlait de cette affaire avec beaucoup d'entrain et d'espoir, de sorte que nous commencions à nous entendre assez agréablement, quand, tout à coup, Mme Carson se leva d'un bond. "Cieux et terre !" s'écria-t-elle, cette maison déménage !

Elle ne s'était pas trompée. J'avais ressenti sous mes pieds un choc soudain et violent, sans gravité, mais indubitable. Je me souvenais que les deux maisons se trouvaient sur un terrain légèrement en pente. Mon sang s'est refroidi, mon cœur s'est arrêté ; même Miss Carson était pâle.

Lorsque nous nous sommes précipités dehors pour voir ce qui s'était passé ou ce qui allait se passer, j'ai vite réalisé que nous avions été inutilement effrayés. Certaines des poutres brisées sur lesquelles ma maison reposait en partie avaient cédé et la partie avant du bâtiment s'était légèrement abaissée, secouant ainsi l'autre maison contre laquelle elle reposait. Je m'efforçai de prouver à Mme Carson que le résultat était plutôt encourageant que contraire, car ma maison était maintenant plus solidement établie qu'elle ne l'était auparavant. Mais elle n'appréciait pas l'opinion d'un homme qui n'en savait pas assez pour installer sa maison dans un endroit où elle serait susceptible de rester, et elle ne pouvait plus prendre de petit-déjeuner et avait même peur de rester sous son propre toit jusqu'à ce qu'elle ait l'expérience. des mécaniciens avaient été convoqués pour examiner la situation.

Je me précipitai vers la ville et bientôt plusieurs charpentiers et maçons furent sur place. Après un examen approfondi, ils ont assuré à Mme Carson qu'il n'y avait aucun danger, que ma maison ne causerait pas de dommages supplémentaires à ses locaux, mais, pour être sûr, ils apporteraient de lourdes poutres et renforceraient la façade de ma maison contre elle. mur de cave. Lorsque cela serait fait, il lui serait impossible d'aller plus loin.

"Mais je ne veux pas qu'il soit préparé !" s'écria Mme Carson. "Je veux qu'on l'enlève. Je veux qu'il soit retiré de mon jardin !"

Le maître charpentier était un homme d'imagination et d'expédient. "C'est une tout autre chose, madame", dit-il. "Nous allons réparer la maison de ce monsieur pour que vous n'ayez pas peur d'elle, et ensuite, quand viendra le temps de la déplacer, il y aura plusieurs façons de le faire. Nous pourrions installer un puissant guindeau au sommet de la colline. , et peut-être obtenir une machine à vapeur pour la faire tourner, et nous pourrions attacher des câbles à la maison et la ramener à sa place.

"Et pouvez-vous prêter serment", s'écria Mme Carson, "que ces cordes ne se briseront pas, et que lorsque cette maison sera à mi-hauteur de la colline, elle ne glissera pas dix fois plus vite qu'elle ne l'a fait et ne s'écrasera pas." en moi, dans le mien et dans tout ce que je possède sur terre ? Non, monsieur ! Je ne laisserai aucune maison traînée sur une colline derrière moi !

" Bien sûr, dit le charpentier, il serait beaucoup plus facile de le déplacer sur ce terrain presque plat... "

"Et j'abats mes arbres pour le faire ! Non, monsieur !"

"Eh bien," dit-il, "il n'y a pas d'autre moyen que de le démonter et de le transporter."

"Ce qui ferait passer un moment horrible à l'arrière de ma maison pendant que tu le faisais !" s'exclama Mme Carson.

Je mets maintenant un mot. "Il n'y a qu'une seule chose à faire que je vois !" M'écriai-je. "Je vais le vendre à une usine d'allumettes. C'est presque entièrement du bois, et il peut être coupé en sections d'environ deux pouces d'épaisseur, puis divisé en allumettes."

Kitty sourit. « J'aimerais les voir, dit-elle, emporter les petits bâtons dans les brouettes !

"Il n'est pas nécessaire de plaisanter sur le sujet", a déclaré Mme Carson. "J'ai eu beaucoup de choses à supporter, et je ne dois pas les supporter plus longtemps que nécessaire. Je viens de découvrir que pour puiser de l'eau de mon propre puits, je dois me rendre sous le porche arrière d'un étranger. "Ces choses ne peuvent pas être supportées. Si mon fils George était ici, il me dirait ce que je dois faire. Je lui écrirai et je verrai ce qu'il me conseille. Cela ne me dérange pas d'attendre un peu, maintenant que je sais que vous pouvez réparez la maison de M. Warren pour qu'elle ne bouge pas plus loin.

L'affaire fut donc abandonnée. Cet après-midi-là, ma maison était renforcée et, vers le soir, j'ai commencé à me rendre dans un hôtel de la ville pour passer la nuit.

"Non monsieur!" dit Mme Carson. " Pensez-vous que je vais rester ici toute la nuit avec une grande maison vide serrée contre moi, et tout le monde sachant qu'elle est vide ? Ce sera la même chose que d'avoir des voleurs dans ma propre maison pour les avoir dans la vôtre. Vous êtes descendu ici dans votre propriété, et vous pouvez y rester et en prendre soin ! »

"Je ne m'y oppose pas du tout", dis-je. "Mes deux femmes sont ici, et je peux leur dire de s'occuper de mes repas. Je n'ai pas de cheminée, mais je suppose qu'elles peuvent faire du feu d'une manière ou d'une autre."

"Non monsieur!" dit Mme Carson. "Je ne vais pas avoir de domestiques étrangers chez moi. Je viens de réussir à convaincre mes propres femmes d'entrer dans la maison, et je ne veux plus d'ennuis. J'en ai déjà assez!"

" Mais, ma chère madame, lui dis-je, vous ne voulez pas que j'aille en ville et vous ne me permettez pas de faire la cuisine ici. Que dois-je faire ? "

"Eh bien," dit-elle, "vous pouvez manger avec nous. Il faudra peut-être deux ou trois jours avant que je puisse avoir des nouvelles de mon fils George, et en attendant vous pouvez loger dans votre propre maison et je vous emmènerai en pension. Cela " C'est la meilleure façon que je vois de gérer la chose. Mais je suis très sûr que je ne vais pas rester seul ici dans la terrible situation dans laquelle vous m'avez mis. "

Nous avions à peine fini de dîner que Jack Brandiger vint me voir. Il a beaucoup ri de mon changement soudain de point de départ, mais il a estimé que, dans l'ensemble, le déménagement de ma maison avait été très réussi. Il doit être plus agréable dans la vallée que sur cette colline venteuse. Jack était très intéressé par tout, et lorsque Mme Carson et sa fille sont apparues, alors que nous nous promenions pour regarder la scène, je me suis senti obligé de le présenter.

«J'aime ces dames», me dit-il ensuite. "Je pense que vous avez choisi des voisins très agréables."

"Comment sais-tu que tu les aimes ?" dis-je. "Vous n'aviez presque rien à dire à Mme Carson."

"Non, bien sûr", dit-il. "Mais j'espère qu'elle me plaira. Au fait, sais-tu comment tu me parlais de venir vivre quelque part près de chez toi ? Voudrais-tu que je prenne une de tes chambres maintenant ? Je pourrais te remonter le moral. "

"Non", dis-je fermement. "Cela n'est pas possible. Dans l'état actuel des choses, j'ai tout ce que je peux pour me débrouiller ici par moi-même."

Mme Carson n'a pas eu de nouvelles de son fils pendant près d'une semaine, puis il a écrit qu'il lui était presque impossible de lui donner des conseils. Il pensait que c'était une situation très étrange. Il n'avait jamais entendu parler de quelque chose de pareil. Mais il essaierait d'organiser ses affaires de manière à pouvoir rentrer chez lui dans une semaine ou deux et examiner les choses.

Comme j'étais ainsi obligé de m'imposer dans le voisinage immédiat de Mme Carson et de sa fille, je m'efforçai de rendre les choses aussi agréables que possible. J'ai fait descendre quelques-uns de mes hommes hors du vignoble et je les ai chargés de réparer les clôtures, de mettre de l'ordre dans le jardin et de faire tout ce que je pouvais pour remédier à l'état lamentable des choses que j'avais involontairement amenées dans l'arrière-cour de ce lieu tranquille. famille. J'ai installé une pompe sur mon porche arrière grâce à laquelle l'eau du puits pouvait être facilement obtenue, et je me suis efforcé de toutes les manières possibles de réparer les dégâts.

Mais Mme Carson n'a jamais cessé de parler du désastre sans précédent qui s'était abattu sur elle, et elle a dû avoir beaucoup de correspondance avec son fils George, car elle m'a envoyé de fréquents messages de sa part. Il ne pouvait pas venir examiner la situation, mais il semblait y accorder beaucoup de réflexion et d'attention.

Le printemps était revenu, et c'était très agréable d'aider les dames Carson à mettre de l'ordre dans leur jardin de fleurs, du moins dans la mesure où il en restait, car ma maison reposait sur certains des massifs les plus importants. Comme j'étais obligé d'abandonner toute idée actuelle de faire quoi que ce soit qui pourrait faire sortir ma résidence d'un endroit où elle n'avait aucune raison d'être, parce que Mme Carson ne consentirait à aucun plan qui avait été suggéré, j'ai senti que J'offrais une petite compensation en embellissant ce qui semblait être, à cette époque, mon propre terrain.

Mes travaux concernant les vignes, les buissons et tout ce genre de choses étaient généralement effectués sous la direction de Mme Carson ou de sa fille, et comme la vieille dame était une femme au foyer très occupée, le travail horticole était généralement laissé à Miss Kitty et moi.

J'ai aimé Miss Kitty. C'était une personne joyeuse et pleine d'âme, et je pensais parfois qu'elle n'était pas aussi réticente à m'avoir pour voisin que le reste de la famille semblait l'être ; car si je devais juger du caractère de son frère George d'après ce que sa mère m'a dit à propos de ses lettres, lui et Mme Carson doivent faire de nombreux projets pour me faire quitter les lieux.

Près d'un mois s'était maintenant écoulé depuis mon domicile et j'ai passé cette remarquable visite matinale à Mme Carson. Je m'habituais à mon mode de vie actuel et, en ce qui me concernait, il me satisfaisait très bien. Je vivais certainement bien mieux que lorsque je dépendais de mon vieux cuisinier nègre. Miss Kitty semblait satisfaite des choses telles qu'elles étaient, tout comme, à certains égards, sa mère. Mais cette dernière ne cessait de me donner des extraits de certaines lettres de son fils George, et cela m'énervait et m'inquiétait toujours. De toute évidence , il n'était pas content de moi en tant que voisin si proche de sa mère, et il était étonnant de voir combien d'expédients il proposait pour la débarrasser de ma proximité indésirable.

"Mon fils George", a déclaré un matin Mme Carson, "m'a écrit à propos des vérins à vis. Il dit que les plus grandes améliorations ont été apportées aux vérins à vis."

"Qu'est-ce que tu en fais, maman ?" » demanda Miss Kitty.

« Avec eux, vous soulevez des maisons », dit-elle. " Il dit que dans les grandes villes, on soulève des pâtés de maisons entiers et on construit des étages en dessous. Il pense que nous pouvons nous débarrasser de nos ennuis ici si nous utilisons des vérins à vis. "

"Mais comment compte-t-il les utiliser ?" J'ai demandé.

"Oh, il a beaucoup de projets", répondit Mme Carson. " Il a dit qu'il ne devrait pas s'étonner si des vérins à vis pourraient être suffisamment grands pour soulever votre maison entièrement au-dessus de la mienne et la placer sur la route, où elle pourrait être emportée sans gêner quoi que ce soit, sauf, bien sûr, les véhicules qui Mais il a un autre plan : soulever ma maison et la transporter dans le champ de l'autre côté de la route, et alors votre maison pourrait être transportée jusqu'au-dessus de la cave jusqu'à ce qu'elle arrive à la route. De cette façon, dit-il, les buissons et les arbres ne devraient pas être perturbés.

"Je pense que frère George est craquelé !" dit Kitty.

Tout ce genre de choses m'inquiétait beaucoup. Mon esprit était éminemment disposé vers la paix et la tranquillité , mais qui pourrait être paisible et tranquille avec un futur vérin à la base même de son confort et de son bonheur ? En fait, ma maison n'avait jamais été aussi heureuse qu'à cette époque. Le fait de sa position injustifiée sur le terrain d'autrui avait cessé de me déranger.

Mais le futur fils George, avec ses vérins, m'a beaucoup dérangé, et cet après-midi-là, je suis allé délibérément dans la maison de Mme Carson pour chercher Kitty. Je savais que sa mère n'était pas à la maison, car je l'avais vue sortir. Quand Kitty est apparue, je lui ai demandé de sortir sur son porche arrière. "Avez-vous pensé à un nouveau plan pour le déplacer ?" dit-elle avec un sourire alors que nous nous asseyions.

"Non", dis-je sérieusement. "Je ne l'ai pas fait et je ne veux pas penser à un projet de déplacement. Je suis fatigué de le voir ici, je suis fatigué de penser à le déplacer et je suis fatigué d'entendre les gens parler de le déplacer. Je n'ai aucun droit d'être ici et je n'ai jamais le droit de l'oublier. Ce que je veux, c'est m'en aller complètement et tout laisser derrière moi, sauf une chose.

"Et qu'est ce que c'est que ça?" » demanda Kitty.

"Toi," répondis-je.

Elle pâlit un peu et ne répondit pas.

"Tu me comprends, Kitty," dis-je. "Il n'y a rien au monde qui m'intéresse à part toi. Qu'as-tu à me dire ?"

lui revint . "Je pense qu'il serait très insensé de notre part de partir", a-t-elle déclaré.

C'était environ un quart d'heure après que Kitty proposa que nous sortions devant la maison ; cela aurait l'air étrange si l'un des domestiques venait nous voir assis ensemble ainsi. J'avais oublié qu'il y avait d'autres personnes dans le monde, mais je suis parti avec elle.

Nous nous tenions sur le porche, proches l'un de l'autre, et je pense que nous nous tenions la main lorsque Mme Carson est revenue. En s'approchant, elle nous regarda d'un air interrogateur, souhaitant clairement savoir pourquoi nous nous tenions côte à côte devant sa porte, comme si nous avions un objectif particulier à le faire.

"Bien?" dit-elle en montant les marches. Bien sûr , il était juste que je parle et, en aussi peu de mots que possible, je lui ai raconté ce que Kitty et moi nous disions. Je n'ai jamais vu la mère de Kitty aussi joyeuse et aussi belle que lorsqu'elle s'est avancée, a embrassé sa fille et m'a serré la main. Elle semblait si parfaitement satisfaite que cela m'a étonné. Après un petit moment, Kitty nous a quittés, puis Mme Carson m'a demandé de m'asseoir à côté d'elle sur un banc rustique.

"Maintenant," dit-elle, "cela arrangera les choses de la meilleure façon. Quand vous serez mariés, vous et Kitty pourrez vivre dans le bâtiment de l'arrière, car , bien sûr, votre maison sera désormais la même chose qu'un bâtiment arrière, et vous pourrez avoir le deuxième étage. Nous n'aurons pas de tables séparées, car ce sera beaucoup plus agréable pour vous et Kitty de vivre avec moi, et ce sera simplement votre pension payante pour deux personnes à la place. d'un. Et vous savez que vous pouvez gérer votre vigne aussi bien du bas de la colline que du haut. Les pièces basses de ce qui était autrefois votre maison peuvent être rendues très agréables et confortables pour nous tous. J'ai été en pensant à la pièce de droite que vous aviez prévue pour un salon, et elle fera pour nous un joli salon, ce que nous n'avons jamais eu, et la pièce de l'autre côté est exactement ce qui conviendra à merveille pour une chambre d'amis. Les deux maisons réunies, avec le toit de mon porche arrière bien relié à la façade de votre maison, formeront une belle et spacieuse demeure. C'est une chance aussi que vous ayez peint votre maison en jaune clair. J'ai souvent regardé les deux ensemble et j'ai pensé que c'était une bonne chose que l'une ne soit pas d'une couleur et l'autre d'une autre. Quant à la pompe, il sera désormais très simple d'installer un tuyau depuis ce qui était autrefois votre porche arrière jusqu'à notre cuisine, afin que nous puissions avoir de l'eau sans être obligés de la transporter. Entre nous, nous pouvons faire toutes sortes d'améliorations, et je vous raconterai un jour bon nombre de choses auxquelles j'ai pensé.

"Ce qui était autrefois votre maison", a-t-elle poursuivi, "peut être un peu démoli et une bonne fondation posée en dessous. Je me suis renseignée à ce sujet. Bien sûr, il n'aurait pas été approprié de vous faire savoir que je J'étais satisfait de l'état des choses, mais j'étais satisfait, et cela ne sert à rien de le nier. Dès que j'ai surmonté ma première frayeur après que cette maison soit descendue de la colline, j'ai vu comment tout pouvait être arrangé pour convenir à tous. partis, je me suis dit : « Ce que le Seigneur a uni, que l'homme ne le sépare pas », et ainsi, selon ma croyance, les vérins les plus puissants ne pourraient pas séparer ces deux maisons, pas plus qu'ils ne pourraient le faire. mettez-vous ensemble, vous et Kitty, maintenant que vous avez accepté de vous prendre l'un pour l'autre.

Jack Brandiger est venu nous rendre visite ce soir-là et, lorsqu'il a appris ce qui s'était passé , il a beaucoup sifflé. « Vous êtes un drôle de type, dit-il. "Tu fais la cour comme un escargot, avec ta maison sur le dos !"

Je pense que mon ami était un peu décontenancé. « Ne vous découragez pas, Jack, dis-je. Vous aurez une bonne épouse un de ces jours, du moins si vous n'essayez pas de glisser vers le haut pour la trouver !

NOTRE CLUB DE TIR À L'ARC

Lorsqu'un club de tir à l'arc a été créé dans notre village, j'ai été parmi les premiers à le rejoindre. Mais je ne dois pas pour cela prétendre à un enthousiasme extraordinaire au sujet du tir à l'arc, car presque toutes les dames et messieurs du lieu furent également parmi les premiers à s'y joindre.

Peu d'entre nous, je pense, avaient une idée correcte de la popularité du tir à l'arc parmi nous jusqu'à ce que le sujet d'un club soit abordé. Nous avons alors tous perçu le grand intérêt que nous ressentions pour l'étude et l'utilisation de l'arc et des flèches. Le club fut formé immédiatement et nos trente membres commencèrent à discuter des mérites relatifs des arcs en bois de lance, en if et en cœur vert, et à inspecter les cours et les pelouses pour trouver des endroits appropriés pour installer des cibles pour l'entraînement à domicile.

Nos réunions hebdomadaires, au cours desquelles nous nous réunissions pour montrer dans un concours amical tout ce que notre pratique familiale nous avait appris, se tenaient sur la pelouse du village, ou plutôt sur ce qui avait été destiné à être la pelouse du village. Ce joli terrain, en partie en pelouse lisse et en partie ombragé de beaux arbres, était la propriété d'un gentilhomme du lieu, qui l'avait offert, sous certaines conditions, à la commune. Mais comme la commune n'avait jamais rempli aucune des conditions et n'avait rien fait pour améliorer les lieux, sinon en faire un pâturage pour les vaches et les chèvres locales, le propriétaire avait retiré son don, exclu les vaches et les chèvres. des chèvres près d'une palissade et, après avoir verrouillé le portail, il avait raccroché la clé dans sa grange. Lors de la création de notre club, le green, comme on l'appelait encore, nous fut offert pour nos réunions et, avec toute notre gratitude, nous élussions son propriétaire pour être notre président.

Ce monsieur était éminemment qualifié pour la présidence d'un club de tir à l'arc. En premier lieu, il n'a pas tiré : cela lui a donné le temps et l'occasion de s'occuper du tir des autres. C'était un homme grand et agréable, un peu âgé. Cette « vieillesse », si je puis dire, semblait, chez lui, ressembler à quelque léger désordre, comme à un doux rhumatisme, qui, tout en l'empêchant de se livrer à toutes les hilarités folles de la jeunesse, lui donnait, en compensation, , position d'ayant droit à une certaine considération, qui lui était très agréable. Sa petite maladie était chronique, il est vrai, et elle grandissait ; mais c'était jusqu'à présent une maladie agréable.

Et ainsi, avec autant d'intérêt que chacun d'entre nous pour les arcs, les flèches, les cibles et les tirs réussis, il n'a jamais attaché une flèche à une corde, ni tiré un arc. Mais il assistait à chaque réunion, réglait les points controversés (car il étudiait tous les livres sur le tir à l'arc), encourageait les découragés, retenait les avides qui courraient vers les cibles dès qu'ils avaient tiré, même si d'autres étaient encore là. tir et que le corps humain n'est pas à l'épreuve des flèches, et répandant autour de lui cette aide et ce confort généraux qui émanent d'un bon garçon, peu importe ce qu'il peut dire ou faire.

Il y avait des personnes – étrangères – qui disaient que les clubs de tir à l'arc choisissaient toujours des femmes pour les diriger, mais nous ne nous souciions pas d'être trop liés et entravés par les coutumes et les traditions. Un autre club ne compterait peut-être pas parmi ses membres un homme âgé aussi sympathique et propriétaire d'un jardin de village.

Je me suis vite trouvé très intéressé par le tir à l'arc, surtout lorsque je réussissais à planter une flèche quelque part à la périphérie de la cible, mais je ne suis jamais devenu un passionné de tir à l'arc comme mon ami Pepton
.

Si Pepton avait pu arranger les choses à sa guise, il serait né archer. Mais comme cela n'avait pas été le cas, il employa tous les moyens en son pouvoir pour rectifier ce qu'il considérait comme une erreur grave dans sa construction. Il consacrait toute son âme et la plus grande partie de son temps libre au tir à l'arc, et comme il était un jeune homme énergique, cela l'aidait à merveille.

Ses équipements étaient parfaits. Personne ne pouvait le surpasser à cet égard. Son arc était en bois de serpent, soutenu par du caryer. Il le frottait soigneusement chaque soir avec de l'huile et de la cire d'abeille, et il reposait dans un sac de feutrine verte. Ses flèches étaient les meilleures de Philip Highfield , ses cordes étaient du meilleur chanvre des Flandres. Il avait des gants de tir et de petits embouts de cuir qu'on pouvait visser solidement au bout de ce qu'il appelait ses doigts-ficelles. Il avait un carquois et une ceinture, et lorsqu'il était équipé pour les réunions hebdomadaires, il portait un pompon d'essuyage de couleur fantaisie et un petit pot à graisse en ébène suspendu à sa ceinture. Il portait, lorsqu'il tirait, un protège-bras ou un brassard poli, et s'il avait entendu parler d'autre chose qu'un archer devrait avoir, il l'aurait immédiatement procuré.

Pepton était célibataire et vivait avec deux bonnes vieilles dames, qui prenaient autant soin de lui que si elles avaient été ses mères. Et c'était un garçon si bon et si gentil qu'il méritait toute l'attention qu'on lui accordait. Ils éprouvaient un grand intérêt pour ses activités de tir à l'arc et partageaient sa sollicitude anxieuse dans le choix d'un endroit approprié pour accrocher son arc.

"Vous voyez," dit-il, "un bel arc comme celui-ci, lorsqu'il n'est pas utilisé, doit toujours être dans un endroit parfaitement sec."

"Et quand on s'en sert aussi", dit Miss Martha, "car je suis sûre que vous ne devriez pas rester debout et tirer dans un endroit humide. Il n'y a pas de moyen plus sûr de se rafraîchir . "

Ce à quoi Miss Maria était d'accord et suggéra de porter des chaussures en caoutchouc ou d'avoir une planche sur laquelle se tenir debout lorsque le club se réunissait après une pluie.

Pepton accrocha d'abord son arc dans le hall, mais après l'avoir disposé symétriquement sur deux longs clous (liés de laine verte, de peur qu'ils n'égratignent l'arc à travers sa couverture en laine) , il réfléchit que la porte d'entrée serait fréquemment ouverte, et que des courants d'air humides doivent souvent traverser le hall. Il fut désolé d'abandonner cet endroit pour son salut, car c'était pratique et approprié, et pendant un instant il pensa qu'il pourrait rester, si la porte d'entrée pouvait rester fermée et si les visiteurs pouvaient entrer par une petite porte latérale que la famille généralement utilisé, et qui était presque aussi pratique que l'autre, sauf, en effet, les jours de lessive, lorsqu'un drap mouillé ou un vêtement quelconque était susceptible d'être suspendu devant lui. Mais bien que la journée de lavage n'ait lieu qu'une fois par semaine, et bien qu'il soit relativement facile, après un peu d'entraînement, de se balancer sous un drap haut, le cœur de Pepton était trop bon pour permettre à son esprit de s'attarder sur ce plan. Il retira donc les clous du mur de la salle et les plaça en divers endroits autour de la maison. Sa propre chambre devait être beaucoup aérée par tous les temps, ce qui ne suffisait donc pas du tout. Le mur au-dessus de la cheminée de la cuisine serait un bon emplacement, car la cheminée était presque toujours chaude. Mais Pepton n'a pas pu se résoudre à garder son arc en cuisine. Il n'y aurait rien d'esthétique dans une telle disposition, et d'ailleurs la jeune fille pourrait être tentée de l'enfiler et de le plier. Les vieilles dames n'en voulaient vraiment pas dans le salon, car sa longueur et sa couverture de feutrine verte en feraient un voisin envahissant et inconvenant des petites gravures et des grands échantillonneurs, des cadres de glands et de pommes de pin, des tableaux fantaisistes, des ornements à motifs en paille de blé propre, et tous les ornements pittoresques qui étaient accrochés à ces murs depuis tant d'années. Mais ils ne l'ont pas dit. S'il avait fallu, pour faire place à l'arc, ils auraient décroché au crayon les profils de leur grand-père, de leur grand-mère et de leur père étant petit garçon, accrochés en rang au-dessus de la cheminée.

Pourtant, Pepton n'a pas demandé ce sacrifice. Les soirs d'été, les fenêtres du salon doivent être ouvertes. La salle à manger était vraiment très peu utilisée le soir, sauf lorsque Miss Maria avait des bas à raccommoder, et alors elle s'asseyait toujours dans cet appartement, et bien sûr elle avait les fenêtres ouvertes. Mais Miss Maria était tout à fait disposée à apporter son ouvrage au salon – c'était insensé, de toute façon, d'avoir le sentiment de raccommoder des bas avant une compagnie fortuite – et la salle à manger pouvait alors rester fermée après le thé. Ainsi, dans le mur de cette petite pièce soignée, Pepton enfonça ses ongles recouverts de laine et y posa soigneusement son arc. Tout le lendemain, Miss Martha et Miss Maria parcoururent la maison, recouvrant les trous de clous qu'il avait faits avec des morceaux de papier peint, soigneusement découpés pour s'adapter aux motifs, et collés si soigneusement que personne n'aurait soupçonné leur présence.

Un après-midi, alors que je passais devant la maison des vieilles dames, j'aperçus ou crus voir deux hommes portant dans un cercueil. J'ai été frappé d'inquiétude.

"Quoi!" Je pensais. "L'une ou l'autre de ces bonnes femmes peut-elle... Ou Pepton peut-il ..."

Sans une seconde d'hésitation, je me suis précipité derrière les hommes. Là, au pied des escaliers, les dirigeant, se tenait Pepton . Alors ce n'était pas lui ! Je lui saisis la main avec sympathie.

"Lequel?" J'ai hésité. "Lequel ? À qui est destiné ce cercueil ?"

"Cercueil!" s'écria Pepton . "Eh bien, mon cher, ce n'est pas un cercueil. C'est mon ascham ."

« Ascham ? » M'écriai-je. "Qu'est-ce que c'est?"

« Venez le voir », dit-il lorsque les hommes l'eurent mis debout contre le mur. "C'est une armoire verticale ou un réceptacle pour l'armement d'un archer. Voici un endroit pour poser l'arc, voici des supports pour les flèches et les carquois, voici des étagères et des crochets, sur lesquels poser ou accrocher tout ce dont le joyeux homme peut avoir besoin. Vous voyez, en outre, qu'elle est doublée de peluche verte, que la porte est bien ajustée, de sorte qu'elle peut se tenir n'importe où, et qu'il n'y a aucune crainte de courants d'air ou d'humidité affectant mon arc. N'est-ce pas une chose parfaite ? pour en obtenir un."

J'ai admis la perfection, mais je n'ai pas accepté davantage. Je n'avais pas les revenus de mon bon Pepton .

Pepton était, en effet, merveilleusement bien équipé ; et pourtant, ces chères vieilles dames ne pensaient pas grand-chose, lorsqu'elles époussetaient soigneusement et regardaient avec révérence les bouquets de flèches, les brassards, les gants, les pots de graisse et tout le reste de l'attirail de tir à l'arc, pendant qu'ils étaient suspendus. autour de la chambre de Pepton , ou lorsqu'ils laissèrent ensuite un ami en particulier jeter un coup d'œil, tout disposé si bien dans l' ascham , ou lorsqu'ils regardèrent avec une admiration sympathique et amoureuse le bel arc poli, lorsqu'il fut sorti de son sac - petit pensaient-ils, dis-je, que Pepton était le plus mauvais tireur du club. Sur toute la surface des cibles très perforées du club, il n'y avait presque pas un trou qu'il pût poser la main sur son cœur et dire qu'il avait fait.

En effet, je pense que c'est la vérité que Pepton n'est pas né pour être archer. Il y avait des jeunes gens dans le club qui tiraient avec des arcs qui ne coûtaient pas plus cher que les glands de Pepton , mais qui pouvaient se lever et lancer des flèches sur les cibles tout l'après-midi, s'ils en avaient l'occasion ; et il y avait des dames qui réussissaient cinq fois sur six ; et il y avait aussi tous les grades d'archers communs à tout club. Mais il n'y avait personne d'autre que lui dans la classe de Pepton . Il était seul et il n'avait jamais eu de difficulté à additionner ses scores.

Il ne s'est pourtant pas découragé. Il s'entraînait tous les jours sauf le dimanche, et en effet, il était la seule personne du club à s'entraîner la nuit. Quand il m'en a parlé, j'ai été un peu surpris.

"Eh bien, c'est assez facile", dit-il. "Vous voyez, j'ai accroché une lanterne, avec un réflecteur, devant la cible, juste un peu sur le côté. Elle éclairait magnifiquement la cible, et je crois qu'il y avait de meilleures chances de l'atteindre qu'à la lumière du jour, pour la seule chose. " Vous pouviez voir quelle était la cible, et ainsi votre attention n'était pas distraite. " Certes, " dit-il en réponse à une question, " c'était beaucoup de mal de trouver les flèches, mais c'est ce que j'ai toujours fait. Quand je "Je serai si expert que je pourrai mettre toutes les flèches dans la cible, il n'y aura aucun problème de ce genre, de nuit comme de jour. Cependant," continua-t-il, "je ne m'entraîne plus la nuit. L'autre soir , j'ai envoyé un La flèche a percuté la lanterne et a tout brisé en flèches. Lanterne empruntée aussi. De plus, j'ai trouvé que cela rendait Miss Martha très nerveuse de me voir tirer dans la maison après la tombée de la nuit. Elle avait une amie qui avait un petit garçon qui a été touchée à la jambe par une flèche d'arc qui, dit-elle, est partie accidentellement dans la nuit, de son propre chef. Elle est certes un peu confuse à ce sujet, mais je tiens à la respecter sentiments, et je n'utiliserai donc pas une autre lanterne.

Comme je l'ai dit, il y avait beaucoup de bons archers parmi les dames de notre club. Certains d'entre eux, après que nous ayons été organisés pendant un mois ou deux, ont obtenu des résultats que peu de messieurs pouvaient surpasser. Mais la dame qui a attiré le plus l'attention lorsqu'elle a tiré était Miss Rosa.

Lorsque cette très jolie demoiselle se dressa devant la cible des dames, le côté gauche bien avancé, l'arc bien tendu dans son bras gauche fort et qui ne frémit jamais, la tête un peu penchée vers la droite, la flèche tirée en arrière de trois ses doigts bien gantés jusqu'au bout de sa petite oreille, ses yeux sombres fixés fixement sur l'or, et sa robe bien ajustée sur sa taille fine et vigoureuse, tombant en plis gracieux autour de ses pieds, nous nous arrêtâmes tous de tirer pour la regarder. .

"Il y a quelque chose de sculptural chez elle", a déclaré Pepton , qui l'admirait ardemment, "et pourtant ce n'est pas le cas. Une statue ne pourrait jamais l'égaler à moins que nous sachions qu'elle a une probabilité de mouvement. Et les seules statues qui ont cela " Ce sont les œuvres de cire de Jarley , auxquelles elle ne ressemble pas du tout. Il n'y a qu'une chose dont cette fille a besoin pour faire d'elle une parfaite archère, c'est d'être capable de mieux viser. "

C'était vrai. Miss Rosa avait besoin de mieux viser. Ses flèches avaient la curieuse habitude d'aller de tous les côtés de la cible, et il était très rare qu'on ait la chance de s'y enfoncer. Car si elle réussissait, nous savions tous que c'était un hasard et qu'il n'y avait aucune probabilité qu'elle récidive. Une fois, elle a envoyé une flèche en plein centre de l' or, un des plus beaux tirs jamais réalisés au sol, mais elle n'a plus touché la cible pendant deux semaines. Elle était presque aussi mauvaise tireuse que Pepton , et cela en dit long.

Un soir, j'étais assis avec Pepton sur le petit porche de la maison des vieilles dames, où nous prenions notre cigarette après le dîner pendant que Miss Martha et Miss Maria lavaient, de leurs propres mains blanches, la porcelaine et les verres dans lesquels elles étaient. pris tellement de fierté. J'allais souvent passer une heure avec Pepton . Il aimait avoir quelqu'un à qui parler des sujets qui remplissaient son âme, et j'aimais l'entendre parler.

"Je vous le dis, " dit -il en se penchant en arrière sur sa chaise, les pieds soigneusement disposés sur la balustrade afin qu'ils ne blessent pas la vigne de Madère de Miss Maria, "je vous dis, monsieur, qu'il y a deux choses que je J'aurais alors envie de tout mon désir, deux buts que je désirerais atteindre, deux diadèmes que je porterais sur mon front. L'un d'eux serait de tuer un aigle, ou quelque grand oiseau, avec la hampe de mon bon arc. J'aurais alors il était bourré et monté, avec la flèche même qui l'avait tué encore enfoncée dans sa poitrine. Ce trophée de mon savoir-faire, je l'aurais fixé contre le mur de ma chambre ou de mon hall, et je serais fier de penser que mes petits-enfants pourraient le montrer. cet oiseau – que je léguerais soigneusement à mes descendants – et je dirais : « Ma grand-mère a tué cet oiseau, et avec cette même flèche. Est-ce que cela ne vous agiterait pas le pouls si vous pouviez faire une chose pareille ? »

"Il faudrait que je les remue beaucoup avant de pouvoir le faire", répondis-je. "Ce serait difficile de tirer sur un aigle avec une flèche. Si vous voulez léguer un oiseau en peluche, vous feriez mieux d'utiliser un fusil."

"Un fusil !" s'exclama Pepton . "Il n'y aurait aucune gloire à cela. Il y a beaucoup d'oiseaux abattus à coups de fusil : des aigles, des faucons, des oies sauvages, des mésanges..."

"Oh non!" Je l'ai interrompu, "pas des mésanges".

"Eh bien, peut-être qu'ils sont trop petits pour un fusil", dit-il. "Mais ce que je veux dire, c'est que je n'aimerais pas du tout un aigle que j'aurais abattu avec un fusil. On ne pourrait pas montrer la balle qui l'a tué. Si elle était correctement introduite, elle serait à l'intérieur, là où on ne pouvait pas le voir. Non, monsieur. Il est bien plus honorable et bien plus difficile aussi de toucher un aigle que de toucher une cible.

"C'est très vrai", répondis-je, "surtout de nos jours, où il y a si peu d'aigles et tant de cibles. Mais quel est ton autre diadème ?"

"Cela", a déclaré Pepton , "c'est voir Miss Rosa porter l'insigne."

"En effet!" dis-je. Et à partir de ce moment, j'ai commencé à comprendre les espoirs de Pepton à l'égard de la grand-mère de ces enfants qui devraient montrer l'aigle.

"Oui, monsieur," continua-t-il, "je serais vraiment heureux de la voir remporter l'insigne. Et elle devrait le gagner. Personne ne tire plus correctement et avec une meilleure compréhension de toutes les règles qu'elle. Là Cela doit vraiment être un problème avec sa visée. J'ai à moitié envie de la coacher un peu.

Je me suis détourné pour voir qui arrivait sur la route. Je n'aurais pas voulu qu'il sache que je souriais.

La personne la plus répréhensible de notre club était OJ Hollingsworth. C'était un assez bon garçon en lui-même, mais c'est en tant qu'archer que nous lui avons reproché.

Il n'y avait, à ma connaissance, pratiquement aucune règle du tir à l'arc qu'il ne violât habituellement. Notre président et nous presque tous lui avons fait des remontrances, et Pepton est même allé le voir à ce sujet, mais cela n'a servi à rien. Avec un mépris discret des idées des autres sur le tir à l'arc et des opinions des autres sur lui-même, il a persévéré dans un style de tir qui semblait absolument absurde à quiconque connaissait un tant soit peu les règles et les méthodes du tir à l'arc.

J'aimais le regarder quand venait son tour de tirer. Il n'était pas un objet de vision aussi agréable que Miss Rosa, mais son style était si nouveau pour moi qu'il était intéressant. Il tenait l'arc horizontalement, au lieu de perpendiculairement, comme les autres archers, et il le tenait bien en bas, à peu près à l'opposé de sa ceinture. Il ne ramena pas sa flèche vers son oreille, mais il la ramena vers le bouton inférieur de sa veste. Au lieu de se tenir droit, le côté gauche tourné vers la cible, il la faisait face de plein fouet et se penchait en avant sur sa flèche, dans une attitude qui me rappelait un soldat romain sur le point de tomber sur son épée. Lorsqu'il eut saisi l'encoche de sa flèche entre son doigt et son pouce, il jeta un regard languissant vers la cible, leva un peu son arc et lâcha son vol. Ce qui était provocant, c'était qu'il frappait presque toujours. S'il avait seulement su se tenir debout, tenir son arc et retirer sa flèche, il aurait été un très bon archer. Mais, dans l'état actuel des choses, nous ne pouvions nous empêcher de nous moquer de lui, même si notre président avait toujours dédaigné toute chose de ce genre.

Notre champion était un homme de grande taille, très calme et très stable, qui se mettait au tir à l'arc exactement comme s'il recevait un salaire et avait l'intention de gagner honnêtement son argent. Il a fait de son mieux dans tous les domaines. Il tirait généralement avec l'un des arcs appartenant au club, mais si quelqu'un sur le terrain en possédait un meilleur, il l'empruntait. Il tirait quelquefois avec l'arc de Pepton , qu'il déclarait le plus capital. Mais comme Pepton était toujours très nerveux lorsqu'il voyait son arc entre les mains d'un autre que lui, le champion cessa bientôt de l'emprunter.

Il y avait deux insignes, un en soie verte et or pour les dames, et un en vert et rouge pour les messieurs, et ceux-ci étaient tirés à chaque réunion hebdomadaire. À l'exception de quelques fois lors de la création du club, le champion a toujours porté l'insigne de gentlemen. Beaucoup d'entre nous ont essayé de le conquérir, mais nous n'y sommes jamais parvenus ; il a trop bien tiré.

Le matin d'un de nos jours de rencontre, le champion m'a dit, alors que je me rendais en ville avec lui, qu'il ne pourrait pas revenir à son heure habituelle cet après-midi. Il serait très occupé et devrait attendre le train de six heures et quart, qui le ramènerait trop tard pour le rendez-vous de tir à l'arc. Il m'a donc donné le badge, me demandant de le remettre au président, afin qu'il le remette au concurrent vainqueur cet après-midi.

Nous étions tous plutôt contents que le champion soit obligé de s'absenter. C'était une chance pour l'un d'entre nous de remporter le badge. Ce n'était en effet pas pour nous l'occasion de gagner beaucoup d'honneur, car si le champion était là , nous n'aurions aucune chance. Mais nous nous contentions de cela, n'ayant aucune raison – du moins pour le moment – d'attendre autre chose.

donc dirigés vers les cibles avec un zèle nouveau, et la plupart d'entre nous ont tiré mieux que jamais auparavant. Dans ce numéro se trouvait OJ Hollingsworth. Il s'est surpassé et, ce qui était pire, il a surpassé nous tous. En fait, il a réussi un score de quatre-vingt-cinq en vingt-quatre tirs, ce qui, à l'époque, était un tir remarquablement bon pour notre club. C'était épouvantable ! C'était dommage qu'un type qui ne savait pas tirer nous batte tous. Si un visiteur connaissant un tant soit peu le tir à l'arc voyait que le membre qui portait l'insigne de champion était un homme qui tenait son arc comme s'il avait mal au ventre, cela ruinerait notre réputation de club. Ce n'était pas à supporter.

Pepton en particulier s'est senti très indigné. Nous nous étions rencontrés très rapidement cet après-midi-là et avions terminé notre tournage régulier beaucoup plus tôt que d'habitude ; et maintenant un groupe d'entre nous était réuni, discutant de ce malheureux événement.

"Je n'ai pas l'intention de supporter ça", s'est soudainement exclamé Pepton . "Je ressens cela comme une honte personnelle. Je vais avoir le champion ici avant la nuit. Selon les règles, il a le droit de tirer jusqu'à ce que le président déclare qu'il est trop tard. Certains d'entre vous restent ici, et moi" je vais l'amener."

Et il s'enfuit, me confiant d'abord son précieux arc. Il n'était pas nécessaire qu'il nous demande de rester. Nous étions obligés de voir la fête et, pour occuper le temps, notre président a offert un prix spécial consistant en un beau bouquet de ses jardins, pour que les dames le photographient.

Pepton courut à la gare et télégraphia au champion. Voici son message :

"Vous êtes absolument nécessaire ici. Si possible, prenez le train à cinq heures et demie pour Ackford . Je viendrai vous chercher. Répondez."

Il n'y avait pas de train avant six heures quinze par lequel le champion pouvait venir directement à notre village ; mais Ackford , une petite ville distante d'environ trois milles, se trouvait sur une autre voie ferrée, sur laquelle il y avait de fréquents trains l'après-midi.

Le champion répondit :

"Très bien. Rencontre-moi."

Ensuite, Pepton s'est précipité vers notre écurie, a loué un cheval et un buggy et s'est rendu à Ackford .

Un peu après six heures et demie, alors que plusieurs d'entre nous commençaient à penser que Pepton avait échoué dans ses plans, il entra rapidement dans le parc, faisant un très court virage à la porte, et arrêta son cheval haletant juste à temps pour évitez d'écraser trois dames assises sur l'herbe. Le champion était à ses côtés !

Ces derniers ne perdaient pas de temps en paroles ni en salutations. Il savait pourquoi il avait été amené là-bas et il s'est immédiatement mis à essayer de le faire. Il prit l'arc de Pepton , que ce dernier lui pressa. Il se tenait droit et ferme sur la ligne, à trente-cinq mètres de la cible de ces messieurs ; il sélectionnait soigneusement ses flèches, examinait les plumes et essuyait tout morceau de terre qui aurait pu adhérer aux pointes après que quelqu'un les ait tirées dans le gazon ; d'un bras vigoureux, il tirait chaque flèche vers sa tête ; il fixait ses yeux et tout son esprit sur le centre de la cible ; il tira ses vingt-quatre flèches, que lui tendit Pepton , une à une , et il en fit quatre-vingt-onze.

Le club tout entier avait marqué les tirs au fur et à mesure qu'ils étaient tirés, et lorsque la dernière flèche a percuté l'anneau rouge, des acclamations ont éclaté de la part de tous les membres sauf trois : le champion, le président et OJ Hollingsworth. Mais Pepton a applaudi suffisamment fort pour compenser ces lacunes.

"Pourquoi diable l'ont-ils acclamé ?" m'a demandé Hollingsworth. "Ils ne m'ont pas applaudi quand j'ai battu tout le monde sur le terrain il y a une heure. Et ce n'est pas nouveau pour lui de remporter le badge ; il le fait à chaque fois."

"Eh bien", dis-je franchement, "je pense que le club, EN TANT QUE club, s'oppose à ce que vous portiez l'insigne, parce que vous ne savez pas tirer."

"Je ne sais pas tirer!" il pleure. "Eh bien, je peux atteindre la cible mieux que n'importe lequel d'entre vous. N'est-ce pas ce que vous essayez de faire lorsque vous tirez ?"

"Oui", dis-je, "bien sûr, c'est ce que nous essayons de faire. Mais nous essayons de le faire de la manière appropriée."

« Une vraie grand-mère ! » il s'est excalmé. "Cela ne semble pas vous aider beaucoup. La meilleure chose que vous puissiez faire est d'apprendre à tirer dans ma direction, et alors peut-être pourrez-vous frapper plus souvent."

Lorsque le champion eut fini de tirer , il rentra chez lui pour son dîner, mais beaucoup d'entre nous restèrent là à discuter de notre grande évasion.

"J'ai l'impression de l'avoir fait moi-même", a déclaré Pepton . "Je suis presque aussi fier que si j'avais tiré... enfin, pas un aigle, mais une alouette qui s'envole."

"Eh bien, cela devrait vous rendre plus fier que l'autre", dis-je, "car une alouette, surtout lorsqu'elle s'envole, doit être beaucoup plus difficile à frapper qu'un aigle."

"C'est vrai", dit Pepton d'un ton réfléchi. "Mais je m'en tiendrai à l'alouette. Je suis fier."

Au cours du mois suivant, notre style de tir à l'arc s'est beaucoup amélioré, à tel point que nous avons augmenté notre distance, pour les messieurs, à quarante mètres, et celle pour les dames à trente, et nous avons également sérieusement pensé à défier le club d'Ackford à un match . . Mais comme il s'agissait généralement d'un club de crack, nous avons finalement décidé de reporter notre défi à la saison prochaine.

Quand je dis que nous nous sommes améliorés, je ne parle pas de nous tous. Je ne parle pas de Miss Rosa. Même si ses attitudes étaient toujours aussi belles et que chaque mouvement était toujours aussi fidèle à la règle, elle réussissait rarement. Pepton a effectivement essayé de lui apprendre à viser, mais les différentes méthodes de pointage de la flèche qu'il a suggérées ont abouti à des tirs si sauvages que les garçons qui ont ramassé les flèches n'ont jamais osé mettre la pointe de leur nez au-delà de leur barricade pendant Miss. Rosa se tourne vers la cible. Mais elle ne se décourageait pas et Pepton lui assurait souvent que si elle gardait bon cœur et s'entraînait régulièrement, elle obtiendrait le badge. En règle générale, Pepton était si honnête et véridique qu'une petite déclaration de ce genre, surtout dans les circonstances, pouvait lui être pardonnée.

Un jour, Pepton est venu me voir et m'a annoncé qu'il avait fait une découverte.

"Il s'agit de tir à l'arc", a-t-il dit, "et cela ne me dérange pas de vous le dire, parce que je sais que vous ne le direz pas à tout le monde, et aussi parce que je veux vous voir réussir en tant qu'archer."

Je vous en suis très obligé, dis-je, et quelle est la découverte ?

"C'est ça," répondit-il. « Quand vous tirez votre arc, amenez l'encoche de votre flèche » — il était toujours très pointilleux sur les termes techniques — « jusqu'à votre oreille. Cela fait, ne vous occupez plus de votre main droite. Elle n'a rien à voir. faites avec le bon pointage de votre flèche, car elle doit être tenue près de votre oreille droite, comme si elle y était vissée. Puis, de la main gauche, faites tourner l'arc de manière que votre poing, avec la pointe de la flèche, qui est reposant dessus - vous devez pointer, aussi près que vous le pouvez, directement vers le centre de la cible. Puis lâchez-vous, et dix contre un vous réussirez un coup. Maintenant, qu'en pensez-vous pour un découverte ? J'ai minutieusement testé le plan et il fonctionne à merveille."

"Je pense," dis-je, "que vous avez découvert la manière dont les bons archers tirent. Vous avez indiqué la bonne méthode pour manier un arc et des flèches."

"Alors tu ne penses pas que ce soit une méthode originale avec moi ?"

"Certainement pas," répondis-je.

"Mais c'est la bonne façon ?"

"Cela ne fait aucun doute", dis-je.

"Eh bien," dit Pepton , "alors je ferai mon chemin."

Il l'a fait, et la conséquence a été qu'un jour, alors que le champion était absent, Pepton a remporté le badge. Lorsque le résultat a été annoncé, nous avons tous été surpris, mais pas autant que Pepton lui-même. Il s'était constamment amélioré depuis qu'il avait adopté un bon style de tir, mais il n'avait aucune idée qu'il pourrait un jour remporter le badge.

Lorsque notre président a épinglé l'emblème du succès sur le revers de son manteau, Pepton est devenu pâle, puis il a rougi. Il remercia le président et s'apprêtait à remercier mesdames et messieurs ; mais se rappelant probablement que nous n'avions rien à voir avec cela, à moins que nous n'ayons pas mal tiré pour lui, il s'abstint. Il parlait peu, mais je voyais qu'il était très fier et très heureux. Il n'y avait qu'un inconvénient à son triomphe :

Miss Rosa n'était pas là. Elle était une assistante très régulière, mais pour une raison quelconque, elle était absente en cet après-midi mémorable. Je ne lui ai rien dit à ce sujet, mais je savais qu'il ressentait profondément cette absence.

Mais ce nuage ne pouvait pas complètement éclipser son bonheur. Il rentra seul chez lui, le visage rayonnant, les yeux pétillants et son bel arc sous le bras.

peu calmé, il aimerait discuter de cette affaire. Mais il n'était pas là. Miss Maria dit qu'il était sorti dès qu'il avait fini son dîner, qu'il avait fait en toute hâte d'une manière qui nuirait certainement à sa digestion s'il continuait ainsi ; et le dîner était tard aussi, car ils l'attendaient, et la séance de tir à l'arc a duré longtemps aujourd'hui ; et ce n'était vraiment pas bien qu'il reste dehors après que la rosée ait commencé à tomber avec seulement des chaussures ordinaires, car à quoi bon savoir tirer avec un arc et des flèches, si vous êtes couché dans votre lit avec des rhumatismes ou une maladie. des poumons ? Bonne vieille dame ! Elle aurait gardé Pepton dans un sac en toile verte, si une telle chose avait été possible.

Le lendemain matin, deux heures avant l'heure de l'église, Pepton m'a rendu visite. Son visage était toujours rayonnant. Je ne pouvais m'empêcher de sourire.

"Votre bonheur dure bien", dis-je.

"Dure!" il s'est excalmé. "Pourquoi ça ne devrait pas durer !"

"Il n'y a aucune raison pour que ce ne soit pas le cas - au moins pendant une semaine", dis-je, "et même plus longtemps, si vous répétez votre succès."

Je n'avais pas autant envie de féliciter Pepton que la veille au soir. Je pensais qu'il faisait trop de cas de son insigne.

"Regarde ici!" " dit Pepton en s'asseyant et en approchant sa chaise de moi, " vous tirez de manière sauvage, très sauvage en effet. Vous ne voyez même pas la cible. Laissez-moi vous dire quelque chose. Hier soir, je suis allé voir Miss Rosa. Elle était ravie de mon succès. Je ne m'attendais pas à cela. Je pensais qu'elle serait contente, mais pas à ce point. Ses félicitations ont été si chaleureuses qu'elles m'ont enflammé.

"Ils devaient vraiment être très chauds", remarquai-je.

« Miss Rosa, dis-je », continua Pepton sans tenir compte de mon interruption, « cela a été mon plus grand espoir de vous voir porter l'insigne. » "Mais je n'ai jamais pu l'obtenir, vous savez," dit-elle. "Vous l'avez", m'exclamai-je. "Prends ça. Je l'ai gagné pour toi. Rends-moi heureuse en le portant." "Je ne peux pas faire ça", dit-elle. "C'est un insigne de gentleman." « Prenez-le », m'écriai-je, « gentleman et tout ! »

Je ne peux pas vous dire tout ce qui s'est passé après ça", a poursuivi Pepton . "Vous savez, ça ne suffirait pas. Il suffit de dire qu'elle porte le badge. Et nous sommes tous les deux les siens : le badge et moi !"

Maintenant, je l'ai félicité très sincèrement. Il y avait une raison à cela.

"Je ne dois plus rien pour avoir tiré sur un aigle", a déclaré Pepton en se levant d'un bond et en marchant de long en large sur le sol. "Laissez- les tous voler librement pour moi. J'ai réussi le tir le plus glorieux qu'un homme puisse faire. J'ai touché l'or, je l'ai frappé en plein centre ! Et de plus, je l'ai fait sortir de la cible. ! Personne d'autre ne pourra jamais réussir un tel tir. Vous autres, vous devrez vous contenter de toucher le rouge, le bleu, le noir ou le blanc. L'or est à moi !"

J'allai voir les vieilles dames, quelque temps après, et je les trouvai seules. Ils étaient désormais généralement seuls le soir. Nous avons parlé des fiançailles de Pepton et je les ai trouvés résignés. Ils étaient désolés de le perdre, mais ils voulaient qu'il soit heureux.

"Nous avons toujours su", dit Miss Martha avec un petit soupir, "que nous devons mourir et qu'il doit se marier. Mais nous n'avons pas l'intention de nous plaindre. Ces choses arriveront aux gens." Et son petit soupir fut suivi d'un sourire, encore plus petit.